# Fastes de cour

# Collection « Histoire »

Dirigée par Frédéric CHAUVAUD, Florian MAZEL et Jacqueline SAINCLIVIER

***Dernières parutions***

Mickaël AUGERON, Jacques PÉRET et Thierry SAUZEAU (dir.),
*Le golfe du Saint-Laurent et le Centre-Ouest français. Histoire díune relation singulière (XVIIe-XXe siècle)*, 2010, 364 p.

Patricia EICHEL-LOJKINE (dir.),
*Claude de Seyssel. Écrire líhistoire, penser le politique en France, à líaube des temps modernes*, 2010, 266 p.

Helen HARDEN CHENUT,
*Les ouvrières de la République. Les bonnetières de Troyes sous la Troisième République*, 2010, 424 p.

David DO PAÇO, Mathilde MONGE et Laurent TATARENKO (dir.),
*Des religions dans la ville. Ressorts et stratégies de coexistence dans líEurope des XVIe-XVIIIe siècles*, 2010, 222 p.

Michel MARGAIRAZ et Danielle TARTAKOWSKY (dir.),
*1968, entre libération et libéralisation. La grande bifurcation*, 2010, 352 p.

Jean-Louis PANICACCI,
*LíOccupation italienne. Sud-Est de la France, juin 1940-septembre 1943*, 2010, 440 p.

Joëlle QUAGHEBEUR et Sylvain SOLEIL (dir.),
*Le pouvoir et la foi au Moyen Âge en Bretagne et dans líEurope de líOuest. Mélanges en mémoire du professeur Hubert Guillotel*, 2010, 750 p.

Philippe HAMON,
*Líor des peintres. Líimage de líargent du XVe au XVIIe siècle*, 2010, 424 p.

Emmanuel TRONCO,
*Les carlistes espagnols dans líOuest de la France, 1833-1883*, 2010, 348 p.

Xavier BISARO,
*Chanter toujours. Plain-chant et religion villageoise dans la France moderne (XVIe-XIXe siècle)*, 2010, 248 p.

Jean-Michel CHAPOULIE,
*LíÉcole díÉtat conquiert la France. Deux siècles de politique scolaire*, 2010, 616 p.

Stéphane MORIN,
*Trégor, Goëlo, Penthièvre. Le pouvoir des comtes de Bretagne du XIe au XIIIe siècle*, 2010, 408 p.

Nicolas CARRIER et Fabrice MOUTHON,
*Paysans des Alpes. Les communautés montagnardes au Moyen Âge*, 2010, 418 p.

Philippe BOURDIN (dir.),
*Les noblesses françaises dans líEurope de la Révolution*, 2010, 602 p.

Arlette GAUTIER,
*Les Súurs de Solitude. Femmes et esclavage aux Antilles du XVIIe au XIXe siècle*, 2010, 276 p.

Luc CAPDEVILA, Isabelle COMBÈS, Nicolas RICHARD et Pablo BARBOSA,
*Les hommes transparents. Indiens et militaires dans la guerre du Chaco (1932-1935)*, 2010, 250 p.

Monique Chatenet et Pierre-Gilles Girault

# Fastes de cour

## Les enjeux d'un voyage princier à Blois en 1501

Préface de Colette Beaune

Collection « Histoire »

Presses universitaires de Rennes
2010

**Remerciements**

Nous tenons à exprimer notre vive gratitude à Bernard Chevalier, Alexandre Cojannot, Thierry Crépin-Leblond, Thomas Grappy, Bruno Guignard, Anne-Marie Lecoq, Anne-Marie Legaré, Françoise Michaud, Sébastien Nadot, David Rivaud, Adeline Rucquoi, Jean-Paul Sauvage, Marc H. Smith, Évelyne Thomas, ainsi qu'à tous les collègues et amis qui nous ont apporté leurs précieux conseils.

Nos remerciements s'adressent tout particulièrement à Colette Beaune, qui a accepté de rédiger la préface de ce livre, à Marie Madeleine Fontaine et à Jean-Marie Cauchies qui ont bien voulu relire l'ensemble du texte et nous faire bénéficier de leur expertise érudite.

Nous remercions également les Presses Universitaires de Rennes qui ont accueilli cette publication, en particulier son directeur Pierre Corbel, ainsi que Cédric Michon pour son soutien enthousiaste au sein du comité éditorial.

Enfin, nous sommes reconnaissants du soutien financier de la Ville de Blois et de la Société des amis du château et des musées de Blois, sans lequel cet ouvrage n'aurait pu voir le jour.

Monique Chatenet et Pierre-Gilles Girault


UHB Rennes 2 – Campus La Harpe
2, rue du Doyen-Denis-Leroy
35044 Rennes Cedex

***www.pur-editions.fr***

Mise en page : Solen Cueff pour le compte des PUR

Dépôt légal : 2e semestre 2010
ISBN : 978-2-7535-1232-0
ISSN : 1255-2364

# Préface

Le récit de la visite de l'archiduc Philippe le Beau à Blois en 1501 est utilisé, dès 1850, dans *l'Histoire du château de Blois* de Louis de La Saussaye[1] comme la première description connue des intérieurs de l'édifice. La notice historique de Pierre et Frédéric Lesueur[2] en 1922 fait de même pour prouver l'existence de la chapelle de la Vierge qui donne sur la salle des États. D'autres comme G. Touchard-Lafosse[3] ou L. Bergevin et A. Dupré[4] sont plus sensibles aux renseignements donnés sur l'ameublement et le décor du château avant les transformations de François I^er^. Touchard-Lafosse y trouve des arguments pour vilipender Anne de Bretagne qui se serait montrée hautaine et glaciale envers la pauvre Jeanne de Castille. Les dames se livraient aux fêtes tandis que les hommes échangeaient entre eux de grands et beaux discours ! Mais nul ne s'avise alors d'essayer de donner une édition scientifique de ce texte difficile par la multiplicité des versions, le nombre des participants à identifier, la perte de beaucoup des meubles ou objets cités. Monique Chatenet et Pierre-Gilles Girault ont eu le courage de s'y lancer et le résultat qu'ils présentent aujourd'hui fera date. Les PUR et la Société des Amis du château de Blois ont fort heureusement soutenu ce projet. Qu'ils en soient ici remerciés.

L'autre intérêt très évident de ce texte, qui est un remarquable traité de protocole observé sur le vif et de l'intérieur, c'est de montrer ce qu'est, au tournant du XVI^e^ siècle, une visite d'État. Alors que celles-ci avaient été fréquentes au Moyen Âge[5] sous la forme habituelle des entrevues en frontière, elles avaient connu une éclipse au XV^e^ siècle parce qu'elles s'étaient révélées souvent dangereuses. En 1419, sur le pont de Montereau, les gens du dauphin avaient assassiné Jean sans Peur et, en 1468, Louis XI avait échappé de justesse à Péronne à la colère de Charles le Téméraire. De plus, l'installation progressive d'ambassades permanentes leur faisait concurrence. Le contact direct restait néanmoins irremplaçable. Malgré les faux-semblants cachés

1. La Saussaye 1850, p. 127-140. Les titres complets des références abrégées dans les notes figurent dans la bibliographie en fin de volume.
2. Lesueur 1922.
3. G. Touchard-Lafosse, *Histoire de Blois*, Blois, 1842, p. 109-115.
4. Louis Bergevin et Alexandre Dupré, *Histoire de Blois*, Blois, 1846, t. I, p. 63. Aujourd'hui, le texte reste fréquemment évoqué, cf. Guignard 1999, p. 318-320.
5. Philippe Contamine, « Les rencontres au sommet dans la France du XV^e^ siècle », *Im Spannungsfeld von Recht and ritual sozial Kommunication im Mittelalter und frühen Neuzeit*, Cologne, 1997, p. 273-289.

derrière les amabilités échangées, ces fêtes[6] rendaient visibles les hiérarchies entre les souverains comme les hiérarchies internes à leur noblesse. Elles servaient aussi à construire la légende du monarque qui recevait (prince plein d'humanité, prince « sans dol[7] ») comme de celui qui était reçu et avait fait bonne figure.

Blois, en cette année 1501, était un *alter ego* de Paris. Certes, elle ne possédait ni évêque ni parlement et Saint-Laumer faisait pâle figure auprès de Saint-Denis. Mais la capitale de Charles d'Orléans avait réussi à se transformer en capitale royale. C'était, disait le roi : « le lieu de notre nativité, la principale demeure de nos père et mère, nous y avons été nourris et nous portons amour à ses habitants[8] ».

Cette capitale prenait des allures de paradis pour Antonio Astesano qui la décrivait ainsi en 1451[9] : « Le château est spacieux et fort beau, il peut accueillir un millier de personnes : dans son enceinte, une chapelle si grande [Saint-Sauveur], la plus grande qu'on put voir dans un château en France [...] au milieu des eaux argentées d'une fontaine [...]. Le pays est fertile en forêts pour la chasse, en champs et vignes... »

Il y a aussi la ville basse, son enceinte qui date de la guerre de Cent Ans et ses cinq portes (Clouseaux, Foix, Saint-Jean, Chartraine, Porte-Côté), son pont fortifié par où passera le cortège de l'archiduc, ses six paroisses, ses deux couvents mendiants, ses deux grandes abbayes (Saint-Laumer et Bourg-Moyen) et ses quatre prieurés.

Depuis que le roi passe tous ses hivers à Blois, la ville s'est agrandie et compte environ 18 000 habitants. On construit partout[10] même si le lacis des rues et des degrés reste encore très médiéval. Des perspectives nouvelles se sont ouvertes aux familles locales au sein de l'hôtel ou de l'administration. Les commerces de luxe fleurissent : brodeurs, parcheminiers, orfèvres. Le chantier de la nouvelle aile du château attire de 1498 à 1501 maçons, sculpteurs, peintres et jardiniers. La cour compte plus de trois cent vingt personnes pour l'hôtel du roi, un peu moins pour celui de la reine Anne, auxquels il faut ajouter la garde écossaise ou les cent gentilshommes bretons de la reine, sans compter d'innombrables clercs à la recherche d'une messe à célébrer ou d'un bénéfice.

De cette entrée de l'archiduc qui s'annonçait, les Blésois attendaient bien des choses : des commandes en tous genres, fournir de la nourriture, des chevaux, des robes et souliers, faire connaître leurs artisans. Ils ne parti-

6. M. Sherman, « Pomp and circonstances : pagentry politics and propaganda during the reign of Louis XII », *Sixteenth Century Journal*, t. IX, 1978, p. 13-33.
7. Le Fur 2001.
8. Jean-Paul Sauvage *et alii*, *Histoire de Blois et de sa région*, Toulouse, 1988, p. 74.
9. Antonio Astesano, cité dans Michel Melot, « Politique et architecture ; essai sur Blois et le Blésois sous Louis XII », *Gazette des Beaux-Arts*, 1967, p. 317-328.
10. Annie Cospérec, *Blois, la forme d'une ville*, Blois, Paris, 1994 et Michel Melot, *Blois, la ville, les hommes*, Blois, 1975, p. 74-85.

ciperaient, certes, à aucune des cérémonies prévues sauf comme spectateurs émerveillés. Ils verraient l'immense cortège progresser à la lueur des torches jusqu'au château. Peut-être aussi verraient-ils les princes partir à la chasse au vol, mais l'essentiel leur échapperait, car il se déroula portes fermées.

La formalisation de l'étiquette est, en effet, en cours dans tous les royaumes européens depuis le second quart du XIV^e^ siècle, qu'il s'agisse des ordonnances du dauphin Humbert en 1336, de celles de Majorque en 1337 ou de Pierre le Cérémonieux en 1344. Pourtant le royaume reste en retard, malgré la formalisation de l'étiquette sous le règne de Charles V et l'existence de nombreux formulaires de chancellerie tel celui d'Oudart de Morchesne. Pour les grandes cérémonies, la cour de France continue à se fier à la mémoire des témoins. Pas de n'importe quels témoins, il est vrai.

Ainsi, à la fin août 1389, quand il avait fallu organiser somptueusement l'entrée de la reine Isabeau, avant son sacre à la Sainte-Chapelle, on avait fait appel aux souvenirs de la reine Blanche, veuve de Philippe VI. Celle-ci fit compulser avec soin les chroniques de Saint-Denis dans l'espoir de s'inspirer des récits anciens des couronnements des reines. En vain. Elle dut alors faire appel à son expérience du protocole. Même chose lorsque la reine Charlotte mourut à Amboise le 1^er^ décembre 1483, les maîtres d'hôtel chargés de l'exécution des obsèques prirent conseil auprès de Marie de Clèves [11], duchesse d'Orléans, pour l'effigie. Celle-ci avait assisté à maintes funérailles royales dont celles de Charles VII en 1461, pour lesquelles ce procédé avait été utilisé.

Autrement dit, il existait trois sources possibles au protocole à suivre pour une cérémonie de cour :

– Les *Grandes Chroniques* [12] qui depuis la fin du XIII^e^ siècle racontaient l'une après l'autre les règnes glorieux des rois de France. Mais ce récit officiel n'était pas un traité de protocole et il n'était pas toujours très loquace en matière de cérémoniaux ;

– la mémoire des reines et princesses à qui l'on fait confiance. Leur âge leur permet de décrire ce qui s'est fait une ou deux, voire trois pour la reine Blanche, générations plus tôt ;

– enfin, la mémoire des spécialistes de l'hôtel chargés d'exécuter les rituels. Leur marge d'interprétation peut, dans certains cas, être très grande comme pour les funérailles de Charles VIII [13].

---

11. Murielle GAUDE, « L'honneur de la reine : la mort et les funérailles de Charlotte de Savoie », *Revue historique*, t. 652, 2009, p. 779-804.
12. Bernard GUENÉE, *Les Grandes Chroniques de France*, Paris, 1987.
13. Alain BOUREAU, *Le simple corps du roi : l'impossible sacralité des souverains français*, Paris, 2000.

Pour ce qui est des entrevues entre le roi de France et l'empereur[14], il existait bel et bien un modèle[15] dans les *Grandes Chroniques*, l'entrevue entre Charles V et l'empereur Charles IV en janvier 1378 à Paris. Cet événement exceptionnel avait fait l'objet, dans l'exemplaire royal, d'une trentaine de pages du chancelier Pierre d'Orgemont et de dix-huit miniatures[16]. Le maître de cérémonies était Bureau de La Rivière et la mise au point avait fait l'objet de longues discussions entre les officiers de l'oncle et celui du neveu.

L'itinéraire est celui que suivra l'archiduc Philippe en 1501. Après Cambrai, dernière ville d'Empire, l'empereur fit étape successivement à Saint-Quentin, puis à Ham, Noyons, Compiègne, Senlis, le village de Louvres, Saint-Denis et Paris. Chaque étape est marquée par une entrée comme pour l'archiduc. Mais, il n'est pas question que l'empereur fasse son entrée dans une ville française comme il le ferait dans une ville d'Empire, monté sur un cheval blanc, un dais de drap d'or au dessus de sa tête, la couronne impériale, l'épée et le globe portés devant lui. Philippe avait moins de prétentions puisqu'il n'était encore qu'archiduc, mais il n'eut lui non plus ni dais, ni *regalia*, ni cheval blanc.

Les entrées offertes dans le royaume à un prince étranger ne sauraient être, pour des raisons évidentes, exactement celles que les villes offrent au roi de France. Si, globalement, il est toujours question qu'un cortège de nobles et de prélats aille chercher à l'extérieur de la ville l'impérial invité pour le ramener au cœur de la cité, bien des variations sont possibles.

Le cortège peut comporter des corps constitués ou non, les prélats du lieu et tout le clergé ; le roi lui même ou l'un de ses oncles peut y participer lors de l'entrée à Paris. Si Charles V avait accueilli son cher oncle à La Chapelle, Louis XII attendit l'archiduc, qui était son vassal, à l'intérieur du château de Blois.

Les villes ont tendu leurs rues de tapisseries. Mais en 1378, elles n'avaient pas eu le droit aux feux de joie, ni à faire sonner les cloches, ni à offrir des spectacles. En 1378, comme en 1501, il ne fut pas question non plus de crier dans les rues de Paris : « Vive l'empereur ! » ou « Vive l'archiduc ! » Crier « Noël ! » fut de même proscrit.

En revanche l'empereur, comme l'archiduc, purent baiser les reliques de Saint-Denis et y visiter les tombeaux, ce qui avait probablement plus de sens pour l'empereur Charles élevé à la cour de France que pour son lointain descendant. Tous deux assistèrent aussi à une séance du Parlement

14. Françoise AUTRAND, Lucien BÉLY et Philippe CONTAMINE, *Histoire de la diplomatie française*, t. I, *Du Moyen Âge à l'Empire*, Paris, 2007. Lucien BÉLY, « Les rencontres de princes (XVI^e^-XVII^e^ siècle) », in *Identités régionales et conscience nationale en France et en Allemagne*, Paris, 1997 (Beihefte der Francia), p. 101-110.
15. Françoise AUTRAND, « Mémoire et cérémonial ; la visite de Charles IV à Paris », *Une femme de lettres au Moyen Âge*, Liliane DULAC (dir.), Paris, 1995, p. 91-103 ou « La visite de l'empereur Charles IV en France », *Bulletin de la société des amis de l'Institut historique allemand*, t. I, 1995, p. 15-28.
16. Paris, BnF, ms. fr. 2813.

avant d'entamer les négociations diplomatiques qui étaient, dans un cas comme dans l'autre, la raison essentielle du voyage. Mais les échanges de festins (du roi à ses invités, de l'empereur aux bourgeoises et dames de la cité) semblent n'avoir pas eu lieu en 1501 où les cérémonies se déroulent à l'intérieur de la cour et débordent peu sur la ville.

Le cérémonial de 1378 fut très vite considéré comme destiné à être appliqué à toutes les visites à Paris de souverains étrangers. C'est déjà ce qu'affirme Christine de Pisan dans le *Livre des Faits du bon roi Charles V*. En mars 1416, l'empereur Sigismond vint proposer à Charles VI et au duc de Berry sa médiation dans le conflit franco-anglais. Les dispositions de 1378 furent suivies à la lettre, même si le duc de Berry dut remplacer le roi indisposé pour l'entrée à Paris. Comme précédemment, tous les frais furent payés par la couronne, et de luxueux festins furent échangés. Là où le Religieux de Saint-Denis [17] loue ce grand dîner offert par Sigismond, sa musique admirable, les cadeaux précieux offerts aux dames de Paris, Jouvenel [18] est fort critique : ces brouets d'Allemagne étaient trop épicés, le vin trop fort et les petits couteaux offerts aux dames, un cadeau bizarre et de nulle valeur.

Si maintenant on compare les trois entrevues de 1378, 1416 et 1501, il est facile de constater que l'essentiel du protocole est fixé dès la première visite. En revanche, les difficultés concrètes qu'ont pu amener telle ou telle disposition mal calculée, sont prises en compte dans la visite suivante.

Ainsi le rôle du Parlement de Paris : « Il ne fut point [19] » dans le cortège qui va au devant de l'invité, car cela est réservé au roi. La visite au Parlement « pour voir plaider les causes » est un *must* incontournable, mais la place à donner à l'invité assez problématique. Ainsi en 1416, Sigismond a mécontenté en s'asseyant au-dessus du premier président (à la place du roi), « dont plusieurs n'étaient pas bien contents ». En outre, il eut l'outrecuidance d'adouber en plein Parlement Guillaume Seignet « ce dont les gens de bien étaient ébahis car le roi est empereur en son royaume ». Ce dérapage est soigneusement évité en 1501 : « À l'entrée de la Chambre messieurs les présidents le menèrent » au côté dextre du Président comme premier pair de France, auprès de la place du roi (mais non à sa place) et l'archiduc se borna ensuite à jouer le rôle de simple spectateur.

L'offrande ensuite : en 1378, pour la messe de l'Épiphanie, l'empereur Charles, frappé d'une atteinte de goutte, ne put guère s'avancer vers l'autel. C'est son neveu, le roi de France qui offrit les cadeaux qui s'imposent ce jour là, l'or, la myrrhe et l'encens… En 1416, la solution proposée à Sigismond (qui était probablement de laissser Jean de Berry offrir le pre-

17. Louis Bellaguet, *Chronique du Religieux de Saint-Denis*, réédition Bernard Guenée, Paris, CTHS, 1994, t. II, p. 743.
18. *Chronique de Jouvenel des Ursins*, éd. Michaud et Poujoulat, 1re série, II, Paris, 1835, p. 529-530.
19. *Relation Dupuy-Godefroy*, *infra*, p. 116.

mier au nom de Charles VI) ne lui ayant pas plu, l'empereur se dispensa d'offrir sur l'autel de Notre-Dame de Paris. En 1501, lors de la messe de la Conception de Notre-Dame, Jeanne de Castille refusa la bourse que lui offrait Anne de Bretagne et donna sur ses fonds propres, jugeant probablement indigne de son rang de donner l'or d'autrui, contrairement à son mari qui avait accepté l'opération.

Enfin, la plus grosse différence entre les trois visites tient au fait qu'il s'agit pour la première fois en 1501 de l'accueil d'un couple et d'un couple inégal puisque l'archiduc est vassal du roi de France pour certaines de ses terres, là où Jeanne de Castille est une souveraine. Il ne suffit donc pas de doubler les cérémonies en les dotant d'une partie féminine entre deux égales (la future reine de Castille et la reine de France), mais aussi de tenir compte de l'inégalité assez théorique qui existe entre les époux. C'est probablement la raison pour laquelle l'une des suivantes de Jeanne de Castille prit la plume pour raconter, côté femme, des cérémonies dont il n'y avait jamais jusque là eu d'équivalent.

Qu'en resta-t-il ? Le traité ne dura pas et les mariages projetés n'eurent pas lieu. Sûrement de beaux souvenirs pour les habitants de Blois qui se disaient les uns aux autres : « Voici beaux seigneurs et dames, voici les miroirs des gentilshommes et dames… pour rien je ne voudrais que je ne les eusse vus [20]. » Mais aussi des souvenirs plus mitigés pour les intéressés. Ainsi pour Octavien de Saint-Gelais : « Le roi leur montra si très grand semblant d'amour que par noblesse et honnêteté de cœur, il les obligeait envers lui de leur en souvenir toute leur vie [21]. »

Colette Beaune
Professeur émérite, Université de Paris-Ouest Nanterre

20. *Relation Dupuy-Godefroy*, *infra*, p. 136.
21. Chronique d'Octavien de Saint-Gelais.

# Introduction

L'idée de ce livre est née en 2001, lors de la préparation d'une exposition documentaire mise en place au château de Blois à l'occasion du cinquième centenaire du séjour qu'y firent, en décembre 1501, l'archiduc d'Autriche Philippe de Beau et son épouse, Jeanne de Castille. Cet événement est connu de longue date grâce à un texte anonyme publié en 1649 par Théodore et Denis Godefroy, qui décrit les dispositions du château avec une précision exceptionnelle et fait revivre la cour de France au temps de Louis XII et d'Anne de Bretagne [1].

La préparation de l'exposition fut l'occasion de constater que, si ce récit souvent cité par les historiens blésois depuis Louis de La Saussaye [2] permet de connaître la distribution intérieure de l'aile Louis XII [3], la publication du XVII^e^ siècle présente plusieurs incohérences. Le besoin d'une édition critique s'est donc imposé à nous. Nos recherches ne nous ont malheureusement pas conduits jusqu'au manuscrit original, mais elles nous ont fait découvrir trois versions manuscrites du texte, deux du XVII^e^ siècle, une du XVIII^e^, la plus ancienne, due à l'érudit Pierre Dupuy, étant antérieure de vingt ans à la publication des Godefroy. La comparaison des textes ainsi rassemblés met en évidence l'importance des corrections opérées par les Godefroy, aussi nous sommes-nous basés sur le manuscrit de Dupuy pour établir notre édition du texte.

La nature des corrections opérées indique que le but principal des Godefroy était de donner le caractère d'une relation officielle à un récit qui ne l'est nullement Car, bien qu'à aucun moment l'auteur ne lève le voile sur son identité, plusieurs indices révèlent qu'il s'agit une femme, et donc que notre narrateur est en réalité une narratrice. L'hypothèse ne tient pas seulement à son intérêt pour les toilettes féminines ou à l'absence totale de mention relative aux tournois ou aux négociations diplomatiques, absence qui contraste avec la teneur des autres relations. L'auteur décrit par le menu la cérémonie des « confitures », préparations sucrées apportées à l'archiduchesse dans sa chambre, pièce dont les hommes étaient exclus, alors qu'il s'excuse au contraire de ne pouvoir décrire la garde-robe de l'archiduc et les chambres de ses gentilshommes. Il, ou plutôt elle, relève les « murmu-

1. *Relation de Godefroy*.
2. La Saussaye 1850, p. 127-140. Voir en dernier lieu Guignard 1999, p. 318-320.
3. Chatenet 1994, p. 82-83.

res » que suscite le fait que l'épouse du prévôt de Paris fasse porter sa robe jusqu'à la porte de la chambre de la princesse. De même, elle s'attache à raconter avec force détails la réception de Jeanne de Castille par la reine Anne que les autres récits résument d'une phrase. C'est d'ailleurs tout au long du texte que la relation publiée par Godefroy réserve une place exceptionnelle aux femmes : on n'y compte pas moins de soixante-huit mentions de la comtesse de Vendôme, chargée d'accompagner l'archiduchesse, contre trente-huit seulement du comte de Ligny, attaché quant à lui à la personne de Philippe le Beau.

Plusieurs autres relations permettent de croiser les regards portés sur l'événement. Outre le témoignage qui nous sert de base, il existe, du côté français, deux récits détaillés : les chroniques de Louis XII rédigées par Jean d'Auton, historiographe royal[4], et une description de l'entrée à Paris du prince et de sa suite, imprimée en 1501[5]. S'y ajoutent d'autres témoignages plus fragmentaires, comme les mémoires de Robert III de La Marck, seigneur de Fleuranges, compagnon d'enfance du futur François I^er^, qui rejoint justement la cour de France en 1501, à l'âge de dix ans[6].

Du côté de l'archiduc, le nombre des relations est plus important. Il faut en premier lieu signaler le récit du voyage en Espagne de 1501 à 1503 du chevalier Antoine de Lalaing, qui fournit un itinéraire détaillé au jour le jour[7]. Le journal de Lalaing est la source principale des historiographes officiels bourguignons, qui portaient le titre d'« indiciaires » : *Chroniques* de Jean Molinet[8], récit abrégé par Jean Lemaire de Belges[9], ou encore relation plus tardive de Julien Fossetier, rédigée en 1518 à la demande de Marguerite d'Autriche[10]. S'y ajoute un récit anonyme conservé à Vienne, très détaillé et riche en enseignements, qui paraît indépendant des précédents et écrit par un témoin direct[11]. En revanche, on n'a guère fait usage du panégyrique du prince par Érasme, hâtivement composé au retour du voyage d'Espagne, texte à visée politique et pédagogique – l'éloge du prince doit l'inciter à s'améliorer – dont les fleurs de rhétorique humaniste célébrant à la fois le

4. Auton, chap. XXI, t. II, p. 205-211.
5. *L'entrée faicte a Paris.*
6. Fleuranges 1820, chap. IV, p. 153-154 et 1913-1924, 2 vol.
7. Lalaing, p. 121-155. L'attribution du récit a été contestée par D. Coenen (*Nouvelle biographie nationale*, t. VII, 2003, p. 104-105), mais Lalaing s'en dit bien l'auteur ; qu'il l'ait écrit, dicté, ou qu'il en ait seulement supervisé la rédaction n'en modifie pas la valeur documentaire.
8. Molinet 1828, chap. CCCXV, p. 168-185 et 1935, chap. CCXCVIII, t. II, p. 498-507. Cf. Girault 2007.
9. « Le premier voyage d'Espagne, 1501-1503 », dans Jean Lemaire de Belges, *Recueil de relations historiques*, BnF, ms. Dupuy 503, fol. 5 et suiv. Au fol. 155, mention « Jehan Le Maire » de la main de Pierre Pithou.
10. Julien Fossetier, *Voiage que fit l'archiducq Philippe d'Austriche depuis roy des Espaignes par les royaulmes de France et de Navare ausdites Espaignes…*, Bruxelles, K. B. R., ms. 14517, fol. 1-102. Cf. J. Lemaire, « Julien Fossetier, poète athois thuriféraire de Charles Quint », *Bulletin de la Classe des Lettres. Académie royale de Belgique*, 6^e^ sér., t. XII, n° 1-6, 2001, p. 287-316.
11. *Relation de Vienne* publiée de façon assez fautive au XIX^e^ siècle par Joseph Chmel. Nous n'avons malheureusement pas pu consulter l'original.

prince guerrier et l'idéal de paix masquent mal la médiocrité de l'information quant au déroulement concret du voyage [12]. Enfin il faut mentionner les lettres envoyées par la chancellerie archiducale pour renseigner les villes de Flandre sur la progression du voyage, qui reproduisent des missives de Philippe le Beau lui-même [13], le *Recueil en forme d'histoire* du premier secrétaire archiducal Philipe Haneton [14] et une lettre inédite d'un autre secrétaire, Pierre Anchemant [15]. Hormis ces sources bourguignonnes, il existe encore des lettres d'ambassadeurs, notamment de la cour de Mantoue [16], et quelques chroniques espagnoles plus tardives, la plus détaillée étant celle de Lorenzo de Padilla [17].

Dans les pages qui suivent, nous nous sommes attachés à analyser le contexte historique de l'entrevue et ses enjeux diplomatiques, à décrypter les usages de la cour, notamment en matière de cérémonial, de préséances et de codes vestimentaires, à restituer la disposition et l'aménagement du château de Blois à cette période charnière de sa construction, enfin à replacer le séjour blésois dans l'ensemble du voyage des archiducs. À l'édition critique de la *relation Dupuy-Godefroy*, principale source de l'événement qui constitue notre première pièce justificative, nous avons joint quelques documents inédits ou peu connus, ainsi que des détails sur l'itinéraire du voyage. Un index prosopographique des noms de personnes mentionnés dans la principale relation est placé en fin d'ouvrage.

12. *Panegyricus ad Philippum Austriae ducem,* éd. Otto Herding, *Opera omnia Desiderii Erasmi Roterodami*, t. IV/1, Amsterdam, North-Holland Publishing Company, 1974, p. 1-93. Érasme remit le texte au prince à l'Épiphanie 1504.

13. Lettres de Philippe le Beau (10 et 14 décembre), envoyées aux villes des Pays-Bas par le comte de Nassau, dans Gachard 1876, t. I, Appendice C, p. 373-378.

14. Philippe Haneton, *Recueil en forme d'histoire... contenant les titres, actes et traitez faicts entre le roy Louis XII et ledict roy de Castille depuis l'an 1498 jusques en l'année 1507*, dans Gachard 1876, t. I, Appendice A, p. 341-344. Copies, BnF, mss. fr. 18054 fol. 20v°-23 et 34v°-38 et fr. 18728, fol. 112-121.

15. Lettre inédite de Pierre Anchemant, secrétaire de l'archiduc, au chancelier de Flandre (10 décembre), Lille, A. D. Nord, B 17791. Voir *infra*, Pièce justificative n° 2, p. 136.

16. Lettre de l'ambassadeur de Mantoue (14 décembre), Mantova, Archivio di Stato, A.G. 629. Voir *infra*, P. J. n° 3, p. 141.

17. Pour Padilla, voir *infra*, P. J. n° 4, p. 144. Cf. aussi Santa Cruz et Zurita.

*Chapitre 1*

# Un voyage politique

Le 7 avril 1498, la mort accidentelle de Charles VIII à l'âge de vingt-sept ans vaut à son cousin et ancien adversaire le duc Louis II d'Orléans de monter sur le trône de France sous le nom de Louis XII. Le nouveau souverain, qui a bientôt trente-six ans, prend les rênes d'un territoire en paix et prospère. Le royaume connaît même une expansion territoriale sans précédent : Louis XI lui a rattaché la Bourgogne et la Provence ; Charles VIII a tenté la conquête de Naples ; Louis XII hérite de prétentions au royaume de Naples du fait de son prédécesseur et à l'héritage milanais par sa grand-mère Valentine Visconti [1].

Mais pour tenter l'aventure italienne, il faut conforter la paix sur les autres fronts. À l'ouest, il convient d'arrimer plus solidement la Bretagne au royaume et mettre fin aux velléités d'indépendance ducale ; aussi Louis XII fait-il rapidement annuler son mariage par le pape afin de pouvoir épouser dès 1499 la duchesse Anne de Bretagne, veuve du roi défunt, conformément au contrat de mariage de son prédécesseur. Au sud, il négocie la neutralité de Ferdinand d'Aragon afin de se lancer à la conquête du royaume de Naples où règne un autre prince aragonais, Frédéric. Il s'assure la neutralité de Florence et de Venise et la bienveillance du pape Alexandre VIII en donnant à son fils, César Borgia, le comté de Valentinois érigé en duché et la main d'une princesse française. Reste le problème des relations avec l'empire des Habsbourg, empoisonnées par la question bourguignonne [2].

## Les relations franco-bourguignonnes

Maximilien d'Autriche (1459-1519) a épousé en août 1477 Marie de Bourgogne (1457-1482), fille unique et héritière du duc Charles le Téméraire (1433-1477), mort quelques mois plus tôt, le 5 janvier 1477,

1. Cf. Quilliet 1986. Le Fur 2001. Voir aussi Frederic J. Baumgartner, *Louis XII*, New York, St. Martin's Press, 1996 et Nicole Hochner, *Louis XII, les dérèglements de l'image royale*, Seyssel, Champ-Vallon, 2006.

2. Nous empruntons beaucoup dans les pages qui suivent à Jean-Marie Cauchies 2003 et Wiesflecker 1971-1986. Voir aussi Jean-Marie Cauchies, « Des relations de bon voisinage : Philippe le Beau, Maximilien I<sup>er</sup> et la France », dans *Keizer Karel en Eeklo (Verslag colloquium Eeklo, 24 sept. 2005)*, Eeklo, 2006, p. 22-27.

devant Nancy. Marie apporte en dot l'héritage bourguignon, amputé de fait du duché de Bourgogne, ainsi que de l'Artois et de la Picardie, conquis par Louis XI[3]. Conseillée par sa belle-mère, Marguerite d'York (1446-1503), dernière épouse du Téméraire, la jeune duchesse s'attache les Pays-Bas en concédant aux États généraux les « grands privilèges » en février 1477. Maximilien de Habsbourg est élu roi des Romains en 1486, du vivant de son père l'empereur Frédéric III (1415-1493), qui avait conforté les possessions néerlandaises de son fils en l'investissant en avril 1478 des fiefs des Pays-Bas relevant de l'Empire.

En épousant Marie de Bourgogne, Maximilien épouse également la cause bourguignonne et rêve de récupérer le duché. À cette rivalité politique avec le roi de France, s'ajoute une ambiance de *vendetta* familiale : Louis XII est le petit-fils du duc Louis d'Orléans assassiné en 1407 sur ordre du duc de Bourgogne Jean sans Peur, lequel à son tour a été tué en 1419 lors d'une rencontre avec le dauphin et futur roi de France Charles VII, probablement sur son ordre.

De son union avec Marie de Bourgogne, Maximilien eut deux enfants : l'aîné, Philippe, né à Bruges le 22 juin 1478, plus tard dit « le Beau », et Marguerite (1480-1530), future régente des Pays-Bas, qui épouse en 1497 l'Infant Jean d'Aragon (1478-1497), puis en 1501, Philibert II de Savoie (1480-1504). Ce sont eux que leur mère désigne dans son testament comme héritiers de ses possessions, tandis qu'elle charge son époux d'être leur tuteur jusqu'à leur majorité. Durant ces années, Marguerite d'York veille à leur éducation[4].

La naissance de Philippe est suivie d'une trêve des opérations militaires avec la France signée le 11 juillet 1478. Le traité d'Arras est conclu le 23 décembre 1482, à la mort de Marie de Bourgogne, et concerne le partage de l'État bourguignon entre Louis XI et Maximilien. Le roi de France conserve la Bourgogne et la Picardie, qu'il a fait occuper dès janvier 1477 ; Maximilien garde les Pays-Bas.

Par la suite, le traité de paix – en fait simple armistice – de Francfort, conclu le 22 juillet 1489 entre Maximilien et Charles VIII marque la pacification des rapports avec le Bourguignon. Le roi de France intervient même comme intermédiaire entre le roi des Romains et les Trois membres de Flandre pour que ceux-ci le reconnaissent comme tuteur et « mambour » de son fils, c'est-à-dire régent, lors du traité de Montils-lez-Tours conclu le 30 octobre 1489[5].

---

3. Sur cette princesse : Georges-Henri DUMONT, *Marie de Bourgogne*, Paris, Fayard, 1990. Anne BESSON, *Marie de Bourgogne*, Paris, Nouv. éd. latines, 1994. *Marie de Bourgogne, de Bruges à Beaune*, cat. exp., Paris, Somogy, 2000. EICHBERGER 2005.
4. CAUCHIES 2003, p. 4-7.
5. CAUCHIES 2003, p. 17-19.

La fille de Maximilien et de Marie de Bourgogne, Marguerite d'Autriche, est promise en mariage au jeune Charles VIII. Ces noces ne seront jamais célébrées car Charles épouse finalement Anne de Bretagne en décembre 1491. En guise de compensation, le traité de Senlis du 23 mai 1493 rend au Habsbourg l'Artois et la Franche-Comté. Charles VIII obtient de surseoir au statut du duché de Bourgogne dont il se fait investir en recevant l'anneau ducal en juin 1494[6].

Le gouvernement personnel de Philippe, déclaré majeur et émancipé en 1494, marque un infléchissement francophile – ou plus exactement pacifiste – de la politique des Pays-Bas, d'autant que l'attention de Maximilien se tourne alors davantage vers l'Empire à la suite de la mort de Frédéric III[7]. C'est toutefois cette même année que Maximilien négocie le double mariage de ses enfants avec ceux des Rois catholiques : celui de son fils Philippe avec la princesse Jeanne de Castille, celui de Marguerite avec Jean de Castille, héritier des royaumes de Castille et d'Aragon. Quoique l'opération vise clairement à prendre en tenaille le roi de France, Charles VIII, consulté sur cette union comme le prévoyait le traité de Barcelone qu'il avait conclu avec l'Espagne en janvier 1493, ne s'y oppose pas. Le 5 novembre 1495, les deux unions sont célébrées par procuration en la cathédrale de Malines. Philippe reçoit son épouse le 17 octobre 1496 à Lierre en Brabant où leurs noces sont solennellement célébrées trois jours plus tard[8]. Contrairement à ce qu'espérait Maximilien, le double mariage espagnol n'isole pas le roi de France : Ferdinand d'Aragon conduit des pourparlers plus ou moins secrets avec Charles VIII tout au long de l'année 1497.

L'année suivante, la mort de Charles VIII surprend les chancelleries. Maximilien en profiterait volontiers pour lancer une guerre contre la France, mais la Diète de Fribourg ne le suit pas et lui propose au contraire une paix fondée sur de nouvelles alliances : l'empereur élu épouserait Anne de Bretagne, veuve de Charles VIII, projet d'union envisagé dès 1490, tandis que Louis XII épouserait Marguerite d'Autriche. Le refus de l'empereur incite son fils à conduire sa propre politique pour assurer la paix des Pays-Bas : le traité de paix dit « traité de Paris », conclu le 20 juillet 1498, est signé le 2 août suivant[9]. De leur côté, les Rois catholiques signent aussi la paix avec Louis XII à Saragosse le 30 septembre, parachevant l'isolement de l'empereur.

Dans ses lettres du 16 août 1498 ratifiant le traité de Paris, Philippe le Beau s'engage à prêter au roi l'hommage pour ses terres de Flandre et d'Artois et à renoncer à toute tentative de recouvrer par voie judiciaire ou

6. Yvonne Labande-Mailfert, *Charles VIII, le vouloir et la destinée*, Paris, Fayard, 1986, p. 210. Didier Le Fur, *Charles VIII*, Paris, Perrin, 2006, p. 275-276. Cauchies 2003, p. 92.

7. Cauchies 2003, p. 30-32, 84.

8. Cauchies 2003, p. 41-54.

9. Wiesflecker 1971-1986, II, p. 132-133. Cauchies 2003, p. 93-94.

militaire le duché de Bourgogne. Le prince plaide la cause de la paix devant les États généraux de Bourgogne réunis à Bruxelles en décembre 1498, alors que le mois suivant, l'empereur se rend en personne à Anvers devant les États des Pays-Bas pour leur demander, en vain, de ne pas accepter la paix avec la France. Philippe ne tient aucun compte des manœuvres de son père et gagne la capitale de l'Artois pour s'acquitter de sa promesse et faire l'hommage de ses terres entre les mains du chancelier de France Guy de Rochefort, le 5 juillet 1499 [10].

## La succession d'Espagne

Au cours de ces mêmes années, l'archiduc et son épouse ont vu leur rang parmi les princes d'Europe se modifier considérablement en raison d'un rapprochement de la couronne d'Espagne que rien ne laissait prévoir au moment de leur union. En effet, Marguerite d'Autriche, qui avait épousé l'Infant dom Juan, fils unique des Rois catholiques, le 3 avril 1497, perd son époux le 4 octobre suivant. L'Infante Isabelle, aînée des sœurs de Juan et épouse du roi Manuel de Portugal, est alors proclamée par les *Cortes* héritière des royaumes d'Espagne. Mais elle meurt à son tour le 23 août 1498 en donnant naissance à un nouvel héritier, le prince Miguel, qui décède lui-même le 20 juillet 1500 [11].

Jeanne de Castille est désormais la nouvelle héritière, ainsi que son époux (fig. 1). Tous deux doivent donc au plus vite gagner l'Espagne afin d'y être reconnus par les Cortès. Mais Philippe tergiverse : il veut consulter son père Maximilien et envoie en Espagne, en novembre 1500, une ambassade conduite par l'archevêque de Besançon, François de Busleyden, le plus « francophile » de ses conseillers, et Philibert de Veyré [12]. Au début de 1501, le départ des archiducs est encore retardé par une nouvelle grossesse de l'archiduchesse, la troisième.

Revenus en Flandre en juin 1501, les ambassadeurs repartent aussitôt pour la France. Durant le même temps, Louis XII envoie à Bruxelles, où il arrive le 15 septembre [13], son ambassadeur, Gilles de Harpedanne, seigneur de Belleville, pour proposer aux archiducs de se rendre en Espagne par voie de terre plutôt que par la mer. Après maintes hésitations – le 20 septembre les princes attendent encore à Bruxelles une hypothétique visite de Maximilien – le voyage terrestre est décidé et l'on renonce aux nefs déjà

10. *Procès verbal de l'hommaige faict par Philippes, archiduc d'Autriche, à Louys XII, roy de France pour les comtez de Flandres, Artois et Charrolois, le 5 juillet 1499*, publ. dans Godefroy 1615, p. 180-191. Cf. Cauchies 2003, p. 96-97. Pour la réaction de Maximilien, voir Quilliet 1986, p. 242.

11. Cauchies 2003, p. 124-128.

12. Cauchies 2003, p. 131-132. *Id.*, « Dans les allées et les coulisses du pouvoir : Philibert de Veyré, diplomate au service de Philippe le Beau (m. 1512) », dans Jacques Paviot (éd.), *Liber amicorum Raphaël de Smedt. 3 : Historia,* Louvain, Peeters, 2001, p. 133-152 (Miscellanea Neerlandica, vol. 25), ici p. 141-142.

13. Lalaing, p. 125.

réservées à Bruges. Le 26 septembre, la signature du contrat de mariage de Marguerite d'Autriche avec les émissaires du duc Philibert de Savoie libère Philippe le Beau de toute autre préoccupation. Le 1er novembre, il désigne le comte Engelbert de Nassau pour gouverner ses terres du nord en son absence et le 4, Philippe et Jeanne quittent enfin Bruxelles.

Pendant ce temps, d'autres tractations sont nouées avec la France. Le 27 juin 1501, « monseigneur l'archiduc et madame l'archiduchesse, princes de Castille », donnent procuration à leurs ambassadeurs pour négocier le mariage de leur fils Charles de Gand avec Claude de France. Parallèlement, Maximilien renonce (pour un temps) à faire la guerre à la France et négocie avec Louis XII le traité de Trente. Conclu le 13 octobre 1501, le traité prévoit une paix perpétuelle tripartite entre l'Empire, les Pays-Bas et la France et ratifie le projet de mariage de Charles et de Claude [14]. C'est dans ce contexte que débute le voyage du couple archiducal à travers la France.

## De Bruxelles à Blois

Le récit transcrit par Dupuy et publié par Godefroy peut être complété du côté bourguignon grâce aux relations de Lalaing (ainsi qu'au résumé qu'en donne Molinet) et de l'anonyme viennois [15].

Parti de Bruxelles le 4 novembre, le couple archiducal, accompagné d'une suite importante évaluée à mille deux cents chevaux par la relation anonyme [16], gagna Mons en Hainaut; là, l'archiduchesse « fit son entrée, et fut honorablement receue par les seigneurs de la ville, lesquels luy donnèrent, à son premier advénement, deux pots d'argent doré, et une couppe pleine de flourins ». De Mons, où ils passèrent quatre jours, ils se rendirent à Valenciennes, où Jeanne fit seule son entrée, Philippe y étant déjà venu en 1495. Ils y furent reçus par « le prevost, eschevins et jurez », qui leur remirent « un bachin d'argent et un lavoir de mesme », tandis que le sire de Belleville, envoyé par Louis XII, assurait les princes du « bon vouloir » que le roi et la reine de France avaient de les bien accueillir dans le royaume. Jeanne de Luxembourg et Philippe de Hennin les accompagnèrent à Ville-Pommeroeul et Boussu. De là ils se rendirent à Cambrai, qu'ils atteignirent le samedi 13 novembre vers midi, et firent étape le surlendemain à l'abbaye de Mont-Saint-Martin.

« Le lendemain, note Molinet, [l'archiduc] entra au royame, environ quatre heures, et vint à Saint-Quentin [17]. » On leur donna « à baiser le chief

14. Wiesflecker 1971-1985, t. III, p. 259. Cauchies 2003, p. 134.

15. Voir aussi les analyses du voyage par Cauchies 2003, p. 135 et suiv. ainsi que Le Fur 2001, p. 128-129.

16. Toutefois l'ambassadeur de Mantoue en dénombre « seulement » deux cents à Blois dans sa lettre du 14 décembre 1501.

17. Molinet 1935, p. 499. L'archiduc fut reçu presque comme s'il était le roi : fêtes, rues pavoisées, spectacles et tableaux vivants, liesse, bals harangues des autorités municipales, ecclésiastiques et universitaires à Paris, Orléans et Poitiers.

du benoist martyr », patron de la cité picarde, avant de faire leur entrée dans la ville aux rues « tapissées », ponctuées de feux de joie et d'échafauds où étaient joués des épisodes de « la légende de leurdit patron ». Puis ils furent accueillis par « monseigneur de Ligney et la noblesse d'Arthois », c'est-à-dire par Jean de Luxembourg, comte de Ligny, également lieutenant général du roi en Picardie et en Artois, qui accompagna désormais le prince dans son voyage. Et « de la part de la reine, précise le chroniqueur, était audit lieu de Saint-Quentin madame la comtesse de Vendôme », dépêchée « pour pareillement adsister et conduire madame l'archiduchesse ».

C'est à partir de cette étape de Saint-Quentin que la relation Dupuy-Godefroy se fait plus précise, détaillant les personnalités présentes et les messages de bienvenue lus tour à tour. Outre la noblesse de Picardie, furent présents le comte de Braine, l'évêque de Meaux et le baron de Moÿ. Le 17 novembre, l'archiduc écouta la messe à Saint-Quentin avant d'entendre la lecture de la lettre de bienvenue que lui adressait Louis XII.

La comtesse de Vendôme, Marie de Luxembourg (v. 1472-1546), fille du comte de Saint-Pol et veuve du comte de Vendôme de François de Bourbon, les logea dès le lendemain « en son chasteau de Ham, où ils séjournèrent une nuict seulement ». Ils y « furent recueillis à processions, feux, rues tendues et cloches sonnantes ». De là le couple gagna Noyon où, accueilli par Jean de Soissons, bailli de Vermandois, il fit ses dévotions à saint Éloi. Le lendemain 19 novembre, il se rendit à Compiègne, où « les feux de joye furent faicts et les rues tapissées », et il y séjourna trois jours.

Le 22, les voyageurs arrivèrent à Senlis. Là, les « douze gouverneurs de ladite ville » leur présentèrent le vin et l'un d'eux fit une harangue exaltant le rôle de pair de France de l'archiduc, en tant que comte de Flandre. De Senlis, l'archiduc alla coucher au village de Louvres (et non « au Louvre » comme l'écrivent notre narratrice ou Molinet[18]) avant de passer la journée du lendemain 24 novembre à Saint-Denis pour y entendre la messe. À en croire notre narratrice, on avait prévu « d'aller au giste à Paris, mais ceux de la ville n'étaient pas prêts », raison pour laquelle on s'attarda à Saint-Denis « en visitant les reliques et saints lieux de ladite abbaye ».

Le jeudi 25, le couple se rendit de Saint-Denis à Paris où il fut reçu par le comte de Nevers, Engilbert de Clèves, le baron de Clérieux, Guillaume de Poitiers, gouverneur de Paris, le prévôt de Paris Jacques d'Estouteville, puis ces messieurs du Parlement, du Châtelet et de l'université, « et grand nombre de la communauté de la ville » qui conduisirent les princes à leurs logis. Le vendredi 26, « ledit archiduc s'en alla au Palais pour voir plaider les causes », et comme premier pair, en tant qu'héritier du duché de Bourgogne dont il se voyait ainsi curieusement investi, il « fut assis comme pair de France au côté dextre du président, auprès de la place du roy », et entendit

18. Molinet 1935, p. 500.

le jugement de plusieurs causes, avant que ne se répondent les discours des parlementaires, du prévôt d'Arras, Charles de Ranchicourt, conseiller et premier maître des requêtes de l'archiduc, puis du recteur de l'université de Paris, Cantien Hue.

Dès le lendemain, l'archiduchesse, également venue outre « la rivière de Sayne pour veoir le Palais », alla au gîte à Longjumeau, « six lieues oultre Paris ». Son époux entendit la messe à la Sainte-Chapelle puis visita la ville, Notre-Dame, le Louvre et la Bastille Saint-Antoine, avant de souper « à l'hôtel du prévôt de Paris ».

Parti de Paris le dimanche 28, il retrouva sa femme à Longjumeau et tous deux firent étape à Montlhéry. Ils arrivèrent à Étampes le lundi, y passèrent le mardi, « jour de Saint André », où ils tinrent « leur feste de la Toison », et quittèrent la ville le mercredi 1er décembre. Le soir, Philippe le Beau coucha en pleine Beauce à Angerville, le jeudi, il logea à Artenay et atteignit Orléans le vendredi. Dans les faubourgs de la cité, il fut accueilli par « le josne conte de Foix et le seigneur de Montmorency, gouverneurs de la ville », c'est-à-dire Gaston de Foix et Guillaume de Montmorency. Le samedi 4, le voyage fut endeuillé par le meurtre de l'un des charretiers suivant l'archiduchesse, tué par le valet de l'auberge où il était descendu.

« Après que illecq eut séjourné trois jours, il se partit le lundy ensuivant » et visita, en compagnie de son épouse, l'église de Notre-Dame de Cléry. Après une étape à Saint-Laurent-des-Eaux, le couple atteignit enfin Blois, « où le roy de France, la royne, et grande noblesse actendoient sa venue ». Il y passa une dizaine de jours sur lesquels nous reviendrons, et l'archiduc y ratifia le traité de Trente. Tous les récits insistent sur les fastes de la réception, « en quantité, qualité et diversité de vins et de viandes », sur le caractère « quasi incrédible de la despence et feste sumptueulx », sur les dames de la cour présentes « environ de six cens en nombre ». La fin du séjour se passa en cadeaux, l'archiduchesse offrant « à madame Claude, sa belle-fille, une baghe estimée à la valleur de deux mille escus ».

## De Blois à Fontarrabie

Le mercredi 15 décembre, le roi accompagna le prince à Chaumont-sur-Loire, puis le jeudi à Amboise, avançant au rythme des chasses à l'oiseau. Le vendredi, l'archiduc quitta Amboise « et le roy le convoya jusques hors la porte, où mondit seigneur print congié de luy, et le roy retourna à Bloix ». Toujours accompagné du comte de Ligny, Philippe gagna Tours, où il séjourna jusqu'au lundi 20, jouant à la paume le samedi au Plessis, visitant la ville le lendemain. Ligny quitta la troupe au sud de Tours et reçut du prince « deux de ses plus beaux chevaulx ». La comtesse de Vendôme avait quitté l'archiduchesse à Blois. Le cortège fit ensuite étape à Sainte-Maure-de-Touraine, déjeuna le mardi à Port-de-Piles, où il franchit la Creuse avant de gagner Châtellerault, puis s'arrêta le lendemain 22 décembre à Poitiers où il fut accueilli par « le séneschal de Poictiers et les nobles hommes du pais, ordonnez de par le roy [...], ensemble ceux de la ville et messieurs de l'université ».

Puis Philippe le Beau accompagné de son épouse se rendit à Melle, où il passa Noël et « où il séjourna trois ou quatre jours ». De là il gagna Cognac, « où il trouva les gens de madame d'Angoulesme, qui le festoyèrent et le tindrent six jours », notamment durant les étrennes 1502. À son départ de Cognac, « le séneschal de Poictou et ses gens prindrent congié » tandis que Philippe continuait sa route vers Barbezieux, possession du sire la Rochefoucault, « où il fut bien venu et y joua à la palme ».

De là les voyageurs se rendirent à Montlieu, aux portes de la Gascogne. Ils fêtèrent « la veille des Roys à ung villaige nommé Chastre » – en fait Guîtres –, où les émissaires de Bordeaux leur apportèrent des présents et les invitèrent à passer par leur ville, invitation que le prince déclina « à cause que l'on disoit que la peste y regnoit ». Au contraire, il poursuivit plus à l'est, passa « la Gironde », « et coucha à Castillon », puis à Cadillac où le couple fut reçu pendant deux jours par le comte de Candale et son épouse, « fille à monseigneur d'Albrecht, sœur à madame la princesse de Chimay ». De Cadillac il alla à Langon, autre terre du comte de Candale, « où il fut quatre jours bien festoyé ».

Le vendredi 14 janvier, le prince « partit de Langon et vint coucher à ung bourgade nommée Capsin », c'est-à-dire Captieux; de là se rendit à Roquefort, « appartenant au roy de Navarre », puis à Mont-de-Marsan, « une bonne ville nommée le Mont-de-Muichault, où il séjourna le dimenche ». Lalaing et Molinet indiquent ensuite que le « lundi [16 janvier] party d'illecq et vint à Tartas, appartenant audit roy de Navarre », où le prince « et toute sa compaignie fut assiégét des eaues, sy terriblement grandes que toute la ville flottoit, synon le quartier d'en hault où monseigneur estoit logiét [19] ». En raison des inondations, Philippe et Jeanne y furent retenus trois jours. Philippe quitta la ville « le joedy ensuivant » pour se rendre à Dax, « actendant le roy de Navarre, qui vint le vendredy au soir », tandis que l'archiduchesse poursuivait la route directe, « estant allée le droict chemin à Baionne ».

Après une journée passée avec le roi de Navarre, Alain d'Albret, à Dax où « firent ledit roy et monseigneur bonne chière ensemble », Philippe quitta la ville le lendemain, samedi, en compagnie du roi pour rejoindre son épouse à Bayonne où ils séjournèrent du samedi 22 « jusques au mercredy ». De Bayonne ils passèrent en Espagne et le mercredi 26 janvier « vindrent à Hondarribia [Fontarrabie], première ville de Bisquaye et du royalme d'Espaigne » où les archiducs furent accueillis par plusieurs grands

19. Molinet 1935, p. 506.

d'Espagne[20]. Le couple poursuivi sa route jusqu'à Burgos, où il séjourna « l'espace de dix à douze jours ». De là, Philippe se rendit à Valladolid, puis à Médina, et enfin à Ségovie pour rencontrer les souverains espagnols, ses beaux-parents.

## L'itinéraire

L'itinéraire qu'indiquent les chroniqueurs est très détaillé. Si Jean d'Auton ne mentionne que les séjours de Blois et de Paris (à des dates d'ailleurs erronées), Molinet cite les principales étapes d'après Lalaing qui les indique toutes, jour après jour. Ces données sont recoupées par les relations anonymes : celle de Vienne pour l'ensemble du voyage, celle de Paris pour l'itinéraire de Cambrai à Blois.

Aux Pays-Bas d'abord : départ de Bruxelles, étapes à Soignies, Mons, Ville, Boussu, Valenciennes et Cambrai. Au royaume de France ensuite, la troupe traverse l'Artois, la Picardie et l'Île-de-France : abbaye du Mont-Saint-Martin, Saint-Quentin, Ham, Noyon, Compiègne, Senlis, Louvres, Saint-Denis et enfin Paris. Au sud de Paris, le cortège continue par Montlhéry, Étampes, coupe par la Beauce en faisant étape à Angerville, Artenay et Orléans. Dès 1916, Marc Bloch a montré comment la route ouest par Angerville, Toury, Artenay et l'arrivée à Orléans par la porte Bernier (plus tard porte Bannier) s'est substituée, pour des raisons de sécurité et aussi de politique de l'abbaye de Saint-Denis, à l'ancien itinéraire qui passait plus à l'est[21].

À partir d'Orléans, l'archiduc suit l'itinéraire traditionnel vers l'Espagne qui se confond avec la route la plus occidentale déjà mentionnée dans le fameux *Guide du pèlerin de Saint-Jacques* au XII^e^ siècle : d'abord en suivant la rive sud de la Loire, via Cléry, Saint-Laurent-des-Eaux, Saint-Dyé, Blois, Chaumont, Amboise et Tours. Ensuite à partir de Tours, la troupe oblique au sud vers Poitiers, qu'elle atteint via Sainte-Maure-de-Touraine, Port-de-Piles et Châtellerault. Puis Philippe le Beau poursuit sa route par Ménigoute, Melle, Aulnay, Beauvais-sous-Matha, Cognac, Barbezieux, Montlieu, Guîtres, Castillon, Cadillac, Langon, Captieux, Roquefort, Mont-de-Marsan, Tartas, Dax, Bayonne et entre en Espagne à Fontarrabie.

20. Le 26 janvier, l'étape à Saint-Jean-de-Luz marque « la fin de France ». Les archiducs poursuivent ensuite avec la traversée du Río Bidasoa pour atteindre Fuenterrabía, « le commenchement de Vasque et d'Espaigne ». Les Grands d'Espagne l'accueillent à chaque étape ou l'accompagnent comme les seigneurs français l'avaient fait dans le royaume : « Gutierre de Cárdenas, grand commandeur de l'ordre de Saint-Jacques, et Francisco de Zúñiga, comte de Miranda, à Fuenterrabía ; Bernardino de Velasco, connétable de Castille, Francisco de la Cueva, duc d'Albuquerque, à Burgos ; Fradrique Enríquez, amiral de Castille, Pedro Manrique, duc de Nájera et Luis Osorio, marquis d'Astorga, à Valladolid. » (CAUCHIES 2003, p. 137).

21. Cf. Marc BLOCH, *L'Île-de-France et les pays autour de Paris*, Paris, 1916, p. 75, repris dans les annexes des *Caractères originaux de l'histoire rurale française*, Paris, 1959.

## Les entrées solennelles

Les récits nous renseignent également sur le déroulement des entrées solennelles du prince dans chaque ville. Celles-ci sont l'occasion de mettre en scène les édiles, la noblesse et le clergé. Dans les villes hennuyères, Jeanne de Castille fait sa première entrée en tant que comtesse de Hainaut : à Mons, écrit Molinet, « maditte dame fit son entrée, et fut honorablement recheue par les seigneurs de la ville » ; il en alla de même à Valenciennes, « où icelle fut grandement festoiiée [22] ».

Dans le royaume, le récit Dupuy-Godefroy détaille les négociations auxquelles le rituel de l'entrée donna lieu. Pour être accepté par les deux parties, le protocole des cérémonies ponctuant la traversée du royaume devait respecter la suzeraineté du roi de France sur le descendant des ducs de Bourgogne, sans trop la marquer toutefois afin de ne pas porter préjudice à l'indépendance de fait du souverain des Pays-Bas. Aussi, à la satisfaction apparente des deux princes – mais à l'insatisfaction manifeste de l'une des deux épouses (le ton pincé des chroniqueurs espagnols contraste avec les dithyrambes des historiographes français et bourguignons) – il fut mis sur pied un subtil compromis entre le traitement réservé à un monarque étranger et celui proposé à un vassal et l'on fit plusieurs fois appel au cérémonial réservé aux ducs de Bourgogne, premiers pairs de France, plutôt qu'à celui, moins prestigieux, accordé aux comtes de Flandres [23].

Selon la relation Dupuy-Godefroy, le roi avait écrit « aux villes par où ilz passeroient, qu'ils recueillissent ledit archiduc et archiduchesse et leur fissent honneur comme à sa personne ». On conserve au moins une de ces lettres, adressée par Louis XII à la ville de Poitiers, dans laquelle le roi demande aux échevins de faire au couple archiducal « tout le service, bon recueul, honneur et traictement que possible vous sera et comme ferez a nous [24] ». Toutefois, les édiles hésitèrent à lui accorder tous les privilèges du souverain. Ainsi, selon le récit Dupuy-Godefroy, on se garda de lui donner le titre de « Très redouté seigneur » dans les zones frontalières, et il fut décidé « qu'on le nommeroit "Très haut, Très puissant, Très noble prince et seigneur" et que on ne luy debvoit dire "Très redoubté", et que ce mot devoit demeurer au roy, veu encore que c'estoient les villes de frontière et prochaines voisines de ses païs ». Une telle prudence n'était plus de mise au cœur du royaume, et à Paris le président criminel du Parlement n'hésita pas à donner à l'archiduc du « Mon très redoupté seigneur, hault et tres puissant [25] ».

22. Molinet 1935, p. 498-499.
23. Comme l'a justement noté Robert W. Scheller, « Ensigns of authority : French royal symbolism in the age of Louis XII », *Simiolus. Netherlands quaterly for the history of art*, vol. XIII, 1983, n° 3, p. 75-141 (ici p. 132-134).
24. Cf. *infra*, P. J. n° 5, p. 150.
25. *Relation de Vienne*, p. 560.

Il en alla de même pour les cérémonies d'entrée. Le roi écrivit aux magistrats municipaux de Poitiers que « a leur arrivee en nostre dite ville, vous allez au devant d'eulx, faictes tendre les ruhes, ordonnez leurs logeis [26] » ; après discussion, il « fut conclud qu'on tendroit les rues, qu'on feroit des feux, qu'on sonneroit les cloches, et que ceux de l'église iroient à processions au devant de luy [27] », autres privilèges régaliens. On fit aussi tirer les canons des places fortes ; à Amboise par exemple « on tira du chasteau, en signe de joye, plusieurs gros engiens [28] », tandis qu'à Ham on fit tirer « bons engiens de grosses serpentines et autres bâtons du chasteau [29] ». Si Philippe eut également le droit de délivrer les prisonniers, en revanche, la plupart des villes ne lui accordèrent pas le privilège de chevaucher sous un dais, ni de recevoir les clés des portes ; quant à la foule, elle ne devait pas l'acclamer.

Au fil des étapes, l'insistance est mise sur les échevins et corps municipaux qui accueillent Philippe le Beau : à Senlis « ceulx de la ville luy firent très grande révérence ». À Saint-Quentin, la prééminence est donnée au clergé : « les ordres des mendians, cordeliers et jacobins, et messieurs de l'esglise vindrent au devant », la noblesse d'Artois attendant à l'intérieur de la ville. À Noyon, ils sont accueillis par « le peuple et les collèges », mention qui réunit les bourgeois et le clergé.

Évidemment, les corps constitués présents sont plus nombreux à Paris. Le récit de l'entrée dans la capitale, particulièrement développé dans le manuscrit Dupuy, a fait l'objet d'une relation imprimée [30]. L'archiduc fut accueilli avant La Chapelle par les comtes de Ligny et de Nevers accompagnés du grand prieur de France et de nombreux gentilshommes de la maison du roi. Les archers du comte de Nevers étaient vêtus d'un hoqueton d'argent orné d'un cygne, emblème de la maison de Clèves. Ils furent rejoints par le gouverneur de Paris, les archers et arbalétriers de la ville, les sergents de ville, le prévôt des marchands, les échevins, officiers, bourgeois, gens du guet et magistrats du Châtelet. Philippe le Beau était escorté de ses quarante archers à la livrée au briquet de Bourgogne et à la croix de Saint-André d'or. Son cortège comprenait le grand écuyer, douze pages, ses trompettes, les gentilshommes de sa suite, les hérauts du roi. L'archiduchesse chevauchant une haquenée, était accompagnée de cinq dames d'honneur, et suivie de son train de cinq chariots « pleins de dames et de demoiselles » conduits par des pages.

À l'entrée de la ville, une délégation des quatre ordres mendiants vint en procession accueillir le prince. Remontant la rue Saint-Denis, les archiducs traversèrent la Seine au Pont au Change et se rendirent enfin à Notre-Dame

26. Lettre de Louis XII à la ville de Poitiers, *infra*, P. J. n° 5, p. 150.
27. *Relation Dupuy-Godefroy*, p. 714.
28. Lalaing, p. 142.
29. *Relation de Vienne*, p. 558.
30. *L'entrée faicte a Paris…*

où fut chanté un *Te Deum*. L'évêque, le chapitre et le clergé leur dirent « plusieurs bons mots » mais d'autres discours furent reportés à cause du retard. Philippe fut ensuite conduit à son logis, qui était chez le gouverneur de Paris, près des Mathurins[31]. À cause de l'affluence et de la multiplication des stations, souligne la relation de Vienne, « fut l'entree fort longue car monseigneur commencha a entrer en la ville a trois heures et il fut prez de six heures premiers que monseigneur fut en son logis[32] ».

Les différents corps constitués se retrouvent encore décrits à Poitiers qui conserve quelques prérogatives du temps où Charles VII en avait fait sa quasi-capitale : « le séneschal de Poictiers et les nobles hommes du pais, ordonnez de par le roy, le recoeillièrent, ensemble ceux de la ville et messieurs de l'université ». Toutefois, en dehors de Paris, c'est à Blois que l'ordre protocolaire est le plus précisément décrit; mais il ne s'agit plus là des bourgeois et du clergé local, totalement absents, mais des princes, grands seigneurs et hauts prélats de la cour, comme on le verra plus loin. Cette escorte ne constituait cependant pas une entrée : la relation Dupuy-Godefroy précise qu'à Blois « ne fut faite aucune entrée parce que le roi et la reine y etoient[33] ».

## Les présents offerts aux archiducs

À plusieurs reprises, les chroniqueurs mentionnent les cadeaux que Philippe et son épouse reçoivent des édiles. À Mons, il s'agit de « deux pots d'argent doré, et une couppe pleine de flourins »; à Valenciennes, d'« un bachin d'argent et un lavoir de meisme[34] ». De tels dons d'orfèvrerie n'apparaissent plus ensuite; il est vrai qu'il s'agit là de villes du Hainaut, sous la juridiction directe du prince, où il fait donc sa « joyeuse entrée » comme souverain.

Dans le royaume, nombre de présents sont faits en nature : à Guîtres, non loin de Bordeaux, que Philippe contourne par crainte d'une épidémie, « ceuls de Bourdeaus envoyèrent vers luy, et luy présentèrent, à la mode du pays, boefs, moutons, chapons, perdris, faisans, et vins largement, priant que son plaisir fuist passer par leur ville[35] ».

À Senlis, les douze « gouverneurs » de la ville reçoivent solennellement l'archiduc et son épouse. On frise pourtant l'incident diplomatique car si les échevins vantent la pairie du prince, leur offrande n'est pas tout à fait à la hauteur : « L'on cuidoit qu'ils deussent présenter dix ou douze chariots de vin du moins, à cause de la perrie; mais il n'en y eut seulement que

31. Analyse par R. de Maulde dans son édition de Jean d'Auton, t. II, p. 206-208, n.
32. *Relation de Vienne*, p. 561.
33. Quand le roi veut accorder une entrée à son visiteur, il va à sa rencontre à l'extérieur de la ville, ce que se garde sciemment de faire ici Louis XII.
34. Lalaing, p. 129. Molinet 1935, p. 499.
35. Lalaing, p. 145. L'anonyme viennois précise les quantités.

douze cannes[36] ; monseigneur neantmoins les remercia grandement, et lors pluseurs des assistens commencèrent à rire, à cause de la harengue, qui fut si grande et si solennelle pour si petite offre[37]. » On constate à l'occasion le sens diplomatique du prince, qui ne rit pas, lui, d'une offrande jugée modeste (entre 1 000 et 1 400 litres de vin tout de même !), mais l'accepte de bonne grâce.

## La décoration des villes

Autre trait des cérémonies d'entrées : les ornements dont les villes se parent et les manifestations de joie qui y sont organisées. Il s'agit le plus souvent de tapisseries accrochées dans les rues, de feux de joie et, aux étapes les plus importantes, de « mystères » joués sur des échafauds en l'honneur des princes. À Cambrai, le 12 novembre, il n'y avait « tant seulement ung eschaffault de personnages » alors qu'il en avait « eschaffaulx de personnaiges a grant plainté » la veille à Valenciennes[38] ; on en retrouve autant à Saint-Quentin où on mentionne non seulement des « eschaffaulx de personnaiges a grant planté », mais aussi des « dragons voulant en or et de pluiseurs autres choses que de lesse d'en escripre[39] ». À Saint-Quentin, écrit Molinet, « les rues de la ville furent tendues à sa venue. L'on fit feus de joye ; par les carfours furent faites hystoires de la légende de leur patron[40] », c'est-à-dire du martyr de saint Quentin ; à Compiègne, « les feux de joye furent faicts et les rues tapissées ».

À Saint-Denis, « sur le portal de ladicte eglise fu un eschaffaut, où estoit la remonstrance comment au sacre du roy de France le duc de Bourgogne est le premier per et doyen d'iceulx[41] ». Ce choix ne nous paraît d'ailleurs pas très habile : si le comté de Flandre est une pairie et une possession incontestable de l'archiduc, il n'en va pas de même du duché de Bourgogne, que le prince revendique dans son héritage, comme fils de Marie de Bourgogne et petit-fils du Téméraire, alors que le roi de France l'a annexé au royaume. Cela dit, ni Lalaing ni Molinet ne semblent avoir perçu la contradiction. On remarquera d'ailleurs l'importance symbolique de la pairie, déjà présente dans la harangue de Senlis, puis mise en scène sur l'échafaud monté à Saint-Denis. C'est la pairie encore qui vaut à Philippe le Beau de présider une séance du Parlement de Paris en siégeant « là où le roy sied quand il lui plaist estre », s'il faut en croire Molinet. Plus raisonnablement, l'anonyme viennois relève que l'archiduc occupa le premier siège après celui du roi,

36. Canne ou queue de vin, sorte de grande futaille qui était de capacité variable, contient en général 280 pintes, soit environ 100 à 120 litres.
37. Lalaing, p. 131.
38. *Relation de Vienne*, p. 555.
39. *Relation de Vienne*, p. 556.
40. Molinet 1935, p. 499.
41. Lalaing, p. 131. Molinet 1935, p. 500.

« monseigneur qui s'asise en parlement comme le premier per de France *aprez* le siege du Roy[42] » ; le texte Dupuy-Godefroy indique également que Philippe prit place « comme pair de France au costé dextre du président auprès de la place du roy ».

Les seuls échafauds dont les dispositions nous sont un tant soit peu connues sont ceux de Paris, décrits par la relation Dupuy et le livret imprimé. À l'entrée de la ville se dressait un échafaud aux armes du roi, où figurait une représentation du cheval Pégase, monté par le héros Pâris, conduit par Minerve et l'allégorie de la Justice, qu'un acteur présenta à l'archiduc avec un compliment. Plus loin, une fontaine jaillissait d'un lys à cinq fleurons. À la porte aux Paintres, des ménétriers vêtus de blanc et rouge figuraient le roi David et sa cour. Au Châtelet, nouvel échafaud : la « fontaine de science » était surmontée d'une femme tenant un livre et personnifiant la connaissance ; une autre figurait la ville de Paris, accompagnée d'un berger gardant un enclos ; une bergère symbolisant la paix était, elle aussi, accompagnée de bergers chanteurs dénommés Droit-Chemin, Bon-Vouloir et Cœur-Loyal. Onze autres personnages incarnaient les sciences dominées par la théologie. Comme souvent, la plupart des spectateurs n'y comprirent pas grand chose : Lalaing n'en dit rien et la relation de Vienne constate seulement qu'il y avait beaucoup « de beaulx eschaffaulx par les rues a tout personnages et figures du vielz testament[43] ».

## Dévotion et tourisme

Au fil des étapes, une géographie sacrée et un calendrier saint rythment le voyage, selon que les dévotions des princes s'adressent aux patrons locaux ou aux saints de l'Église universelle. À Saint-Quentin, le couple archiducal est invité à baiser le chef du martyr ; à Noyon, Philippe écoute la messe dans la cathédrale Notre-Dame et accomplit ses dévotions aux reliques du patron des orfèvres saint Éloi dans l'église paroissiale Saint-Étienne ; à Compiègne, Philippe et Jeanne vénèrent le Saint Suaire de l'abbaye Saint-Corneille[44]. Saint-Denis est une étape particulièrement importante : les religieux accueillirent le cortège « hors de la porte de la ville », puis le menèrent à l'église où le prince entendit la messe, « laquelle fut chantée par ses chantres ». Philippe se fit ensuite montrer « les dignitez, relicquaires, sanctuaires et sépultures des roys de France », notamment « la raffle de la face du ladre », c'est-à-dire la croûte du visage du lépreux témoin de la dédicace miraculeuse de l'église par le Christ[45]. À cette énumération, l'anonyme de

42. *Relation de Vienne*, p. 561.
43. *Ibid.*
44. Lalaing, p. 130.
45. Lalaing, p. 131.

Vienne ajoute l'un des clous de la Crucifixion, les corps des saints Rustique et Éleuthère, l'oriflamme et la croix de saint Éloi[46].

À Paris, le prince reçut « une procession des escholliers devant son hostel », alla entendre « la messe à la Saincte Chapelle » et visita le lendemain Notre-Dame. À Étampes, il fêta la Saint-André en compagnie de son épouse, tandis qu'en quittant Orléans, « il visita l'esglise de Notre-Dame de Cléry », collégiale fondée par Louis XI à la suite du vœu de Dieppe ; là, « il oy la messe et révérenda les reliquaires ; et luy fut faicte ostention de la sépulture du roy Loys de France [Louis XI], du sarcus où gist le cœur du roy Charles, son fils [Charles VIII], et des statues d'iceulx ». À Tours, Philippe et Jeanne ne manquèrent pas de vénérer la châsse de saint Martin. On note, dans cette géographie sacrée de la France, la prééminence accordée aux sanctuaires royaux : Saint-Denis, la Sainte-Chapelle, Cléry et Saint-Martin de Tours.

De passage à Tours, l'archiduc « ouy la messe aux Bons-Homes, près du Plaichy », c'est-à-dire au couvent des Minimes du Plessis, « et parla à un religieux de là-dedens, moult renommé pour sa saincteté », en qui il faut reconnaître saint François de Paule appelé près de vingt ans plus tôt par Louis XI[47].

À Blois, le « jour de la Conception Nostre-Dame », soit le 8 décembre, lendemain de leur arrivée, Molinet précise que « allèrent le roy et monseigneur oyr messe à la grande eglise auprès du chasteau[48] », c'est-à-dire à la collégiale Saint-Sauveur, sise dans l'avant-cour du château. Le jour de la proclamation de la paix, le mardi 14 décembre, les princes assistèrent à une messe basse à Saint-Calais, dans la chapelle du logis royal, puis à une grand messe à Saint-Sauveur en présence de nombreux prélats, terminée par un *Te Deum* chanté par les chantres des deux chapelles.

Dans plusieurs cas, la dévotion cède le pas à une préoccupation que l'on n'hésitera pas à qualifier de touristique, où Paris occupe une place à part. Molinet précise qu'à Paris, si « Madame l'archiducesse passa la rivière de Saine », c'est bien « pour voir le Palais » ; et ce même samedi 27 novembre, le chroniqueur rapporte que l'archiduc, déjà venu au palais de la Cité la veille, lors de la séance du parlement, a quant à lui « visité l'eglise de Nostre-Dame, la ville, le chasteau du Louvre, la bastille Saint-Anthoine », sites qui apparaissent ainsi comme les *must* de la visite de la capitale[49].

L'anonyme viennois retient d'autres détails de ces visites : il connaît la grosse tour du Louvre et sait que c'est là que fut enfermé « le barbier du roy » – Olivier Le Daim – avant d'être exécuté, « et y met on les grans maistres quant il offensent ». Il a observé que la Bastille a « dehors huyt

46. *Relation de Vienne*, p. 559.
47. Lalaing, p. 143.
48. Molinet 1935, p. 503.
49. Molinet 1935, p. 500.

ou neuf grosses tours » et que c'est « le lieu où fut emprisonne le connestable de France monseigneur de Saint Pol[50] ». Un mois plus tard, les 20 et 21 décembre, lors de son séjour à Tours, Philippe profita du samedi pour jouer à la paume au Plessis, mais nous dit Molinet, « le dimence visita la ville[51] ».

Dans l'intervalle, Lalaing témoigne même d'un intérêt inacoutumé pour l'architecture : à Notre-Dame de Cléry, il précise que les pirnces, outre les reliques et les tombeaux, ont pu admirer une « montée à vilz scituée en celle chappelle [qui] est la plus subtile et exquise œvre de pierre du royaume de France, car on voitd du piedt d'elle au loing du vis d'elle mesme tout oultre[52] ». Cet escalier remarquable subsiste toujours : il conduit de la chapelle de Villequier à la « Librairie » située à l'étage. Les marches s'enroulent autour d'un noyau hélicoïdal analogue à la « vis torte » de la cathédrale de Saintes qui laisse passer le regard.

Et si les visiteurs sont muets sur l'architecture du château de Blois, la relation de Vienne vante les rampes des tours, les jardins et le panorama qu'offre le château d'Amboise : « Et touchant du chasteau, c'est ung des beaulx commenchement de beau lieu que l'on sauroit souhectier, il y a tours que chevaulx et chariotz charient depuis au piet des tours [jusques] en hault. Tout au plus hault est le plus beau jardin que je veiz oncques et plus beau regard que de veoir bien a plain a X lieues loings, et belles grosses rivieres. C'est ung paradis en ce monde, bon eir et belles eauvves[53]. » Lalaing se montre plus nuancé et souligne l'inachèvement dans lequel la mort prématurée de Charles VIII a laissé le logis : « Amboise est une des plus belles maisons du royaume, mais imparfaicte par la mort du roy Charles, qui en cuidoit faire chose bien grande[54]. »

À Cognac, Lalaing cite encore « la ville, le parcq et le chasteau qui sont très beaus » ; à Saint-Émilion, « ville ornée de deux églises », il décrit l'église troglodyte, « l'inferiore taillée en rocque[55] ». Chez l'anonyme viennois, cet intérêt pour l'architecture s'accompagne d'une attention nouvelle pour le paysage. Il remarque qu'au château de Cognac, « il y avoit les plus beaulx jardins que a merveilles et grans », et qu'au milieu du jardin a été construite « une très belle maison de plaisance que regarde partout le parcq qui est moult plaisan[56] ». Mais l'attention qu'il porte à la nature n'est pas celle d'un esthète : le parc, très giboyeux, abritait, nous dit-il, trois à quatre cents sangliers « et beaucop de cerfz, bisses et chevreux ».

50. *Relation de Vienne*, p. 562.
51. Molinet 1935, p. 505.
52. Lalaing, p. 134.
53. *Relation de Vienne*, p. 573.
54. Lalaing, p. 142.
55. Lalaing, p. 144, 145.
56. *Relation de Vienne*, p. 580.

## Ébattemens et déduicts

La chasse est le loisir favori des princes[57] et Philippe le Beau ne déroge pas à l'usage. Dès son entrée dans le royaume, le roi « pour luy donner divers passe-temps, luy envoya de sa faulconnerye, vol pour haulte vollerie, pour les champs et pour rivière, sacres, gerfaulx et faulcons, avec chiens, leurres, gantz et sonnettes, lesquelles choses lui furent au veoir désireuses, au présenter acceptables, à l'essay plaisantes, et à l'explecter propices[58] ». La relation de Vienne confirme que, dès leur rencontre à Saint-Quentin, « monseigneur de Ligny » se montra envers l'archiduc fort prodigue « d'oiseaulx et de chiens pour faire passer le temps a monseigneur sur les chemins ou pluisers gibies ont este faiz[59] ». Une semaine plus tard, le 22 novembre, c'est en chassant que Philippe pénètre dans la forêt de Compiègne.

Une pratique régulière de la chasse eût par trop retardé les voyageurs; il fallait donc se contenter de plaisirs plus modestes et la relation de Vienne fait mention d'un autre spectacle. Le lundi 22 novembre, les princes dînant à midi à Verberie, entre Compiègne et Senlis[60], « virent tomber d'une haulte montaigne pluiseors enffans qui s'apellent les tumereaux de Verbery ou illec l'on tarda et leur fist donner monseigneur pour le vin II plis d'or. Lesquelz enffans ne furent jamais si aise[61] ». Les tomberiaux plus tards nommés les sautriaux de Verberie sont cités par Charles Estienne dans *La guide des chemins de France* de 1553. Pour susciter les aumônes des voyageurs, les enfants de ce village se laissaient rouler du haut d'une colline imposante qui dominait la route en se mettant en boule, seuls ou par deux. Aux XVI^e^ et XVII^e^ siècles, les dons aux sautriaux de Verberie étaient inscrits sur l'état des menus plaisirs du roi[62].

Les autres loisirs sont plus communs : à l'étape, l'archiduc va volontiers jouer à la paume; aux halles de Paris, le 26 novembre selon la relation Dupuy-Godefroy; au Plessis-lès-Tours puis à Barbezieux contre le sire de La Rochefoucault; il y joue encore avec le roi de Navarre à Dax le 24 janvier à Dax[63]. Le même soir on dansa comme à maintes étapes durant le voyage. Déjà à Ham, « furent dancées trois ou quatre dances d'Allemaigne, et dansa ledit archiduc »; puis à Compiègne, le 19 novembre « dança ledit seigneur et ladite dame [de Vendôme] environ une heure, et aveq eux deux monsieur de Chievres », de même fit-on le surlendemain. Le 25 à Paris, « les dames dancèrent quelque peu, puis chacun se retira »; le 27 encore, Lalaing note

57. Anthenaise, Chatenet 2007.
58. Auton, p. 208.
59. *Relation de Vienne*, p. 556
60. Lalaing, p. 130.
61. *Relation de Vienne*, p. 558-559.
62. A. Le Roux de Lincy, *Le livre des proverbes français*, t. I, 2^e^ éd., Paris, 1859, p. 402.
63. Lalaing, p. 147.

que chez le président Thibaut, « furent faictes danses et morisques[64] ». On dansa encore à Orléans le 4 décembre « après soupper » et le lendemain, « sur la fin de la dance, monsieur de Nevers mena danser ladite archiduchesse », puis « dansèrent tous gentishomes qui volurent danser[65] ».

## La presse des logis

La suite des princes était fort nombreuse : la relation de Paris les dit « accompagnez de douze cens chevaux » et évalue leur train à « cent chariots de bagage » ; au-delà de Blois, le texte Dupuy-Godefroy dénombre dans l'escorte royale « cinq à six cens chevaux des nobles ».

Au fil du voyage, plusieurs annotations de nos récits montrent la difficulté à loger un si abondant cortège et soulignent « la presse du logis ». Si, à Ham « fut monseigneur et madame et tous les nobles tous logiez au chasteau[66] », il n'en alla pas de même à toutes les étapes. L'anonyme viennois se montre indulgent à l'abbaye de Mont-Saint-Martin, « ou fut monseigneur receu assez bien selon l'estat du cloistre[67] » : si la réception y paraît moins fastueuse, la vie monastique en est la cause. Et le récit Dupuy-Godefroy de renchérir : si tous n'y furent pas logés, c'est que « la presse du logis [...] leur eust plustost tourné à peine que à honneur ». Souvent en effet, on se plaint de l'insuffisance de logis. À Louvres, il « en y eult de maulx logiez[68] ». Au sud de Paris, il faut scinder le cortège : le comte de Nevers et le prince d'Orange restent en arrière et « venoient toujours une journée derrière pour la presse des logis ».

La traversée de la Beauce, faite sous la pluie en pays d'habitat dispersé, s'avère particulièrement difficile. À Arthenay, « ne se trouva la compagnye ensemble pour les mauvais logis »... Le cortège fut donc partagé en « plusieurs bandes » : parmi les dames, la comtesse de Vendôme allait à part ; dans la suite de l'archiduc, « monsieur de Bezançon, monsieur de Chievres aveq ceux du conseil, alloyent une journée devant » ; le bâtard Philippe de Bourgogne allait « aveq une bande de gentilzhommes » ; enfin le comte palatin et Nassau avaient atour d'eux « une autre bande », de sorte que « toute la Beausse estoyt environnée de gens ». Entre Orléans et Blois, si le couple archiducal prit le gîte à Saint-Laurent-des-Eaux, « ne fut aveq eux que monsieur de Ligny et madame de Vendosme », « tout le demeurant » suivit la rive nord de la Loire et dut faire étape à Beaugency « pour la presse des logis ».

64. Lalaing, p. 133.
65. Lalaing, p. 134.
66. *Relation de Vienne*, p. 557.
67. *Relation de Vienne*, p. 555-556.
68. *Relation de Vienne*, p. 559.

## Les robes de l'archiduchesse

Tout au long du voyage, outre les étapes, les rituels, les loisirs et les aléas du logement, la relation Dupuy-Godefroy note la couleur des robes de l'archiduchesse, qui en changeait chaque jour : velours cramoisi pour les entrées à Saint-Quentin, Compiègne et Orléans, drap d'or pour celle de Paris, et pour le reste du voyage de plus sobres velours ou satins brochés violets ou noirs, le tout fourré de martres et plus rarement d'hermine (entrée à Paris) en raison de la saison hivernale. Les autres témoins sont moins portés sur le sujet. Ils nous apprennent toutefois que le jour de l'entrevue blésoise, la reine était vêtue de drap d'or et le roi de velours noir[69]. Le lendemain, pour la messe solennelle, la reine portait encore du drap d'or « frisé », de même que six de ses dames, les demoiselles portant du velours « tanné » (brun-roux). Le dimanche 12, Anne de Bretagne était vêtue de satin blanc fourré de martres, tandis que ses femmes resplendissaient dans du velours cramoisi. Enfin, pour la confirmation de la paix, apothéose des cérémonies, la reine était encore toute d'or vêtue et couverte de perles et de pierreries, tandis que Jeanne, en drap d'or également, était « abillye a la [mode] de Castille quy estoit tant gauriere que c'estoit grant triumphe et le roy y prinst fort grant plaisir et tous ceulx qui la veirent, car elle estoit fort richement acoustree, aussi estoient ses damoiselles a leurs modes[70] ». Quant aux gentilshommes de l'archiduc ils étaient « abilliés moult richement a la fachon d'Allemaigne[71] ». Il n'y a pas lieu de s'étonner, comme certains l'on fait[72], que la princesse de Castille et les gentilshommes de son époux aient revêtu leur costume national. C'était tout simplement normal, et même du dernier chic. Le 12 août précédent, à Lyon, la reine avait organisé une fête pour célébrer la conclusion du mariage de Charles et de Claude où les dames, vêtues à l'allemande, à la française, à l'espagnole et à l'italienne[73], interprétèrent des danses en accord avec leurs costumes. De même à Blois, le bal qui clôtura les réjouissances introduisit des danses allemandes et espagnoles[74].

69. *Relation de Vienne*, p. 568.
70. *Relation de Vienne*, p. 570. Voir aussi Lalaing, p. 141 ; Molinet 1935, p. 503 et Anchemant, *infra*, P. J. n° 2, p. 136.
71. Lalaing, p. 141.
72. Certains biographes de Jeanne de Castille (notamment Miller 1966, p. 164, et Aram 2005, p. 60) ont vu bien abusivement dans le port du costume espagnol un acte de résistance de l'archiduchesse au rôle de vassale qu'on voulait lui faire jouer.
73. Molinet 1935, p. 486-487. Cette mode est attestée par d'innombrables récits de fêtes sous les règnes de Louis XII, François I^er^ et Henri II. Voir par exemple les *Mémoires de Vieilleville*, cités par Chatenet 2002, p. 132.
74. Lalaing, p. 141.

## *Chapitre 2*

# L'entrevue de Blois

Revenons à présent au nœud du récit, la réception des archiducs à Blois, ainsi que la description du château dont elle fournit l'occasion.

## La dernière étape

Le mardi 7 décembre 1501 au matin[1], Philippe le Beau et Jeanne de Castille (fig. 1) quittèrent Saint-Laurent-des-Eaux où ils avaient passé la nuit[2] pour rejoindre Louis XII et Anne de Bretagne à Blois. Empruntant la route de la rive gauche de la Loire[3] (fig. 2), les archiducs et leur suite s'arrêtèrent pour « dîner[4] » à Saint-Dyé-sur-Loire. Au sortir de table, ils eurent l'agréable surprise de voir venir à leur rencontre les fauconniers du roi avec « tous leurs oiseaux, que ledit roy luy avoit envoyé pour prendre quelque plaisir[5] ». L'archiduc se retira donc « à travers champs pour veoir voler[6] », « et fut ce la cause de le faire arriver un petit tard audit lieu de Bloys[7] ». S'étaient aussi rendus à Saint-Dyé l'archevêque de Sens Tristan de Salazar et Pierre de Rohan, maréchal de Gié[8], suivis de nombreux gentilshommes « pour faire raccueil ausdits sieur et dame » et les accompagner jusqu'à Blois.

Après la volerie, la troupe reprit sa route, bientôt rejointe par des personnages de rang encore plus important venus, à la demande du roi, grossir

1. Sauf indication contraire, notre récit de l'entrevue repose sur la *Relation Dupuy-Godefroy* publiée *infra* (P. J. n° 1, p. 101).
2. Le logis de Saint-Laurent étant trop « serré », seuls la comtesse de Vendôme et le comte de Ligny y passèrent la nuit, et le « train » fut hébergé à Beaugency (*Relation Dupuy-Godefroy*, p. 727 et Lalaing, p. 135).
3. Voir *infra*, annexe 2, p. 152.
4. C'est-à-dire notre déjeuner.
5. En réalité, ce n'était pas une bien grande surprise. Tout au long du voyage, si l'on en croit Jean d'Auton (t. II, p. 208), la fauconnerie royale avait accompagné l'archiduc.
6. *Relation de Vienne*, p. 565.
7. *Relation Dupuy-Godefroy*, p. 727. Anchemant (*infra*, P. J. n° 2, p. 136) précise qu'ils arrivèrent à cinq heures du soir.
8. Ils sont nommés dans la *Relation Dupuy-Godefroy*, p. 727 et par Lalaing, p. 135. La *Relation de Vienne* (p. 565) parle des maréchaux de Rieux et de Gié ainsi que du comte de Nevers.

une escorte[9] qui, en une sorte de crescendo, s'agrandit encore à l'entrée du faubourg de la rive sud de tout ce que la cour comptait comme princes, ducs et prélats[10]. Seuls quelques hauts personnages étaient restés auprès du roi et de la reine avec les dames, demoiselles et officiers de leurs maisons. Ainsi rassemblé, un brillant cortège put s'ordonner autour des archiducs pour franchir le pont et traverser la ville de Blois (fig. 3).

En tête du cortège, si l'on en croit la relation de Vienne[11], marchaient les archers de l'archiduc, suivis des hommes de l'écurie et des messagers qui précédaient les gentilshommes de la maison et les hérauts d'armes. Puis venait Philippe le Beau, « adextré » par le duc de Bourbon[12] et « senestré » par le cardinal de Luxembourg[13]. À leur suite, précédée par le duc d'Alençon[14] et le marquis de Montferrat[15], « tous deux fort josnes », l'archiduchesse, qui montait une haquenée harnachée de velours cramoisi, était accompagnée à sa droite par l'évêque de Cordoue, ambassadeur d'Espagne et son principal conseiller[16], et à sa gauche par le cardinal de Saint-Georges[17]. Suivaient divers grands seigneurs français et flamands ainsi que les dames et demoiselles de l'archiduchesse[18].

Toutefois, si la population blésoise s'était massée aux fenêtres et jusque sur les toits des maisons[19], « on ne fit nulle feste, ne triumphe de feux, sons de cloches, ne rues tendues » précise la relation de Vienne, car, ajoute le récit publié par Godefroy, « est à notter qu'en ladite ville ne leur fut fete quelque entrée comme ès autres villes, parce que le roy et la royne y estoyent[20] ». Ce rappel de la prééminence royale est caractéristique du scénario élaboré pour

9. Dans la *Relation Dupuy-Godefroy* (p. 727) : MM. de Laval, d'Avaugour, le maréchal de Rieux et de Quintin ; pour Molinet (p. 501) : Les princes du sang, MM. de Bourbon et d'Angoulême ; pour Lalaing (p. 135), le prince de Talmont et M. de Laval ; pour la *Relation de Vienne* (p. 565), le maréchal de Gié et le maréchal de Rieux.

10. Sont nommés par tous (ou presque) : les cardinaux de Luxembourg et de Saint-Georges, les ducs de Bourbon et d'Alençon, le marquis de Montferrat, M. de Laval et l'évêque de Cordoue, ambassadeur d'Espagne. La *Relation Dupuy-Godefroy* nomme en outre MM. de Montpensier, Vendôme, Champigny et l'archevêque de Sens ; Lalaing, le prince de Talmont ; Molinet l'évêque d'Alès, légat et le futur François Ier ; la *Relation de Vienne* le grand prieur de Bretagne, le comte de Nevers et le maréchal de Gié. La liste donnée par Jean d'Auton est très différente des autres, et seule la *Relation de Vienne* l'a peut-être consultée. Anchemant nomme les cardinaux de Saint-Georges et de Luxembourg (« du Mans ») ainsi que le duc de Bourbon.

11. *Relation de Vienne*, p. 566.

12. Pierre de Bourbon († 1503).

13. Philippe de Luxembourg, évêque du Mans († 1519), présida la commission pour l'annulation du mariage de Louis XII et Jeanne de France. Il fut, selon Quilliet « une de ces marionnettes solennelles et vides qui savent remplir à la perfection un rôle purement décoratif » (Quilliet 1986, p. 199).

14. Charles d'Alençon, futur époux de Marguerite d'Angoulême, qui avait succédé à son père en 1492 à la tête du duché.

15. Antoine, marquis de Montferrat (*Monteferra*).

16. Don Juan de Fonseca. Pour son rôle politique, voir Aram 2005, p. 57 et suiv.

17. Raffaele Sansoni Riario.

18. Pour la suite des archiducs, voir Cauchies 2003, p. 135 et suiv. et Aram 2005, p. 58.

19. Anchemant (*infra*, P. J. n° 2, p. 136) rapporte aussi divers commentaires élogieux entendus dans les rues, où il est difficile de faire la part de la réalité et de la fiction.

20. Quand le roi veut accorder une entrée à son visiteur, il va à sa rencontre à l'extérieur de la ville, ce que Louis XII se garde sciemment de faire ici.

l'occasion. Au cours de sa traversée du royaume, l'archiduc, « très honorablement et somptueusement festoyé », avait reçu, on l'a vu, quelques marques d'honneur en principe réservées au souverain, comme la prérogative de libérer les prisonniers : « par toutes les villes de France où il passa, donn[a] grasces et remissions, et delivr[a] prisonniers, comme la personne du roy faict à ses premieres entrées » écrit Lalaing[21]. De même, à Paris, il avait eu droit à une entrée solennelle à « eschaffauds, sonneries de cloches et rues tendues ». Toutefois il n'avait pas reçu les clefs de la ville, le Parlement n'était pas venu à sa rencontre et nul dais n'avait été tenu au-dessus de sa tête[22]. Le retour à la stricte application des règles dans la ville natale du roi vient donc signaler que leur oubli occasionnel était l'effet de la courtoisie d'un souverain qui parvient ainsi à exprimer sa supériorité en feignant de vouloir la faire oublier. De toute manière, comme il faisait nuit quand les archiducs arrivèrent à Blois, l'absence de *triomphe* ne se remarqua guère et le cortège traversa la ville éclairé par les torches que tenaient devant lui les pages du roi.

## L'arrivée au château

La Porte-Côté franchie, le cortège monta vers le château (fig. 4). À l'entrée de la basse-cour, une double haie de gardes portant des torches balisait le chemin des nobles visiteurs jusqu'au lieu où les attendait le roi. Elle les protégeait aussi de la foule, car « au derrière desdits archers y avoit si grand nombre de gens, qu'il n'estoyt possible d'y passer sinon par le chemin fet par eux[23] ». Cette « presse » si complaisamment mentionnée dans la relation Dupuy-Godefroy ainsi que dans tant de récits de cérémonies du temps, ne doit pas nous abuser : ce qui pourrait apparaître à nos yeux comme une déficience du service d'ordre constituait en réalité une preuve tangible de l'importance de l'événement.

De l'entrée de la basse-cour jusqu'à la porte du « logis neuf » (c'est-à-dire l'aile de Louis XII, fig. 5, 6) se tenaient « en deux rangs » les archers de la garde reconnaissables à leurs « hoquetons d'orphèvrerie[24] », tenant une hallebarde dans une main et une torche allumée dans l'autre « tellement qu'il y faisoyt aussi clair que le jour ». Puis s'alignaient les Suisses, également « à deux rangs », entre la porte du logis neuf et la « grande vis » de l'aile de Louis XII (fig. 7, 8) une double haie d'archers prenant le relais « depuis ladite viys jusques au long de la grand salle [salle des États], et jusques à la

21. Lalaing, p. 130. Cet honneur fut renouvelé pour Charles Quint en 1539-1540. Voir Babeau 1903, p. 129.

22. Comme l'a relevé Michael Sherman (« Pomp and Circumstances : Pageantry, Politics, and Propaganda in France during the Reign of Louis XII, 1498-1515 », *The Sixteenth Century Journal*, t. IX (4), 1978, p. 18) qui date curieusement l'entrevue de 1502, à leur entrée parisienne, les archiducs n'eurent cependant pas le droit à certaines prérogatives royales. Pour la différence avec le traitement fait à Charles Quint en 1539-1540. Voir Babeau 1903, p. 131-132.

23. *Relation Dupuy-Godefroy*, p. 728.

24. Le hoqueton était une sorte de casaque ou veste brodée portée par certains hommes d'armes.

salle où estoyt le roy ». Cette salle était « richement tendue[25] » et la hotte de sa cheminée portait, selon l'usage, un « ciel » (dais) de drap d'or « frisé[26] ». Le roi (fig. 10) était assis devant la cheminée, dans une « chaire » (siège à bras) posée sur un grand « tapis velu » (de haute laine). Autour de lui se tenaient François d'Angoulême, héritier du trône, le cardinal d'Amboise, légat *a latere*[27], et « M. de Brienne[28] » accompagnés de nombreux gentilshommes[29], aussi « la salle estoit si pleine, qu'à grand peine y pouvoit-on entrer » ajoute la relation publiée par Godefroy.

Parvenu à cheval « dedans la porte dudit logis neuf », l'archiduc mit pied à terre « soubz ladite porte » (fig. 9), tandis que l'archiduchesse faisait de même peu plus tard. La relation de Vienne est la seule à évoquer le privilège que représentait l'arrivée à cheval jusqu'à la porte du château :

> « Nul n'y povoit entrer au dongon qu'il ne faillut que il descendit de son cheval et y falloit aller à piet [et] encores à grand peyne. [...] Monseigneur entra à cheval, Madame, les dames et damoiselles et ceux quy peurent après entrer[30]. »

Le privilège de descendre de cheval dans le passage d'entrée d'un château royal est, en temps ordinaire, strictement réservé à la famille royale et à quelques princes[31]. Cette règle, l'une des plus exclusives de la monarchie française, entraîne à considérer la statue équestre de Louis XII qui surmonte la porte (fig. 9), non seulement comme l'illustre image du guerrier vainqueur (avec toutes les allusions à l'Antiquité que le thème implique), mais aussi comme l'illustration d'une prérogative régalienne, le roi seul ayant droit d'entrer à cheval dans la cour.

## Le roi accueille l'archiduc

Le roi n'accueillit pas ses hôtes à la porte du château. Encore escorté par le duc de Bourbon (fig. 11), Philippe le Beau « qui luy bailloit l'honneur »

25. *Relation de Vienne*, p. 567 : « estoit le roy en une belle salle bien paree et bien tendue de bonnes tapisseries ».
26. Voir par exemple le dais de la cheminée dans la célèbre miniature des *Très riches heures* représentant le duc de Berry à table.
27. Appelé dans le texte « Monseigneur le Légat », Georges d'Amboise avait signé au nom du roi le traité de mariage avec l'empereur Maximilien.
28. Antoine de Luxembourg, comte de Brienne et de Ligny († 1519), fils de Louis de Luxembourg, comte de Ligny, et neveu de Marie de Luxembourg, comtesse de Vendôme.
29. ANCHEMANT (*infra*, P. J. n° 2, p. 136) nomme le chancelier (Guy de Rochefort) et le cardinal d'Amboise.
30. *Relation de Vienne*, p. 567. Bien qu'à cette époque le terme « donjon » désigne en principe la partie principale du château, la *Relation de Vienne* semble parler de l'ensemble de l'édifice, basse-cour comprise, puisque les archiducs mirent pied à terre à l'entrée de l'aile Louis XII. Mais il peut s'agir aussi d'une inexactitude volontaire, les indiciaires bourguignons semblant exagérer systématiquement les honneurs rendus aux archiducs.
31. Pour les privilèges attachés à l'entrée à cheval dans un château royal, voir Henri SAUVAL, *Histoire et recherches des Antiquités de la ville de Paris*, Paris, 1724, t. I, p. 187-189.

c'est-à-dire qui tenait toujours le duc à sa droite, « fut mené tout au long de la grand salle jusques à la salle où estoyt le roy ». À l'entrée de la pièce, il ôta son bonnet, tandis que Brienne le présentait : « Sire, voillà monsieur l'archiduc. » Le roi répondit par un sourire engageant accompagné d'une phrase qui, pour être bienveillante, ne pêchait guère par excès d'originalité : « Voilà un beau prince », dit-il en se levant.

Puis vint le rituel des « honneurs », c'est-à-dire des révérences. L'archiduc s'avança vers le roi en s'inclinant par trois fois « jusqu'à terre[32] ». Au premier plongeon, Louis XII se mit en marche vers le prince « à petits pas » (indication qui n'est pas innocente, car plus l'hôte raccourcit le pas, plus s'allonge le trajet du visiteur[33]). Au second plongeon de l'archiduc, le roi ôta son bonnet, et au troisième, il lui donna l'accolade. Puis tous deux échangèrent quelques paroles à voix basse, à la suite desquelles le roi remit son bonnet tandis que l'archiduc gardait la tête découverte, « dont le roy le pressa moult de [se] couvrir. Mais il [l'archiduc] respondict qu'il estoyt en son debvoir [de rester découvert] ».

Pour le témoin anonyme, le roi s'est donc levé dès l'entrée de Philippe, mais ne s'est avancé qu'à pas comptés, obligeant l'archiduc à faire les trois honneurs dus, et ne s'est découvert que lors du second honneur. Les récits des chroniqueurs des Pays-Bas fournissent quelques variantes, qui vont toutes dans le même sens : il s'agit de montrer que leur prince fut très honorablement reçu. Ainsi, selon Lalaing, le roi salua son hôte dès la première révérence en ôtant son bonnet et en s'inclinant, tandis que Philippe le Beau avançait de cinq ou six pas après la première révérence, puis de deux après la seconde. Pour Molinet, après le premier honneur, l'archiduc « marcha arrière deux ou trois pas », esquissant un curieux ballet, puis après la seconde révérence, « de rechief s'avancha quatre ou cinq pas, et fit le tiers honneur[34] ». Enfin, selon Anchemant, l'archiduc, à l'entrée de la salle « osta son bonet et feit une grande reverence, et quant le Roy l'aperceut, il osta le sien. Encorres en approchant, mond. S^r^ en feit une autre, et a la tierche, le Roy s'aprocha a grand pas et ne toucha pas mond. S^r^ mais l'ambrassa de telle vigueur qu'il ne le povoit, au moins sembloit qu'il ne le vouloit oster de ses bras et lui feit en oultre une tres cordiale bien venue ».

Quoi qu'il en soit du nombre de pas, les récits s'accordent sur le nombre des honneurs – trois – de sorte que la scène ici décrite se conforme en tous points au protocole traditionnel de réception d'un vassal par son suzerain : pour tous les témoins de la scène, il est clair que le souverain des Pays-Bas est « au-dessous » du roi de France. Si la hiérarchie avait été inversée – si le

32. Auton, t. II, p. 209-210 : « genou à terre ». Lalaing, p. 135 : « jusques à terre ».

33. Dans une entrevue, l'expression « à pas comptés » est particulièrement appropriée. Ainsi le 3 décembre 1501, Louis XII qui reçoit (fort mal) le roi de Naples en exil, laisse Frédéric faire huit pas la tête découverte avant de faire lui-même quatre pas. Ce traitement, humiliant pour un roi, s'explique par les circonstances (A. S. Mantoue, AG 283, 3 décembre 1501, Equicola).

34. Molinet 1935, p. 501-502.

roi de France avait reçu le pape ou l'empereur – il serait allé lui-même à sa rencontre sur la route de Saint-Dyé, et s'il s'était agi d'un autre roi ou d'un légat *a latere,* il aurait au moins descendu par politesse quelques marches de son escalier[35]. Quant au mouvement des couvre-chefs, il signifie qu'en dépit de la courtoisie de Louis XII, Philippe le Beau accepte pleinement sa qualité de vassal.

Après avoir échangé quelques mots avec le roi, l'archiduc salua les proches conseillers présents auprès du souverain énumérés par Antoine de Lalaing : le jeune héritier du trône François d'Angoulême, le cardinal d'Amboise, le chancelier Guy de Rochefort, le maréchal de Gié, le sire de Brienne et Louis II de La Trémoïlle[36].

## Le roi accueille l'archiduchesse

Retardée par la « presse », dit la relation Dupuy-Godefroy[37], l'archiduchesse descendit de sa haquenée sous la voûte du logis neuf où l'accueillirent la comtesse de Nevers[38], M^lle^ de Montpensier[39], M^me^ de Rohan[40], M^lle^ de Candale[41] et un grand nombre de dames de la reine qui l'accompagnèrent sur le chemin précédemment emprunté par son époux jusqu'à la salle du roi. À l'entrée, « luy fut demandé à haute voix sy elle baizeroit le roy ». Cette requête insolite mérite un éclaircissement. En effet, les Français avaient alors l'étrange coutume d'embrasser sur la bouche, ce qui n'était pas, on s'en doute, d'usage en Espagne. Au début du voyage, l'héritière de la Castille avait donc fait savoir qu'elle « ne baizoit pas[42] ». Mais elle ne pouvait se dérober à l'invitation royale ; aussi, faisant violence à sa pudeur, « elle demanda congé à l'évesque de Cordue, qui luy respondict qu'*ouy* ; et respondit audit personnage *ouy*[43] ».

---

35. Chatenet 2002, p. 254-256. On comprend pourquoi l'architecture princière met en scène avec une telle insistance cet escalier révélateur des rangs.
36. Lalaing, p. 136. Louis II de la Trémoïlle (1460-1525), seigneur de La Trémoïlle, vicomte de Thouars et prince de Talmont.
37. *Relation Dupuy-Godefroy* : « L'archiduchesse suivoit l'archiduc le long de la ville jusqu'au château, mais la presse fut si grande qu'elle ne put entrer quant à luy », c'est-à-dire comme lui.
38. Charlotte de Bourbon (1474-1520), épouse (1489) d'Engilbert de Cleves, comte de Nevers. Elle était fille de Jean II de Bourbon-Vendôme et d'Isabelle de Beauvau.
39. Louise de Bourbon-Montpensier (v. 1483-1561), fille de Gilbert, comte de Montpensier et de Claire de Gonzague.
40. Marie de Bretagne, femme de Jean II de Rohan.
41. Anne de Foix-Candale, future épouse (1502) de Ladislas de Pologne, roi de Bohême et de Hongrie.
42. Lorsque l'archiduchesse est accueillie à Saint-Quentin par le comte de Ligny « elle ne baisa ledit comte de Ligny, ayant fait advertir qu'avant d'entrer au royaume, que la coutume d'Espagne n'estoit point de baiser aucuns hommes, et qu'elle ne baiseroit que le roi » (*Relation Dupuy-Godefroy*, p. 714). Sur l'usage du baiser sur la bouche au Moyen Âge, voir Carré 1992, p. 104 et suiv. (« les salutations diplomatiques »). Pour le xvi^e^ siècle, voir aussi Edmond Bonnaffé, *Voyages et voyageurs de la Renaissance*, Genève, Slatkine Reprints, 1970, p. 40, et du même auteur, « Les livres de civilité », *Revue des deux mondes*, juin 1893, p. 610-632.
43. Lorenzo de Padilla dit au contraire qu'il n'y eut pas même de baiser sur la joue : « *Y cuando el Rey llegò, quitáronse la gorras el uno a otro y se abrazaron, y despues pasò el Rey á la Princesa y le hizo muy*

Dès qu'il apprit l'arrivée de l'archiduchesse, le roi « laissa l'archiduc avec les autres seigneurs qui estoient là, et s'en vint au devant d'elle jusques à l'huys, tellement qu'elle n'eut le loisir que de faire deux honneurs qu'elle fit bien bas, et la baisa le roy la teste nue, puis la prit par le bras, la mit au-dessus de luy [à sa droite] et la mena le long de la salle jusques au lieu où estoit sa chaire[44] ».

On ne saurait être plus galant... encore que les paroles de bienvenue de Louis XII – « Madame, je say bien que vous ne demandez qu'à estre entre vous femmes, allez vous en veoir ma femme, et nous laissez icy entre nous hommes » – ne soient pas précisément celles d'un champion de la cause féminine[45], mais il est vrai que depuis son arrivée en France, Jeanne de Castille vivait loin des regards des hommes[46]. Reste à savoir à quoi attribuer la nette différence de traitement entre l'archiduc et l'archiduchesse, car, bien que richissime héritière des royaumes de Castille et d'Aragon, Jeanne, dont les parents étaient encore en vie, n'avait pas, *ex abstracto*, un rang supérieur à son époux, fils de Maximilien Ier, empereur germanique et roi des Romains : dans toutes les chancelleries, le roi des Romains a le pas sur les souverains espagnols[47]. S'agit-il alors de la civilité que tout gentilhomme doit au « sexe faible » ? Pas davantage. Quelle que soit son indépendance effective, Philippe le Beau reste formellement le vassal du roi de France pour l'Artois et la Flandre qui ne devaient être soustraits à la juridiction du Parlement de Paris au profit de la cour de Malines que par les traités de Madrid (1526) et de Cambrai (1539). Qui plus est, on l'a rappelé plus haut, le 5 juillet 1499, l'archiduc avait rendu hommage devant le chancelier de France pour ses comtés d'Artois, Flandres et Charolais – au grand déplaisir de son père et

*grand acatamiento, y no la saludò en el carrillo porque sabia que no lo usaban en Espana* » (Padilla, p. 82 et *infra*, P. J. n° 4, p. 144). À tout le moins, ce baiser constituait un point délicat du protocole. Lalaing (p. 147) relève d'ailleurs que, selon « la mode d'Espaigne », aucun baiser ne fut échangé entre l'archiduchesse et le roi de Navarre.

44. *Relation Dupuy-Godefroy*, p. 729. La véracité de la narration est confirmée par Anchemant (*infra*, P. J. n° 2) : « Incontinent après entra mad. dame, mais quant elle eut fait la premiere reverence, le roy courut au devant d'elle et la baisa et ambrassa d'une bonne et honneste façon. »

45. Selon Anchemant (*infra*, P. J. n° 2, p. 136), les paroles d'accueil furent plus aimables, le roi « disant qu'il avoit long temps desir de veoir chacun d'eulx et qu'il louoit Dieu que son desir estoit venu et sorti effect avec autres les plus gracieulx langaiges qu'il savoit dire selon sa façon et coustume ».

46. La *Relation Dupuy-Godefroy* montre que ses apparitions en public furent extrêmement limitées, et notamment durant son séjour blésois où, la plupart du temps, elle assista à la messe et prit ses repas dans sa chambre. On pourrait aussi penser que Louis XII, bien informé, connaissait le caractère imprévisible de l'archiduchesse. L'empereur Maximilien avait d'ailleurs suggéré à son fils de faire voyager son épouse séparément. Sur ce sujet, voir Cauchies 2003, p. 230 et suiv. : « une épouse embarrassante ».

47. Jean Rousset de Missy, *Supplément au corps universel diplomatique du droit des gens...*, Amsterdam, 1739, p. 201 et suiv. Selon les règles que Jules II devait établir en 1504, et qui restèrent théoriquement en vigueur jusqu'au xviiie siècle, les préséances dans la Chapelle Sixtine étaient les suivantes : 1. l'empereur, 2. le roi des Romains, 3. le roi de France, 4. le roi d'Espagne (Castille), 5. le roi d'Aragon, 6. le roi de Portugal, 7. le roi d'Angleterre, etc. Mais le roi de France refusait absolument de céder le pas au roi des Romains et le roi d'Espagne ne voulait pas davantage céder au roi de France. Quant au roi d'Angleterre, il ne tarda pas, pour les raisons que l'on sait, à laisser sa chaise vide...

sans doute aussi des parents de son épouse[48]. L'appartenance au lignage des fleurs de lis procurait une indépendance vis-à-vis de l'empereur qui n'était pas sans avantages, ainsi que l'explique Olivier de La Marche dans son récit d'une entrevue ayant eu lieu à Besançon soixante ans auparavant entre Philippe le Bon et le roi des Romains.

Le duc de Bourgogne, sujet de l'Empire pour partie de ses biens, va au devant du roi Frédéric et le salue très poliment. Mais il se garde bien de descendre de cheval pour l'accueillir, « mystère » qu'Olivier de La Marche commente ainsi :

> « La première [raison] est que le duc Philippe de Bourgoigne estoit filz, en tiers, du roy Jehan de France, et issu paternellement du noble lit, du sang et maison royalle de France, ce que le duc vouloit bien montrer aux Allemans. Et la seconde fut qu'icelluy monseigneur Frederich d'Austriche n'estoit encores que roy des Rommains, et non empereur receu, mais esleu, et les seigneuries qu'il tenoit en l'Empire, en tant qu'elles povoient estre subjectes ou tenues, c'estoit comme de l'empereur, et non pas comme du roy des Rommains; et toutefois je crois la premiere raison plus vraye[49]. »

Soixante ans plus tard, Philippe le Beau ne peut à la fois tenir dans l'Empire son rang d'héritier des ducs de Bourgogne qui lui permet de se dégager de l'emprise paternelle, et se comporter dans le royaume des fleurs de lis comme un prince étranger[50]. Descendant de Jean le Bon, il se doit de marquer sa déférence envers le chef de la maison de France.

En revanche si, selon les usages conjoints des cours de France et de Bourgogne, Jeanne de Castille aurait dû « suivre son mari[51] », c'est-à-dire avoir le même traitement que lui, en tant que fille de Ferdinand d'Aragon et d'Isabelle de Castille elle était l'héritière d'états indépendants en compétition directe avec la France dans le concert européen. Or, depuis Charles V, la coutume des princes des fleurs de lis autorisait une princesse, si elle le souhaitait, à conserver son rang lorsque celui de son époux était inférieur[52].

---

48. *Procès verbal de l'hommaige faict par Philippes, archiduc d'Autriche, à Louys XII, roy de France pour les comtez de Flandres, Artois et Charrolois, le 5 juillet 1499*, publ. dans Godefroy 1615, p. 180-191. Pour Philippe le Beau, voir Cauchies 2003. Pour la réaction de Maximilien, voir Quilliet 1986, p. 242. Pour celle de Jeanne de Castille, voir Pfandl 1938, p. 50-59 et Aram 2005, p. 57 et suiv.
49. Olivier de La Marche, *Mémoires d'Olivier de La marche, maître d'hôtel et capitaine des gardes de Charles le Téméraire*, éd. Henri Beaune et J. d'Arbaumont, Paris, 1883-1888, t. I, p. 270 (entrevue de novembre 1442).
50. Pour les raisons qui ont poussé Philippe le Beau à rendre hommage au roi de France, voir Cauchies 2003, p. 90 et suiv., Wiesflecker 1975-1985, t. 3, p. 95-97 et 259-260) et S. C. Bridge, *A History of France from the death of Louis XI*, 3 : *The reign of Louis XII, 1498-1507*, Oxford, 1929, p. 210-213.
51. En 1507, lors d'une célèbre entrevue avec Ferdinand d'Aragon, au sortir du bateau qui avait amené les souverains aragonais à Savone, Louis XII prit la reine sa nièce en croupe sur son cheval, puis, remarquant qu'en France les femmes ne précèdent pas les hommes, il obligea le roi Ferdinand à passer en premier, éludant ainsi un épineux problème de préséances. Voir Godefroy 1614; Maulde La Clavière 1892-1893, t. I, p. 271 et suiv. ; Bonner Mitchell, *The Majesty of the State. Triumphal Progresses of sovereigns in Renaissance Italy (1494-1600)*, Florence, Olschki, 1986, p. 98-100.
52. BnF, ms. fr. 10471, fol. 107 v°, *Traité des Rangs et séances de France*... [1610] : « Les princesses mariées peuvent tenir leur rang si ceux de leurs maris sont moindres. » Lors de l'entrée à Paris de

La « galanterie » de Louis XII à l'égard de l'archiduchesse – qui consiste à lui accorder le traitement de l'héritière de la double couronne des Rois catholiques et non celui de l'épouse du souverain des Pays-Bas – pourrait être en réalité le résultat d'un compromis diplomatique[53], ce que tend à confirmer, nous le verrons, le faste du logis blésois de l'archiduchesse. Une telle attitude crée en tout cas un climat de courtoisie qui permet au roi de marquer sans trop d'arrogance sa prééminence sur le descendant du premier pair de son royaume.

## L'accueil de la reine

Ces formalités accomplies, l'archiduchesse poursuivit son chemin pour aller saluer la reine. « Passant outre » la salle du roi, elle entra dans « une autre chambre » à la porte de laquelle se tenait la duchesse de Bourbon (Anne de France, fille de Louis XI), accompagnée de sa fille Suzanne et de plusieurs dames et demoiselles (fig. 12). « Et là se firent lesdites deux dames bien grand honneur et plus qu'à demy et se firent bien terriblement belle chère. » Ceci fait, l'archiduchesse désirant poursuivre sa route, Anne de France « se mit au dessoubz d'elle [c'est-à-dire à sa gauche], ce que ladite archiduchesse ne voulloit souffrir, et présentèrent plusieurs fois l'honneur l'une à l'autre, mais madame de Bourbon demeura tousjours au dessoubz », alors que son époux était resté « au-dessus » de l'archiduc, petit détrail très instructif qui nous montre à nouveau qu'on accorde à l'archiduchesse un rang supérieur à celui de son époux. Finalement les deux princesses « s'entreprirent l'une l'autre » et, bras dessus, bras dessous, tentèrent de se diriger vers la « la salle où estoyt la royne. Mais ilz furent long temps dans la chambre pour la grand presse qui y estoit, et ne sauroient marcher ».

Au milieu de la bousculade, l'archiduc, qui venait de quitter le roi, survint, lui aussi, dans la pièce et, saluant madame de Bourbon d'un rapide « Dieu-gard [...], entra en la chambre de la royne, à laquelle il fit la révérance comme il debvoit. Et parce que l'archiduc passa le premier, fut la presse sy grande qu'il fallut que ladite archiduchesse demeurast en la chambre de madame Claude jusques au retour dudit archiduc. » C'est ainsi qu'au détour d'une phrase on apprend que la chambre de la jeune Claude de France se trouvait placée entre les salles de ses père et mère.

Philippe le Beau s'étant retiré, l'archiduchesse, toujours flanquée de la duchesse de Bourbon, put enfin saluer Anne de Bretagne : « Ce faict marchèrent les dames et entrèrent en ladite salle, à l'entrée de laquelle ne se firent nulz honneurs, pource que la presse y estoyt sy grande, que l'on ne

Jeanne de Bourbon, épouse de Charles V, la sœur aînée de la reine, qui avait épousé le comte de Tancarville, tint son rang de princesse du sang.

53. Il s'agissait peut-être d'éviter un incident avec Jeanne de Castille qui ne semble pas avoir apprécié la politique « francophile » de son époux (voir *infra*, p. 62-64).

savoit choisir [apercevoir] la royne, et ne la virent qu'ils ne fussent auprès d'elle de quelques quatre enjambées. »

La reine, comme précédemment le roi, « assise en sa chaire devant la cheminée soubz le dosselet[54] » (fig. 13) était entourée d'importants personnages masculins et féminins, tandis que ses dames et demoiselles se tenaient « tout au long de la parroy de la salle ». Dès qu'elle aperçut l'archiduchesse, elle se leva « et madite dame [l'archiduchesse] luy fit l'honneur seullement en ployant le genouil. Madame de Bourbon qui la tenoit par le bras le fist jusques à terre et [l'archiduchesse] acheva ses deux honneurs un petit plus bas ». Il faut donc imaginer Jeanne de Castille discrètement incitée par la fille de Louis XI à saluer Anne de Bretagne un peu plus bas qu'elle ne l'avait prévu. Mais si l'archiduchesse avait son quant-à-soi, la reine de France, qui n'en était pas dépourvue non plus, « ne marcha au devant d'elle que deux ou trois pas » : il est vrai que la *presse* interdisait de plus grandes effusions. Néanmoins « elle la baisa en lui faisant très-bonne chère et grand accueil, luy donnant à entendre qu'elle estoit très-aise de sa venue ». Tous les témoins « bourguignons », passent sous silence cette petite anicroche. Anchemant assure même que « Madame [...] s'est conduite et fait touttes choses comme princesse vertueuse et magnanime[55] », encore qu'on puisse s'interroger sur le curieux choix des adjectifs : l'archiduchesse aurait-elle fait en ces circonstances un acte de vertu et de générosité ?

Toujours est-il qu'après avoir échangé quelques paroles avec la reine et embrassé la duchesse d'Alençon[56], la comtesse d'Angoulême[57], mademoiselle de Foix et la comtesse de Dunois[58] (c'est-à-dire quatre princesses), « et non pas les autres femmes, parce que madame de Bourbon l'en empescha, car elle n'eust jamais faict » (elle non plus ne manquait pas d'amour-propre), l'archiduchesse prit congé de la reine « en luy faisant l'honneur, et s'en retira en son logis, où madite dame de Bourbon la conduict ».

## La petite fiancée

Un autre moment crucial devait être la présentation de la très jeune Claude de France à ses futurs beaux-parents. Antoine de Lalaing se borne à dire : « Et après plusieurs devises, madame de Bourbon mena Monsieur saluer madame sa belle-fille là où estoit la ducesse de Valentinoise, mademoiselle d'Angoulesme, mademoiselle d'Allenchon et plusieurs autres dames, et pareillement y alla madame l'archiducesse. »

Selon Anchemant, la rencontre eut lieu dans la chambre de l'archiduc :

54. Dosselet, ciel : dais.

55. ANCHEMANT, *infra*, P. J. n° 2, p. 136.

56. Marguerite de Lorraine, veuve de René, duc d'Alençon et mère de Charles, futur époux (1509) de Marguerite d'Angoulême, reconnu en 1515 comme premier prince du sang.

57. Louise de Savoie.

58. Agnès de Savoie († 1509), épouse de François Ier d'Orléans-Longueville, belle-sœur de Louis XI.

« Ces biens venues faictes, mond. S^r^ se retira en sa chambre ou il trouva Madame Claude sa belle fille, acompaignee de Madame de Bourbon, qui actendoit mond. S^r^ son beau père pour les recevoir et bien viengner, ce que Mond. S^r^ print fort bien et se tint en tout termes si honnestes et gracieux que chacun s'en esmerveilloit, non pas que l'on ne congnoisse assez ses vertuz, mais pour ce qu'il le savoit faire comme se a tousjours il y eust esté aprins et introduit[59]. »

La relation de Vienne ne mentionne même pas Claude de France ; quant à Molinet, il veut sans doute en faire trop et vante la bonne éducation de la petite princesse : « Puis, écrit-il, monseigneur l'archiduc et madame son espouze allèrent veoir leur belle-fille, madame Claude, qui, selon son eage, fit les honneurs à son appartenir, comme saige et bien apprinse[60]. »

L'accueil de la jeune Claude de France fut pourtant moins convenu s'il faut en croire notre témoin anonyme, décidément très bien informé. Parvenue « à l'huis de la salle devant sa chambre » (c'est-à-dire, on le verra, la salle au premier étage de l'aile de Louis XII), l'archiduchesse « trouva Madame Claude » cérémonieusement portée par la fille de Madame de Tournon[61] accompagnée de plusieurs princesses ou duchesses et « avoit vingt ou vingt-quatre filles petites, dont la plus vieille n'avoit pas treize ans, aveq une damoiselle qui les gouvernoit ». Toutefois, dès qu'elle aperçut sa future belle-mère, « la petite madame Claude se print sy fort à crier que l'on ne luy dist point Dieu-gard, et ne fut fet là aucun honneur, mais fut portée la petite dame en sa chambre » : la « petite dame », il est vrai, n'avait que deux ans et sa crise de mauvaise humeur ne pouvait tirer à conséquence.

On ne peut qu'être frappé néanmoins par le silence des autres témoins : peut-être y vit-on un mauvais présage pour l'union annoncée ? Il est clair en tout cas que l'entourage de l'archiduc tenait à faire savoir que l'entrevue avait été un plein succès.

## La collation

Passant au long de la salle avec sa suite, Jeanne de Castille entra dans sa chambre où l'archiduchesse et Madame de Bourbon « s'assirent chacune tout bas sur des careaux [coussins], et devisèrent quelque peu de temps ». Puis Madame de Bourbon prit congé, priant sa « tante » de Vendôme[62] de

59. Anchemant, *infra*, P. J. n° 2, p. 136. Il y a une petite contradiction entre son récit et la *Relation Dupuy-Godefroy*, puisque, selon lui, la présentation de Claude de France se fit avant la présentation à la reine, alors que la *Relation Dupuy-Godefroy* dit expressément que la rencontre avec la reine eut lieu en premier. Mais tous deux notent que la rencontre avec la reine se passa dans la bousculade d'un « lieu encombré ».

60. Molinet 1935, p. 502.

61. Madame de Tournon, gouvernante de la jeune princesse, venait de perdre son époux.

62. Marie de Luxembourg († 1546), comtesse de Vendôme (1487), sœur de Louis de Luxembourg, comte de Ligny. Anne de Bretagne l'avait chargée de prendre soin de l'archiduchesse durant son séjour en France depuis la frontière picarde. La comtesse de Vendôme était la tante par alliance de

prendre soin de l'archiduchesse et de la laisser se reposer. Comme c'était jour de jeûne, il n'y eut pas de festin et l'archiduc alla souper en compagnie du comte de Nevers, de M. de Ligny[63] et du comte Palatin, avant de se retirer dans son logis. L'archiduchesse préféra rester dans sa chambre[64] où, à sept heures du soir, des « confitures » lui furent apportées en cérémonie. Le terme désignait alors toutes sortes de préparations à base d'épices (Lalaing dit d'ailleurs que les dames « aportèrent les espices ») et de sucre de canne importé à grands frais, préparations appréciées tant pour leur vertu diététique – on goûte fort les substances réconfortantes pour l'estomac, comme le musc, la cannelle, le gingembre, la noix de muscade ou l'ambre gris – que pour leur saveur[65]. On distinguait les confitures liquides (proches de celles que nous connaissons), les confitures sèches (nos fruits confits) et les pâtes, cadeau d'autant plus apprécié qu'il était plus aisé à expédier. La plus connue et la plus ancienne de ces friandises était la pâte de coing ou *cotignac,* spécialité pour laquelle Orléans était célèbre dès le XVI^e^ siècle.

Précédés par un maître d'hôtel, six petits pages à la livrée jaune et rouge du roi tenant des chandeliers d'or ouvraient le cortège. En tête, Anne de France, portant « une grande boiste d'or plaine de diverses boistes de confitures » précédait Louise de Savoie, avec une seconde boîte d'or, remplie de serviettes. Puis la comtesse de Nevers, tenant une autre boîte, toujours en or, remplie « de couteaux et fourchettes, a tout les manches d'or » était suivie de la duchesse de Valentinois[66] et M^lle^ de Foix « tenant chacune un drageoir en leurs mains plains de diverses dragées, dont l'un estoyt d'or merveilleusement beau, l'autre estoit d'argent doré, qui estoyt si grand, que quand on le tenoit à la main il touchoit presque jusques à terre ». D'autres sucreries arrivaient enfin, portées par « cinq ou six gentilzhommes, chacun tenant deux pots d'or plains de toutes sortes de confitures », tandis que fermait la marche « l'appotiquaire de la royne, qui tenoit en ses mains des bougies de cire vierge aveq un chandelier d'or ».

Aucun homme à l'exception des petits pages ne fut autorisé à entrer dans la chambre tandis que l'archiduchesse accueillait « à l'huys » madame de Bourbon et sa suite. Les présents furent déposés « tant sur le buffet que sur les licts » précise le narrateur (ou plutôt la narratrice) toujours aussi bien

---

la duchesse de Bourbon, puisque Marie de Luxembourg avait d'abord épousé Jacques de Savoie, comte de Romont, frère de la reine Charlotte, mère d'Anne de France. Pour la signification des liens de parenté, voir aussi GUENÉE 1999, p. 439-470 : « Le roi, ses parents et son royaume en France au XIV^e^ siècle. »

63. Louis de Luxembourg, comte de Ligny, neveu du cardinal Philippe de Luxembourg.

64. LALAING (p. 138) situe cet épisode le lendemain, « a cause que elle estoit ce jour ung petit mal disposée ».

65. On en trouve trente et une recettes utilisant onze fruits différents chez Nostradamus et Alexis le Piémontais. Cf. Dominique MICHEL, « Le dessert au XVII^e^ siècle », *XVII^e^ siècle,* 2002/4, n° 217, p. 655-662.

66. Charlotte d'Albret, épouse de César Borgia, fait duc de Valentinois par Louis XII en 1498. Voir Edmond BONAFFÉ, *Inventaire de la duchesse de Valentinois Charlotte d'Albret*, Paris, 1878.

informé(e) et, après avoir conversé un petit quart d'heure, chacun se retira. L'archiduc eut droit également à des confitures « mais ce ne fut pas en celle manière ni estat que l'on avoit fait à ladite archiduchesse » : honneur aux dames !

## Les bonnets de nuit de l'archiduchesse

Durant la collation, le concierge du château et les valets avaient apporté dans la seconde chambre de Jeanne de Castille un coffre recouvert de velours vert à ferrures d'argent qui contenait « des couvre-chefs et autres choses servant de nuit », ainsi que divers objets de toilette, miroirs, éponges, épingles, peignes, chandelles et chandeliers. Avaient aussi été apportés des « réchauffoirs de lits, bassinoires et autres choses servant à ladite chambre, le tout d'argent », ainsi que tout le linge et les couvertures des lits « tant pour la chambre de l'archiduchesse que pour les autres chambres, et avec ce, de grands pots et boetes d'argent doré ». Tous ces trésors furent découverts par l'archiduchesse lorsque, la réception achevée, elle se retira dans sa seconde chambre pour se déshabiller, comme le raconte encore notre indiscret témoin.

## *Chapitre 3*

# La fin du séjour à Blois

Très curieusement, le récit Dupuy-Godefroy, qui raconte si minutieusement la première journée, passe très rapidement sur la suite de l'entrevue qu'il raccourcit d'ailleurs de trois jours [1] ; il ne mentionne ni la proclamation de la paix [2], ni les joutes, passe-temps et fêtes, ni les fiançailles du jeune marquis de Montferrat, laissant entendre qu'en raison d'un temps exécrable, il ne se passa pas grand chose. Les transcriptions manuscrites du même texte présentent une fin plus brutale encore et interrompent le récit après le 10 décembre. Rien de notable ne semble plus s'être produit : dès le 8, lendemain de l'arrivée des archiducs, « ne se fist chose de mémoire » ; le 10, on ne fit rien non plus car « il faisoyt un si mauvais temps qu'il n'y avoit moyen d'aller » ; quant aux cinq journées suivantes, elles « se passèrent en tels accomplimens »...

Les autres relations donnent pourtant une tout autre impression. Comment expliquer cette discrétion ? Un manuscrit de base incomplet ? Un texte interrompu par quelque incident ou le départ précipité de son auteur ? Ou simplement un manque d'intérêt pour les activités des jours suivants ?

## Fêtes et réjouissances

Quoi qu'il en soit, il faut faire appel aux autres chroniqueurs, notamment aux indiciaires de la cour de Bruxelles, pour connaître la fin du séjour blésois. À les en croire, il se déroula dans une atmosphère aimablement détendue que Jean d'Auton résume ainsi :

> « La séjournèrent l'espace de quinze jours ou ce pendant furent faictz plusieurs combatz, jouxtes et tournoys [...]. Plusieurs autres joyeulx passetemps et plaisans deduyctz furent la faictz. A la foys, le roy menoit l'archiduc à la chasse des grosses bestes, a la vollerye et au jeu de paume, ou souventes fois jouèrent tous deux ensemble. Et là luy fist tous festymens amyables et

1. Il situe le départ des princes le dimanche 12 au lieu du mercredi 15 si l'on en croit les chroniques bourguignonnes dont le témoignage est confirmé par l'ambassadeur de Mantoue.
2. Le mardi 14 décembre. Dates différentes données par Molinet (le 12) et Lalaing (le 13). La date du 14 est confirmée par des lettres de l'archiduc (Gachard, t. I, p. 377) et de l'ambassadeur de Mantoue (*infra*, P. J. n° 3, p. 141), ainsi que par la *Relation de Vienne*.

privez banquetz, telz que, eulx deulx, plusieurs foys l'ung devant l'autre, a la table beurent et mengerent ensemble et sans essay[3]. Tant luy fist le roy familiere compaignye que a toute heure estoient ensemble, et d'autre chose que de parolles joyeuses ne tenoyent propos. Et alors que ledit archiduc s'en voulut aller, le Roy le fist defrayer[4], luy et tout son train[5]. »

On jouta, on joua à la paume, on poursuivit le cerf, on fit voler les oiseaux. La reine et l'archiduchesse assistèrent à des messes, vêpres, sermons, et se rendirent mutuellement visite dans leurs logis car, dit la relation de Vienne, « me samble que la royne et madame l'archiducesse si ayment comme deux sers [sœurs] et aussi sont toutes deux josnes[6] ». On avait pourtant cru percevoir quelques mouvements d'humeur lors de la présentation, mais il faut croire que l'atmosphère s'était améliorée par la suite…

## La chasse

Si l'on tente de suivre le programme de chaque journée passée à Blois, on observe qu'après la messe, la majeure partie de la matinée était consacrée à la chasse. Au départ de Saint-Dyé, on l'a dit, l'archiduc avait trouvé le grand fauconnier de France, René de Cossé-Brissac, accompagné des autres fauconniers et des oiseaux du roi ; le temps passé à chasser aurait été cause de l'heure tardive de l'arrivée des voyageurs à Blois. Durant le séjour blésois, c'est le roi en personne qui, selon Jean d'Auton, « menoit l'archiduc à la chasse des grosses bestes, à la vollerye[7] ». Dans sa lettre du 10 décembre, Philippe le Beau se félicite que le roi « lui meismes en sa personne nous maine journellement aux champs, à l'esbat, et trop plus en fait ».

En réalité, la « chasse des grosses bestes » n'apparaît qu'une fois, le vendredi, lorsqu'au témoignage de Lalaing « le roy mena l'archiduc chasser un cerf a force[8] ». Tous les autres jours, c'est à la fauconnerie que s'adonnent

3. Ce qui est le signe d'une relation de confiance, les essais (le fait de faire tester ou goûter boissons ou plats avant de les servir) étant dictés par la crainte d'une tentative d'empoisonnement. Cf. Franck Collard, *Le crime de poison au Moyen Âge*, Paris, PUF, 2003 et *Pouvoir et poison : Histoire d'un crime politique de l'Antiquité à nos jours*, Paris, Le Seuil, 2007.

4. Les chroniqueurs bourguignons insistent fortement sur les nombreuses marques de la libéralité royale, en particulier Anchemant (*infra*, P. J. n° 2, p. 136) : « Et l'on a ordonné a Mesd. S[rs] de Besançon et de Cambray ung maistre d'ostel qui feit aporter brandes et fournir de vins blanc et vermeilz, espices, ypocras, et touttes autres choses dont l'on peult boire et user. Aux chambellans semblablement aux gentils hommes semblablement, aux sommeliers, gens de la chambre, conseillers, secretaires, argenteur, archers et a tout autres depuis le moindre jusques au plus grand, a chacun selon son estat je ne viz onques bancquet mieulx fourny aussi bien au disner que au soupper. » Pour la signification de la libéralité royale, voir Guenée 1999, p. 333.

5. Auton, t. II, p. 210-211.

6. C'est peut-être une courtisanerie d'historiographe : le chroniqueur, qui n'a pas assisté à l'événement, ne craint pas d'ajouter : « C'est merveille que de veoir la fille de la royne [Claude de France], elle est tant belle que rien plus et sera une foiz a l'aide de Nostre Seigneur une femme de grant fachon. » Chacun sait ce qu'il en advint.

7. Auton, t. II, p. 211.

8. Lalaing, p. 139.

les princes. Le 8 décembre selon Anchemant, « au matin, ilz ont esté vosler et environ XII heures sont retournez ». Le lendemain encore, rapporte Lalaing, « le roy mena l'archiduc voler et revinrent au disner ». Il en fut de même le lundi 12 [9]. Toutefois, s'il faut en croire la relation Dupuy-Godefroy, le ciel n'était pas de la partie les 11 et 12 décembre, car si le roi et son hôte « furent par deux diverses journées veoir voler l'oiseau », ils n'y trouvèrent « pas grand plaisir, d'autant que le temps estoit mauvais [10] ». La prédilection pour la volerie dont témoigne cette entrevue ne doit pas nous surprendre. Bien que Louis XII apprécie les chiens courants [11], la chasse à l'oiseau constitue alors pour tous les princes d'Europe le « noble desduict » par excellence. De plus, avant que François Ier ne décide de chasser le cerf toute l'année, on ne découplait en principe les chiens que du printemps à l'automne [12].

## Joutes et tournois

Les parties de chasse ne duraient guère car il fallait rentrer au château pour « dîner » et assister aux joutes l'après-midi. Joutes et tournois demeuraient à la fin du Moyen Âge et dans la plus grande partie du XVIe siècle [13] l'indispensable parure de toutes fêtes, cérémonies princières ou rencontres diplomatiques (fig. 14). Malgré le silence du récit Dupuy-Godefroy, ils ne manquèrent pas non plus à Blois. Jean d'Auton, on l'a vu, signale « plusieurs combatz, jouxtes et tournoys [14] ». Lemaire note aussi « joustes et tournois et pris d'onneur [15] ». Quant à Jean Molinet, il indique en quelques mots le programme blésois, observant que « le joeudy allèrent voler, l'aprèz diner, l'on jousta, et l'aprèz souper l'on dansa [16] ».

Il faut se tourner vers Lalaing, la relation de Vienne et la lettre de l'ambassadeur de Mantoue pour trouver davantage de détails qui permettent de reconstituer le déroulement de ces joutes. L'ambassadeur italien décrit les préparatifs [17] et l'anonyme viennois relève que Louis XII avait fait aménager

9. Lalaing, p. 138, 141.
10. *Relation Dupuy-Godefroy*, p. 735. Ce passage ne figure pas dans les manuscrits.
11. Il ne s'agit pas encore *stricto sensu* de la vénerie dont les règles se fixeront plus tard. Sur ce sujet, voir Anthenaise, Chatenet 2007.
12. Baron Joseph Dunoyer de Noirmont, *Histoire de la chasse en France depuis les temps les plus reculés jusqu'à la Révolution*, Paris, 1867.
13. Malgré les souhaits de Catherine de Médicis après la mort de son époux, les joutes et tournois violents se poursuivirent après 1559, bien que remplacés peu à peu par des combats plus théâtraux que dangereux.
14. Auton, t. II, p.210.
15. BnF, ms. Dupuy 503, fol. 8v°.
16. Molinet 1935, p. 503
17. *Domani lo illmo Arciduca intrarà con molti cavalli, et va in Ispagna ad pigliar la possessione de quelli reami. Lo S. Re Cmo li prepara honori grandissimi, maxime iostre, torniamenti et altri iochi de arme, et in la piaza del castel de questa terra è facta la tela* (A. S. Mantoue, AG 283, 3 décembre 1501, Blois).

trois lices dans la basse-cour du château, « les bailles et lisses que le roy avoit fait faire pour jouster [18] ».

Les joutes, qui durèrent « trois jours en continu » selon l'observateur italien, commencèrent le jeudi 9 et prirent l'apparence d'un pas d'armes [19]. Dans cette forme très ritualisée du tournoi, des chevaliers, seuls ou en équipe, appelés « tenants » ou « ceux de dedans », proclamaient leur intention de défendre ou « tenir » une place, face à quiconque se présenterait, « les tous venants » également désignés comme « ceux de dehors ». Les tenants exposaient leurs targes, souvent accrochées à un arbre, et ceux qui voulaient combattre venaient les toucher de leurs lances. Selon Lalaing, les quatre tenants, tous capitaines expérimentés, furent Guy de Laval – qui d'après le sire de Fleuranges montait un grand cheval noir, « un grand Maure, qui le menoit sur les rangs [20] » –, René Pot, sénéchal de Beaucaire et seigneur de La Roche-Pot, Germain de Bonneval dit le « Jeune Bonneval », gouverneur de Limousin, enfin Henri de Neufchastel, seigneur d'Épinal et gouverneur du Barrois. Chacun était équipé d'un harnois (armure) de joute et revêtu d'une cotte d'armes « de drap d'or brodé de velours jaune ». Mais ce jour là, seuls quatre adversaires « acoustrés de damas de plusieurs couleurs » se présentèrent [21].

Le lendemain, les princes rentrèrent « apres disner pour veoir les jousteurs ». Selon l'anonyme viennois, ce fut ce jour-là que quatre « grans bons personnaiges [...] s'avancherent de cryer joustes contre tous venans par trois ou quatre jours ». Dix ou douze adversaires, qui « tous estoient gentilzhommes au roy et aux grands maistres », se présentèrent. Seuls les Français y prirent part et l'archiduc, dans une lettre du 10 décembre, se réjouit que le roi lui ait « donné le passe temps de joustes par les nobles de son hostel ». On jouta à rochets, c'est-à-dire que les lances, au lieu d'un fer aigu, portaient une pièce de fer terminée par trois grosses pointes émoussées, destinées à ébranler l'adversaire en frappant son écu sans le blesser. D'après Lalaing, le roi et l'archiduc ne dédaignèrent pas de « servir a la jouste ung des maistres d'hostel de la royne appellé Climault », lui donnant une lance avant chaque nouvelle course. À la fin du tournoi, « la royne se retira en son

18. *Relation de Vienne*, p. 569.
19. En attendant la publication de la thèse de Sébastien Nadot, *Joutes, emprises et pas d'armes en Castille, Bourgogne et France. 1428-1470*, Paris, EHESS, février 2009, on se reportera à l'ouvrage commode de Richard Barber et Juliet Barker, *Les tournois*, trad. fr., s. l., Cie 12, 1989, notamment p. 117-147. Voir aussi Armand Strubel, « Les pas d'armes : le tournoi entre le romanesque et le théâtral », *Théâtre et spectacles hier et aujourd'hui : Moyen Âge et Renaissance, Actes du 115e congrès national des sociétés historiques et scientifiques (Avignon, 1990)*, Paris, éd. du CTHS, 1991, p. 273-284 et Sydney Anglo, *The martial arts of Renaissance Europe*, New Haven-Londres, Yale University press, 2000.
20. Fleuranges 1820, chap. IV, p. 153-154.
21. Lalaing, p. 138.

quartier[22] », tandis que chaque participant accrochait ses armes à l'arbre planté dans la cour[23].

Le 11 décembre constitua le moment crucial du pas d'armes. On allait désormais se battre à armes réelles. Selon Lalaing, les tenants « vinrent sur les rens, armés en harnas de guerre », parés de cottes de velours cramoisi et de plumes rouges. Leurs adversaires, « ceuls de dehors », ne furent ce samedi pas moins de vingt « tous acoustrés de drap d'or et de velour de pluseurs couleurs ». Les courses furent pratiquées cette fois « à fer esmolu », avec des fers de lances aiguisés, et peut-être pour cette raison, l'anonyme viennois rapporte que l'archiduc « ne volu souffrir que ses gentilzhommes joustassent[24] ».

C'est ce même jour[25] qu'il faut situer un fait d'armes qui retint l'attention de tous les témoins : la prestation du jeune Guillaume de Montferrat, âgé de quinze ans seulement. Jean d'Auton dit son admiration : « Là estoit lors Anthoyne (*sic*), marquis de Montferrat, jeune enfent, qui à toutes courses avoit la lance baissée, dont maintes en mist par éclatz, et tant fist, que, par ses premiers faictz d'armes, monstra qu'à louable fin tendoit[26]. »

Le jeune marquis se présenta richement vêtu de drap d'or et de damas blanc, accompagné par six gentilshommes « acoustrés de satin vert et blancq », tandis que « les contes de Nevers et de Ligny le servoient a la jouste[27] ». Avec l'aide de ces assistants de haut parage, le jeune prince « se chargeoit sa lance aussi bien en l'arrest comme s'il eust esté homme », l'arrêt de lance désignant ici une sorte de crampon vissé au côté droit de l'armure afin de soutenir la lourde lance de joute. Lalaing et l'ambassadeur de Mantoue s'accordent sur le fait que Guillaume de Montferrat « courut six courses et rompit trois lances », gagnant « deux fois et l'autre rien » selon l'observateur italien. Toutefois, l'anonyme viennois souligne que, si le jeune garçon courut les lances « a tout fers esmolus », « le chevalier qui estoit des quatre quant il aprochoit, il dreschoit sa lance afin qu'il ne touchast ledit marquis », évitant ainsi de blesser ou de désarçonner un aussi jeune adversaire.

Quoi qu'il en soit, en voyant que les lances du marquis « furent nestement rompues sur l'escut dudit chevalier », le roi et la reine se montrèrent « fort joyeulx de le veoir en armes ». L'ambassadeur mantouan estime quant à lui – non sans quelque chauvinisme – que le jeune Paléologue « courut mieux que les Français qui y étaient ». Ses exploits réjouirent tant le roi que celui-ci l'appela « à la fenêtre du palais », selon toute vraisemblance la fenêtre à balcon de la chambre de l'archiduc où il se tenait avec Philippe le Beau

22. Lalaing, p. 139.
23. *Relation de Vienne*, p. 569 : « Chacun mist ses armes a l'abre qui estoit mis auprès des lisses. »
24. *Relation de Vienne*, *ibid.*
25. La relation de Vienne situe toutefois cette joute le 14 décembre.
26. Auton, t. II, p. 210-211.
27. Lalaing, p. 139.

et Georges d'Amboise, lui donna l'accolade et le tint « dans ses bras plus d'une heure, lui montrant beaucoup d'amour comme s'il fût son fils[28] ».

Le danger bien réel de ces joutes explique le souci d'épargner le jeune marquis : à la fin du tournoi, le chevalier Philibert de la Platière, seigneur de Bourdillon[29], fut blessé à l'épaule par le bâtard de Liège, assisté de ses frères, tous trois fils illégitimes de Louis de Bourbon, prince-évêque de Liège[30]. Les chroniques sont muettes sur l'organisateur de ces joutes réussies; toutefois, comme le capitaine et bailli de Blois était alors Louis d'Hédouville, seigneur de Sandricourt, connu pour avoir organisé en 1494 un célèbre pas d'armes[31], il est tentant de lui attribuer un rôle décisif dans la manifestation. Indice de sa faveur, son épouse, Françoise de Rouvroy de Saint-Simon, avait eu l'insigne privilège d'être admise à porter la collation des confitures à l'archiduchesse[32].

Les fêtes durèrent encore les jours suivants, mais les joutes laissèrent la place à d'autres formes de combats. Le dimanche 12, les tenants revinrent « acoustrés la moitié de drap d'or et de velour de pluseurs couleurs ». Fut alors organisé, non plus une joute à la lice, mais « ung tournoi gorgias », écrit Lalaing, qui opposa dans une mêlée les quatre tenants à une vingtaine de « gentilshomes, tous bien acoustrés[33] ». D'après la relation de Vienne, « le tournois se fit bien et honnestement sans y avoir lisses », donc sans barrière entre les cavaliers. Après quelques charges « d'un cop de lanches a fers esmolus », les participants continuèrent « à l'espee, lesquelz baterent bien l'un l'autre qui fut honneste a veoir ». À cette occasion, le roi et l'archiduc se tenaient ensemble à la loge décrite la veille par l'ambassadeur mantouan, tandis qu'au balcon de la chambre de l'archiduchesse se tenaient Anne de Bretagne et Jeanne de Castille[34] (fig. 15). Le soir même on célébra les fiançailles du héros des joutes avec une princesse du sang de France, Anne de Valois, dame de La Guerche, la plus jeune fille du duc René d'Alençon[35].

28. A. S. Mantoue, AG 629, 14 décembre 1501. Voir *infra*, P. J. n° 3, p. 141.

29. Philibert de la Platière, chevalier, seigneur des Bordes et de Bourdillon, conseiller et chambellan du roi et du duc de Bourbon, marié en 1463 à Marie de Fontenay, père de Philbert II (v. 1465-1499).

30. *Relation de Vienne*, p. 571 : « Apres que le marquis ne jousta plus, les autres se remirent a jouster tant qu'il y eult ung qui eult une lanche attachée dedens l'espaulle au-dessus; et s'apelloit le chevalier quy fut blechié Bourdillon, et le chevalier qui donna le cop s'apelloit le bastart de Liege, cestuy qui vint en Brabant avecques monseigneur de Belleville et son autre frere de Liege le servoit de lanches. » Pierre, bâtard de Bourbon, baron de Busset (1464-1530), dit « le grand bâtard de Liège », chambellan de Louis XII, était fils de Louis de Bourbon (1438-1482), prince-évêque de Liège. Il épousa en 1498 Marguerite d'Allègre ou de Tourzel, dame de Busset, dont naquit la branche illégitime de Bourbon-Busset. Le prince-évêque de Liège eut deux autres fils illégitimes, Louis de Bourbon (1465-1514), qui résidait à la cour de Bruxelles, et Jacques de Bourbon (1466-1527).

31. Le héraut Orléans, *Le Pas des armes de Sandricourt, relation d'un tournoi donné en 1493 au château de ce nom*, A. Vayssière (éd.), Paris, L. Willem, 1874.

32. *Relation Dupuy-Godefroy*, p. 734.

33. Lalaing, p. 139-140.

34. *Relation de Vienne*, p. 569 : « Fut et estoit le roy et Monseigneur tousjours ensemble en une fenestre, la royne et madame en une autre fenestre. » La façade de l'aile de Louis XII comporte en effet à l'étage noble deux fenêtres à balcon qui éclairent les deux chambres principales (fig. 6, 9, 15).

35. Le mariage ne fut célébré qu'en 1508.

Le sire de Fleuranges se remémore ces journées, organisées alors qu'il venait d'arriver à la cour, et oppose lui aussi les joutes des premiers jours aux autres : « audict tournoy feust jousté les premiers jours au grand appareil, qui feust chose fort belle à veoir, et les autres jours hors lice, à l'espée et à la barrière, là où feurent faictes plusieurs belles appertisses d'armes ». À la différence des joutes équestres, le combat à la barrière opposait deux combattants à pied armés chacun d'une épée et placés de part et d'autre d'une barrière. Fleuranges croit se souvenir que le marquis de Montferrat participa aussi à ces combats à pied et qu'il « fist tant bien son devoir et à pied et à cheval, qu'est impossible plus [36] ». D'après l'ambassadeur de Mantoue, l'archiduc et sa compagnie en assurèrent la dépense.

Outre des activités pour la journée, les joutes fournissaient des sujets de conversation pour les soirées. Le 13 après souper, selon l'anonyme viennois, les participant s'en allèrent « deviser a chacun monseigneur [l'archiduc] aux dames, le roy de l'autre costé des nobles gentilzhommes de l'un a l'autres de deviser des joustes et tournois quy avoit le mieux fait, ou les IIII entrepreneurs ont eu grant honneur [37] ». Ces discussions, simples commentaires sportifs ou véritables débats d'arbitrage, visaient peut-être à établir le classement, car la journée du lendemain (mardi 14), fut marquée par la remise des prix.

Tous les témoins signalent que le marquis de Montferrat fut l'un des vainqueurs, Fleuranges précisant que « lui feust donné le prix de ceulx de dehors ». Lalaing fournit le palmarès détaillé. Comme il était d'usage, chaque prix consistait en la reproduction d'une arme en or. Pour « ceux de dedans », le comte de Laval reçut une rondelle [38], le seigneur de Roche-Pot une lance; pour « ceux de dehors », le seigneur de Labatie [39] obtint un gantelet, « et eult le jeune marquis de Monferar, ung de dehors, une verge d'or ». À l'issue de la cérémonie on ne s'attarda pas et « les pris donnés, chescun se retira [40] ».

## Divertissements

Quand ils ne contemplent pas les joutes et les tournois, les princes s'adonnent volontiers à des exercices moins violents. D'après Jean d'Auton, le roi conduisit l'archiduc au jeu de paume, et « souventefois jouèrent tous deux ensemble ». Lalaing se souvient que le 8 décembre, Philippe le Beau et Louis XII « allèrent jouer ensemble à la palme à l'encontre de monseigneur

36. Fleuranges 1820, chap. IV, p. 153-154.
37. *Relation de Vienne*, p. 569-570.
38. La rondelle était la garde de fer protégeant la poignée de la lance.
39. Ymbault Rivoire, dit *le capitaine Imbault*, seigneur de La Bâtie et de Romagnieu, dauphinois, cité par Jean d'Auton en 1499; compagnon de Bayard au Garigliano, il était encore vivant en 1520.
40. Lalaing, p. 141.

de Laval et de monseigneur de La Rochepot[41] ». Anchemant confirme l'identité des joueurs en ajoutant que les princes « gaignerent la partie » ; mais sans être mauvaise langue, on peut penser qu'il n'y eut pas grand suspens et qu'en bons courtisans, Guy de Laval et René Pot savaient avant même d'avoir pris leurs raquettes qu'ils se devaient de perdre.

Après souper, les hommes aimaient jouer aux cartes. Le 8 décembre, tous ceux qui avaient soupé avec le roi et l'archiduc – le prince d'Orange, le comte de Ligny et Philippe de Bourgogne – « jouerent au flux », nom dans lequel on reconnaît aisément l'origine du flush au poker, et qui était très prisé du roi[42]. Aussi le lendemain, selon Lalaing, « le roy et l'archiduc soupèrent ensamble, puis jouerent ensamble au flus[43] ». Parfois les princes rejoignaient les dames, notamment pour danser. Deux fois on dansa « des danses françaises et allemandes » pour que chacun put se mettre en valeur. Le 9 décembre, lors d'un « quart d'heure américain » avant la lettre, « la royne manda le roy vers elle, là ou il dansa a la fachon de France et d'Allemaigne ». Puis le roi « mena mademoiselle de Candalle[44] ». Le bal « dura plus de trois heures ». À nouveau, le surlendemain, « l'archiduc et sa femme allerent vers le roy et la royne où les danses furent joyeusement acomplies ». Enfin, le dimanche 12, « la où fut fait le mariage du marquis de Monferar a mademoiselle d'Alenchon », Lalaing relève que plusieurs grands du royaume, dont le comte de Foix, le maréchal de Gié, le sire de la Trémoïlle et le seigneur d'Avesnes, Gabriel d'Albret, dansèrent une nouvelle fois « a la mode d'Allemaigne[45] ». Les impériaux ne voulurent pas être en reste et le 13, ce furent « six gentilshomes de Monsigneur abilliés moult richement a la fachon d'Allemaigne [qui] vinrent danser a la dicte fachon ». Et pour une fois, l'archiduchesse participa au bal où « monsieur d'Avesnes [mena] Madame danser a la mode espaignole[46] ».

## La proclamation du traité

Les négociations diplomatiques se poursuivaient parallèlement aux fêtes, mais les différents récits se montrent très discrets sur ces discussions. Du premier échange entre Louis et Philippe lors de son arrivée, Lalaing observe : « les paroles pacifiques dictes entre eulx nous sont absconsées » (cachées[47]).

41. Lalaing, p. 138.
42. Et plus tard de Rabelais. Voir *Œuvres de François Rabelais*, Abel Lefranc (éd.), Paris, Champion, 1912, p. 188. Cf. aussi Chantal Dupille, *Les Enragés du XVe siècle : les étudiants au Moyen Âge*, Paris, Cerf, 1969, p. 137. Paul Lacroix, dit le bibliophile Jacob, *Curiosités de l'histoire des arts*, Paris, 1858, p. 50, rapporte que Louis XII jouait au flux dans son camp devant les soldats. Le flux se jouait de deux à six joueurs ; on donnait quatre cartes à chacun et celui des joueurs qui avait le plus de cartes d'une même couleur avait le flux et gagnait l'enjeu. Il a donné naissance au jeu de prime (également appelé *primero, primera, primiera)*, à la mode sous François Ier, puis au brelan.
43. Lalaing, p. 138.
44. Lalaing, p. 138-139.
45. Lalaing, p. 140.
46. Lalaing, p. 141. Voir *supra*, p. 35 (les robes de l'archiduchesse).
47. Lalaing, p. 135.

Seul Pierre Anchemant semble un peu plus au fait des tractations ; il est vrai qu'il écrit au chancelier de Bourgogne et qu'il a fait partie des ambassadeurs auxquels Philippe et Jeanne avaient donné pouvoir de négocier le projet d'union de leur fils avec la princesse Claude [48]. Il était donc présent quand la promesse de mariage avait été signée à Lyon, le 1er août [49]. À Blois, il nomme les principaux acteurs du jeu diplomatique. Du côté bourguignon, ce sont Henri de Berghes, évêque de Cambrai et chef du conseil aulique princier depuis 1497 ; son frère Jean de Berghes, trésorier des finances, renouvelé en 1497 ; et enfin François de Busleyden, le plus pro-français des trois et rival des Berghes [50] ; côté français, Anchemant ne cite que deux négociateurs : le cardinal d'Amboise et, dans un rôle secondaire, Florimond Robertet.

Amboise et Robertet sont en effet les artisans de toutes les tentatives de rapprochement avec Maximilien ; selon Bernard Chevalier, « Georges d'Amboise les élabore et Robertet les signe, puis les range dans ses papiers [51] ». En octobre 1501, le cardinal est parti à Trente pour définir avec Maximilien les bases d'un traité de paix. En décembre, il lui envoie Robertet pour lui porter les lettres de ratification du roi. Peut-être aurait-il dû attendre. Constatant que Robertet est parti à Innsbruck « avant l'arrivee de Monseigeur » [l'archiduc], Anchemant écrit qu'il « ne croy pas que led. Robertet qui a tel et si grand credit emprez sond. maistre, ayt voulu prendre ceste charge s'il n'est asseuré de lad. paix ». En somme, Robertet n'aurait pas pris le risque de se discréditer en conduisant une ambassade vouée à l'échec. Toutefois, lui-même n'en paraît pas si sûr, car il a entendu dire que Maximilien « a donné quelque nouvelle chose plus avant que la conclusion par luy prinse avec mond. Sr le cardinal ». S'il conclut sur une note prudente (« je ne scay toutefuoy ce qu'il en est a la verité »), le secrétaire archiducal avait vu juste : la mission de Robertet échoua [52].

Cependant, à Blois, on ignorait encore ces contretemps. À l'issue des discussions, la paix fut jurée solennellement le mardi 14 décembre [53] par les deux princes en la collégiale Saint-Sauveur voisine du château. Molinet précise qu'une première célébration eut lieu le matin en la chapelle Saint-Calais :

48. L'acte du 27 juin 1501 désigne François de Busleyden, Guillaume de Croÿ, seigneur de Chièvres, Philibert, dit La Mouche, seigneur de Veyré, chambellan ; Nicolas de Ruter, prévôt de Saint-Pierre de Louvain, Jean de Courteville, bailli de Lille, conseiller et maître d'hôtel de l'archiduchesse et enfin Pierre Anchemant, secrétaire, « tous ambassadeurs, procureurs et messagiers especiaulx » de l'archiduc et l'archiduchesse. A. N., J 951, n° 2. Cf. Auton, II, p. 99 et Maulde La Clavière 1892-1893, t. III, p. 332.

49. CHAN, J 951, n° 2 bis. Auton, t. II, p. 98-99.

50. Cauchies 2003, p. 61-62 et 67-68.

51. Ces lignes doivent beaucoup à Bernard Chevalier qui nous a amicalement communiqué la notice inédite qu'il a consacrée à Florimond Robertet.

52. Le Glay 1845, t. I, p. 46-54. Florimond Robertet n'en perdit pas son crédit pour autant, comme on sait.

53. Voir *supra*, p. 51, note 2.

> « Ce jour, environ huit heures du matin, l'evesque de Cambray dit la basse messe en une chapelle du chasteau, devant le roy et monseigneur l'archiduc, et sur le Corpus Domini jurèrent le roy en son nom, et monseigneur l'archiduc pour le roy [des Romains] son père et en son nom, laditte paix ; et d'illec allèrent desjuner ensemble[54]. »

C'est seulement ensuite, « pour donner au peuple la confirmation de la paix jurée en laditte chapelle, [que] le roy et monseigneur vindrent oyr la grant messe hors du chasteau ». Garants de la paix conclue à Blois et du contrat d'union entre les maisons de France et de Habsbourg par le mariage promis entre la jeune Claude et le petit Charles de Gand, futur Charles Quint, pour lors laissé en nourrice à Malines, de nombreux prélats assistent à la messe de *Te Deum* chantée en alternance par les chantres des deux chapelles, comme le racontent en détail Antoine de Lalaing, Molinet et l'anonyme de Vienne.

L'énumération des prélats fournie par les chroniqueurs constitue un véritable *who's who* du haut clergé flamand, français, mais aussi espagnol et romain vers 1500[55]. Sont en effet présents trois cardinaux : *monseigneur le légat*, Georges d'Amboise, cardinal archevêque de Rouen et principal ministre de Louis XII ; *les cardinalz de Luxembourg et de Sainct-George*, Philippe de Luxembourg, évêque d'Arras puis du Mans et Raffaele Sansoni Riario, cardinal du titre de San Giorgio ; un archevêque, *l'archevesque de Sens*, Tristan de Salazar ; une dizaine d'évêques français : *les évesques d'Alby*, Louis I^er^ d'Amboise, évêque d'Albi et d'Autun (1501-1503) ; *de Lengres*, Jean II d'Amboise (1497-1512) ; *de Castres*[56], Charles de Martigny ; *de Poictiers*, Pierre d'Amboise (1481 puis 1505) ; *du Puis*, Geoffroy de Pompadour (1486-1514), grand aumônier du roi, évêque de Périgueux puis du Puy ; *de Tournay, le Pot*, précise le chroniqueur, car deux rivaux se disputent alors le siège tournaisien : Louis Pot (1484-1505) nommé par le roi de France, et Antoniotto Pallavicini, désigné par le pape et soutenu par les Habsbourg ; *de Lodoves*[57], Guillaume VI Briçonnet (1489-1516), aumônier d'Anne de Bretagne et évêque de Lodève ; *de Bayeulx*, René de Prie (1451-1519), évêque de Bayeux (1498-1516) et plus tard cardinal ; *de Cisteron*, Laurent Bureau, confesseur du roi ; « et trois aultres qui me sont incongneus », reconnaît avec humilité Antoine de Lalaing (recopié ici littéralement par Molinet). Tous deux citent encore « le grant prieur de France », Émeri d'Amboise, grand-prieur de l'ordre des hospitaliers de Saint-Jean de Jérusalem. Au sein de cet aréopage ecclésiastique, les rôles sont précisés : « La messe fut chantée par l'évesque de Castres ; le sermon faict

54. Molinet 1935, p. 503.
55. Lalaing, p. 140. Molinet 1935, p. 503. *Relation de Vienne*, p. 570.
56. Et non « de Chartres » comme le mentionne l'édition de Molinet par Buchon (Molinet 1828, p. 176).
57. Et non « de Codomes », comme le transcrit Buchon (*ibid.*).

par maistre Laurent Bureau, confesseur du roy, évesque de Cisteron, lequel éloquemment exalta ceste paix. »

Si les prélats français sont les plus nombreux, les indiciaires bourguignons n'ont garde d'omettre « les prélatz de la part de monseigneur l'archiduc », qui étaient : *l'archevesque de Besanchon*, François de Busleyden, et *l'évesque de Cambray*, Henri de Berghes, déjà cités. S'y ajoutent encore « les évesques d'Espaigne », désignés par le nom latin de leur évêché : *Cordulensis*, l'archevêque de Cordoue Juan Rodriguez Fonseca, et *Malga*, l'évêque de Malaga, Diego Ramirez de Villaescusa de Haro. Enfin, la liste de « ceulx d'Italie oultre les mons », qui commence curieusement par *Arelatensis*, qui n'est autre que l'évêque d'Arles Jean Ferrier (1499-1521), archevêque d'Arles et d'Aix-en-Provence ; *Volterianensis*, l'évêque de Voltera Francesco Soderini (1453-1524) ; et *Novarensis*, l'évêque de Novare Gerolamo Pallavicini.

À l'issue de l'office, Lalaing et Molinet relèvent que « se chanta *Te Deum*, par les chantres tous ensemble », marquant ainsi une progression musicale qui constituait une véritable allégorie de la négociation diplomatique, puisqu'aux échanges succédait l'harmonie finale.

## Le départ

Le mercredi 15 décembre, les archiducs prirent congé d'Anne de Bretagne qui les combla de présents. En contrepartie, l'archiduchesse « dona a madame Claude, sa belle fille, une baghe estimee a la valeur de deux mil francs [58] ». Puis les archiducs, « tout en volant [59] », se dirigèrent en compagnie de Louis XII vers Chaumont [60] où le roi alla coucher « en un chastel a haut d'une montaigne, et y fust monseigneur l'archiduc, mais il revint couchier à l'opposite dudit chasteau, et n'y a que la riviere entre deulx qui se nomme Lerre [Loire], et s'appelle le lieu ou monseigneur et madame coucherent Incure [Escure] [61] ».

Le jour suivant, le roi et l'archiduc « s'en allerent ensemble, tout voulant et chassant » tandis que l'archiduchesse et son train empruntaient une voie plus directe. À Amboise où vint à leur rencontre le jeune François d'Angoulême (futur François I$^{er}$) « lequel est si tres beau que rien plus [62] », ils furent accueillis par des salves d'artillerie et des sonneries de trompettes à ébranler les murs, avant d'être reçus au château par Louise de Savoie, sa fille Marguerite et « tant d'autres dames, damoiselles et de bien grans maistres et nobles de France que c'estoit plaisir a le tout voir ».

58. Lalaing, p. 142.
59. C'est-à-dire en faisant voler leurs faucons.
60. La présence du roi à Chaumont est également mentionnée par l'ambassadeur de Mantoue dans la lettre du 14 décembre 1501 (A. S. Mantoue, AG 629).
61. « Escure » sur la carte de Cassini.
62. *Relation de Vienne*, p. 573.

Enfin, après avoir passé la nuit du 16 au 17 décembre à Amboise, l'archiduc prit congé du roi, « et tira droict en Espaigne, le long du Royaume de France, partout moult honnorablement receu et du Roy très amplement content[63] ».

## Qui croire ?

Les sources en langue française examinées plus haut s'accordent pour présenter l'entrevue de Blois comme la première grande manifestation d'un style diplomatique nouveau[64] et destiné à faire date[65], jouant sur la civilité, la familiarité, et même sur la confiance[66]. L'événement impressionna l'Europe entière dans la mesure où nul n'avait oublié que le grand-père du roi de France avait été assassiné par les sbires de l'arrière-grand-père de l'archiduc, sans compter toutes les autres phases du lourd contentieux franco-bourguignon. C'était un geste spectaculaire de réconciliation que salue avec admiration le Florentin Francesco Guicciardini : « En voyant les deux souverains, naguère si ennemis, se remettre aux mains l'un de l'autre, on se demandait lequel des deux montrait le plus de noblesse[67]. »

À en croire le célèbre auteur de *L'histoire d'Italie*, tout était donc allé pour le mieux dans le meilleur des mondes possibles, même si la réconciliation se concluait par un traité sans lendemain[68]. Car Guicciardini ignore – ou feint d'ignorer ? – une autre version des événements, version que les chroniqueurs et historiens des Rois catholiques sont seuls à rapporter[69]. En effet, si l'archiduc semble s'être très bien accommodé d'afficher un rang inférieur à celui du roi, son épouse supporta beaucoup moins bien la prééminence de la reine de France.

En témoigne l'épineuse question des offrandes. Le lendemain de l'entrevue, lors de « la messe de la Conception Nostre-Dame » (8 décembre), Molinet raconte que « mondit seigneur servoit le roy du denier à l'offrande[70] ». Il était d'usage en effet que le roi ne donnât pas lui-même son offrande à la messe, mais qu'il la confiât à un tiers qui devait se trouver honoré du service qu'il rendait à son suzerain. Or, selon le chroniqueur

63. Auton, t. II, p. 211.
64. Maulde La Clavière 1892-1893.
65. On pense en particulier à son influence sur la réception faite à Charles Quint par François Ier.
66. On a noté plus haut (voir supra p. 52, note 3) l'absence d'essais aux repas. Pour la familiarité, voir Marc H. Smith, « Familiarité française et politesse italienne au xvie siècle. Les diplomates italiens juges des manières de la cour des Valois », *Revue d'histoire diplomatique*, t. CII, n° 3-4, 1988, p. 193-232.
67. Francesco Guicciardini (1483-1540), *Storia d'Italia*, Livre VII, chap. III, cité par Maulde La Clavière 1892-1893, t. I, p. 271.
68. Pour les clauses du traité, voir Le Glay 1845, t. I, p. LII ; pour le commentaire, voir Maulde La Clavière 1892-1893, t. I, p. 271.
69. En particulier Lorenzo de Padilla (v. 1485-v. 1540), repris par Alonso de Santa Cruz (1505-1567) et Jerónimo Zurita (1512-1580) : voir Padilla, Santa Cruz, Zurita.
70. Molinet 1935, p. 503.

espagnol de Philippe le Beau Lorenzo de Padilla, lors d'une messe solennelle réunissant le roi, l'archiduc, la reine et l'archiduchesse (peut-être celle du 14 décembre célébrant le traité de paix[71]), Jeanne de Castille, ne put retenir un geste d'humeur : à l'offrande, elle refusa de se servir de la bourse que lui offrait Anne de Bretagne afin d'éviter ce qu'elle considérait comme un signe de servitude. Pour la remettre à sa place, la reine décida de sortir seule de l'église, au lieu de prendre l'archiduchesse par le bras. Mais la fière Castillane sut retourner la situation à son avantage en retardant sa sortie afin d'obliger la reine à l'attendre, puis en passant devant elle sans un regard[72]. En raison de cet incident, ajoute Padilla, « les princes, pour ne pas donner lieu à quelque emportement, pressèrent leur départ pour retourner en Espagne, et dans toute la France ils reçurent très bons hébergements et réceptions et services[73] ».

Si les biographes modernes de Jeanne de Castille ont souvent brodé à tort et à travers sur l'incident[74], il reste difficile de croire celui-ci inventé par Padilla, d'autant que les archiducs quittèrent effectivement Blois dès le lendemain de la signature du traité[75]. Le récit Dupuy-Godefroy laisse percevoir, on l'a vu, la réticence de l'archiduchesse à mettre genou à terre devant la reine. Mais surtout, Anchemant signale que le 8 décembre « aucuns de Messires d'Espaigne n'ont été contens » de voir Philippe le Beau porter à la messe l'offrande du roi. Anchemant minimise immédiatement le fait qu'il relate en ces termes :

> « Le Roy et mondit S^r^ oyrent la messe ensemble le jour de Notre Dame et a l'offertoire, mond. S^r^ porta et bailla le denier au Roy en la manière acoustumee dont l'on dit que aucuns de Messires d'Espaigne n'ont esté contens, mais je ne l'ay oy dire pour vray, bien scay et je le viz que mond. S^r^ bailla led. denier au Roy de grande humilité et le baisa premierement tout ainsi que s'il eust esté beaucoup moindre. »

Il reste que, si le baiser sur la bouche, que n'ose relater Padilla[76], appartient au rite traditionnel de la salutation diplomatique ainsi qu'en apporte la preuve une précieuse miniature des *Chroniques des règnes de Jean II et*

71. Padilla, qui situe cet épisode après le tournoi, parle curieusement du jour de l'Épiphanie (les archiducs étaient repartis depuis longtemps). Mais il pourrait s'agir du 8 décembre, jour de la conception Notre-Dame où l'archiduc fit publiquement l'offrande pour le roi à la messe du matin. On sait en effet que l'après-midi, la reine et l'archiduchesse se rendirent à leur tour à la messe pour une cérémonie parallèle à celle de leurs époux.

72. Padilla, p. 83. Nous remercions vivement Anne-Marie Lecoq et Maria Girault-Chêne qui ont traduit le texte espagnol. Voir aussi les relations plus brèves de Santa Cruz, p. 253-254 et Zurita, t. II, p. 348-349 (IV, LV, 20).

73. *Ibid.*

74. Voir en particulier les élucubrations de Miller 1966, p. 163-164. Pour des versions un peu romancées, mais plus raisonnables, voir Pfandl 1938, p. 59 et Aram 2005, p. 59.

75. Il est peu probable qu'il s'agisse d'une simple coïncidence car dans sa lettre du 14, Philippe le Beau annonce encore son intention de ne quitter Blois que le dimanche suivant. L'avancée du départ au lendemain paraît bien une décision précipitée.

76. Voir *supra* chap. 2, p. 42-43.

*de Charles V* montrant l'empereur embrassant la reine de France[77], il n'en est pas de même du don de l'offrande qui constitue indéniablement un signe de vassalité, comme Anchemant et Molinet le relèvent d'ailleurs sans ambiguïté. Certes, le geste fait également partie des expressions usuelles de la *libéralité royale*, qui veut que les hôtes de marque soient défrayés de tout[78]. C'est pourquoi les indiciaires bourguignons multiplient les allusions aux largesses de Louis XII qui défraye de toute dépense les archiducs et leur train durant la traversée du royaume, les héberge somptueusement à Blois et les couvre de présents. En revanche, il apparaît tout aussi clairement que l'entourage espagnol de Jeanne de Castille n'apprécie pas la politique francophile de Philippe le Beau, aussi la princesse est-elle sans doute incitée (à moins qu'elle ne l'ait décidé de son propre chef) à démontrer qu'en tant qu'héritière d'un grand royaume, elle n'a pas à « suivre son époux ».

Que les chroniqueurs de l'archiduc aient sciemment passé l'incident sous silence pour souligner (non sans exagération d'ailleurs) les honneurs « royaux » réservés à Philippe le Beau est, dans ces circonstances, fort compréhensible. Qu'à la suite de Padilla dont le récit n'a pas à être mis en cause, certains historiens espagnols, patriotisme aidant, et certains biographes de Jeanne de Castille en aient copieusement rajouté, ne l'est pas moins. Mais il est temps de revenir à plus d'objectivité[79]. En définitive, n'est-ce pas justement en raison de la complexité de la situation protocolaire que, pour notre plus grand bénéfice, une mystérieuse narratrice jugea bon de coucher sur le papier un témoignage en tous points exceptionnel sur cette « rencontre au sommet » à l'aube de la Renaissance ?

77. BnF, ms. 2813, fol 477, voir Carré 1992, p. 105 et fig. 34.
78. Guenée 1999, p. 333. Quand Charles VI reçoit l'empereur Manuel de Byzance, il subvient à ses dépenses pendant tout son séjour.
79. Sur le caractère de l'archiduchesse, voir la mise au point de Jean-Marie Cauchies (Cauchies 2003, p. 230-237).

**Figure 1 (a-b).**
Colijn de Coter, Philippe le Beau et Jeanne de Castille en prière avec leur suite, vers 1500 (détails).
Paris, musée du Louvre, inv. MNR 375-376. © RMN/Gérard Blot.

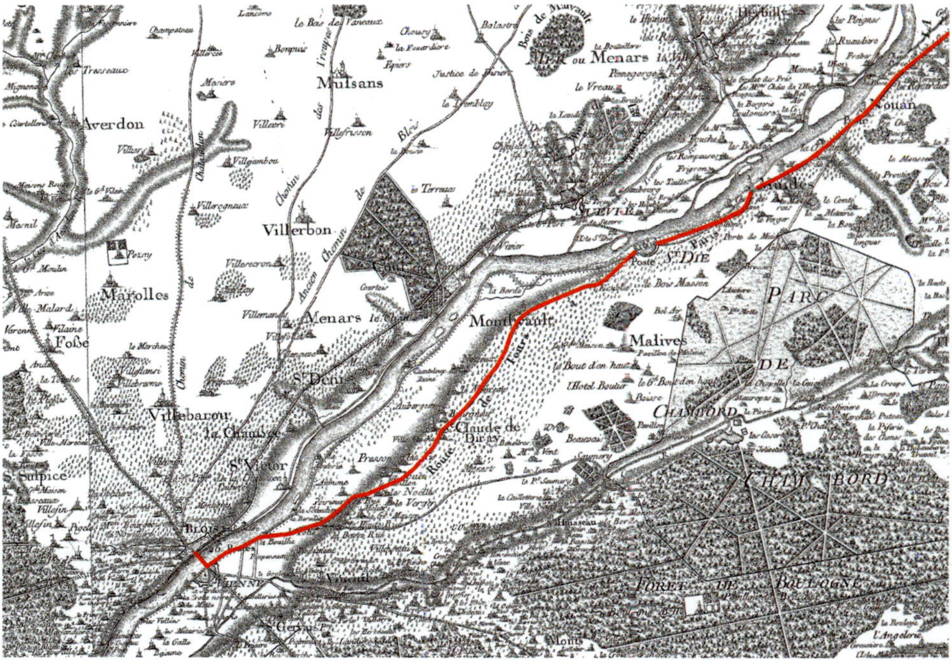

**Figure 2.**
Voyage de Philippe le Beau.
Carte de l'étape du 7 décembre d'après la carte de Cassini.

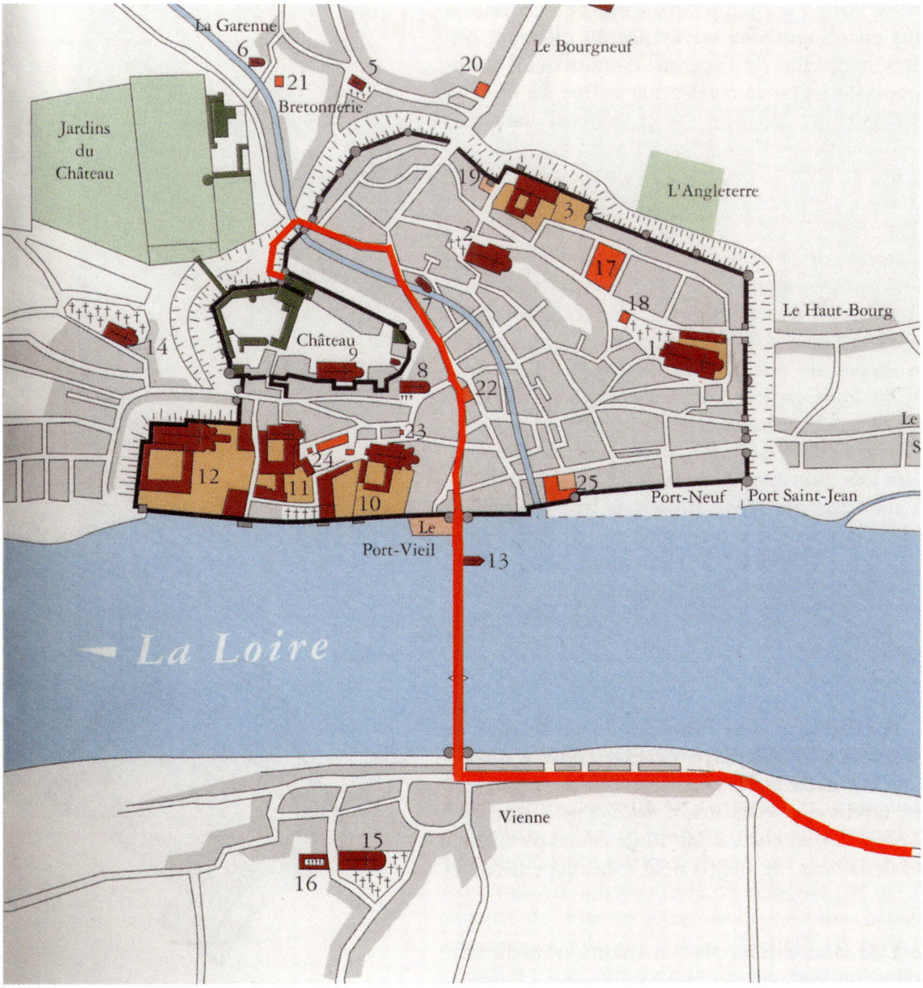


**Figure 3.**
Trajet des archiducs dans la ville de Blois.
Fond de plan : La ville de Bois en 1530, *in* Cospérec 1994.

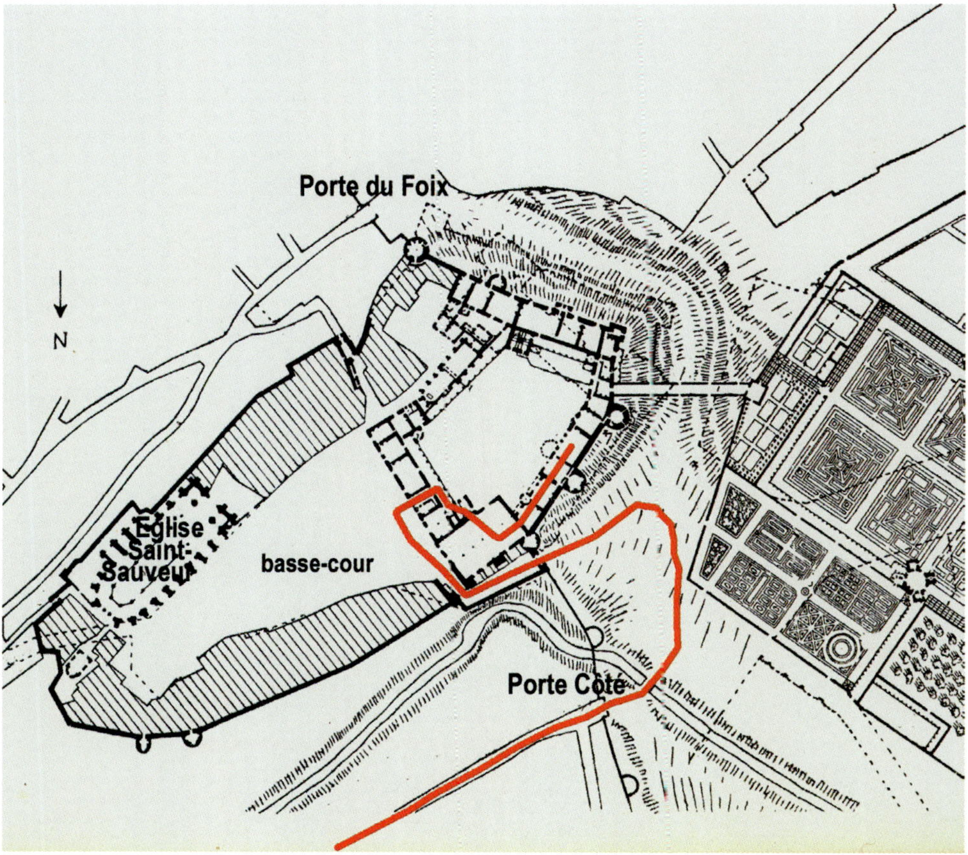


**Figure 4.**
Trajet des archiducs dans le château.
Fond de plan : Le château de Blois en 1515, par Pierre Lesueur, *in* Lesueur 1922.

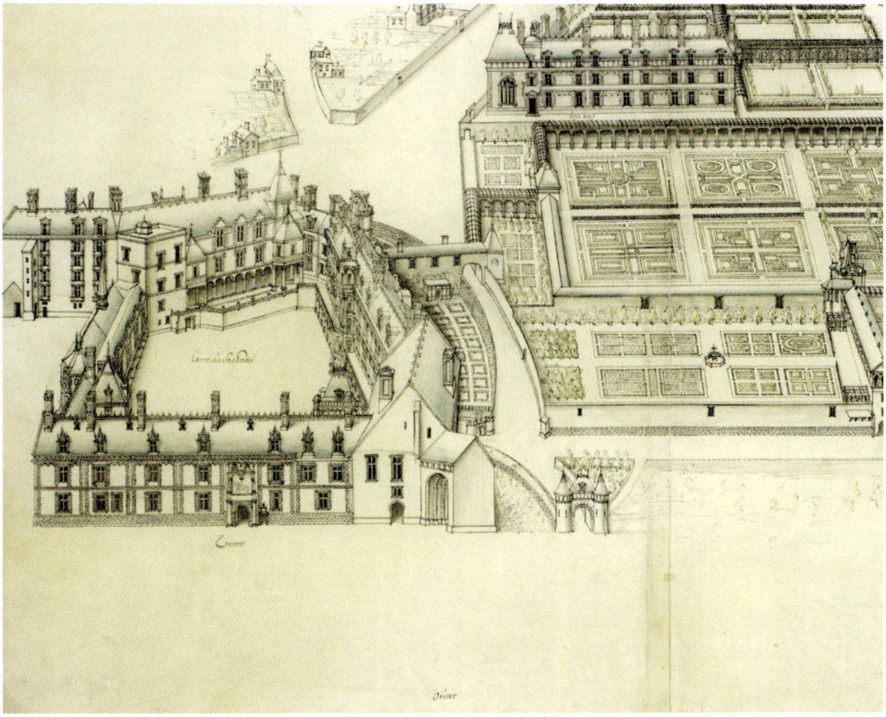

**Figure 5.**
Jacques Androuet du Cerceau, vue cavalière du château de Blois. Dessin sur vélin, vers 1570.
Londres, British Museum, inv. U 851. © British Museum.

**Figure 6.**
Blois, aile Louis XII, façade sur la place.
© Ville de Blois/Jean-Pierre Thibault.

**Figure 7.**
Blois, aile Louis XII, façade sur la cour.
© Ville de Blois/François Lauginie.

**Figure 8.**
Blois, aile Louis XII, portique du logis neuf.
© Daniel Lépissier.

**Figure 9.**
Blois, aile Louis XII. Porte du logis neuf avec la statue équestre de Louis XII.
© Morgane Bouron.

**Figure 10.**
Jean Pichore, Louis XII dans sa chaire recevant l'hommage d'un livre. Miniature, vers 1503. Pétrarque, *Des remèdes de Fortune*, Paris, BnF, ms. fr. 225, fol. Av°. © BnF.

**Figure 11.**
Jean Hey, Portrait de Pierre de Bourbon. Volet du triptyque de Moulins, vers 1500. Moulins, Cathédrale Notre-Dame. © D. R.

**Figure 12.**
Jean Hey, Portraits d'Anne de France et de sa fille Suzanne. Volet du triptyque de Moulins, vers 1500. Moulins, Cathédrale Notre-Dame. © D. R.

**Figure 13.**
Jean Bourdichon, Anne de Bretagne dans sa chaire recevant l'hommage d'un livre.
Miniature, vers 1508. Jean Marot, *Voyage de Gênes*, Paris, BnF, ms. fr. 5091, fol. 1. © BnF.

**Figure 14.**
Scène de tournoi en présence de Philippe le Beau. Tapisserie, vers 1495-1500.
Valenciennes, musée des Beaux-Arts. © RMN/René-Gabriel Ojéda.

**Figure 15.**
Blois, aile Louis XII, façade sur la place, balcon de la la chambre de l'archiduchesse.
© Morgane Bouron.

**Figure 16.**
Blois, salle dite des États généraux.
© Ville de Blois/François Lauginie.

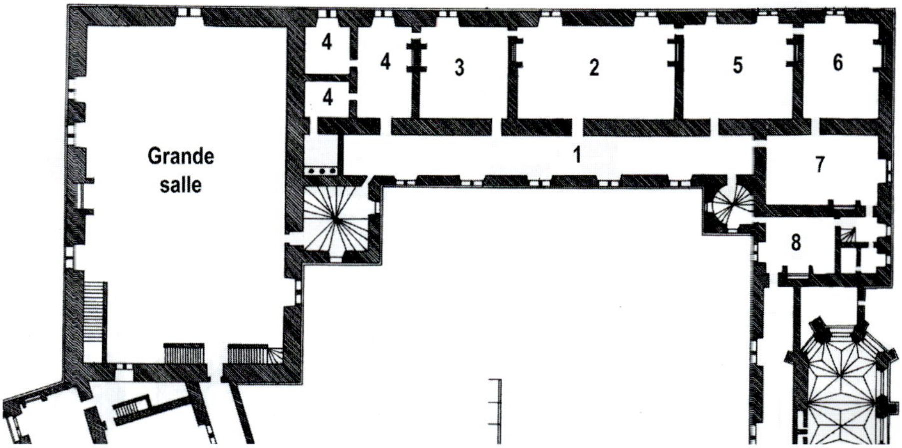


**Figure 17.**
Plan du 1er étage du « logis neuf », avec distribution des logis de l'archiduc et de l'archiduchesse. Gravure de Jacques Androuet du Cerceau, *Les plus excellens bastimens de France*, Paris, 1579.

1. « gallerye tendue des fetz des Troyens » ; 2. « grande salle tendue [des gestes] de Alexandre le Grand » ; 3. « chambre où ledict archiduc se retiroit et tenoit tout le jour » ; 4. « deux ou trois petites bien accoustrées [dont] ledict archiduc en faisoyt ses garderobbes et retraictz » ; 5. « chambre de madame l'archiduchesse où lesdits seigneur et dame couchoient [...] tendue de drap d'or retz rouge et noir » ; 6. « chambre derriere tendue de velours cramoisy, brodez de K et de A couronnez » ; 7. « chambre [...] tendue de sattin cramoisy brodé de cordelieres et orangé, aux armes de Bretaigne » ; 8. chambre « tendue de velours blanc et violet semé de A D d'or brodez dessus. Et en ceste chambre faisoit l'archiduchesse sa chambre de retraite, et estoit sa selle perchée ».

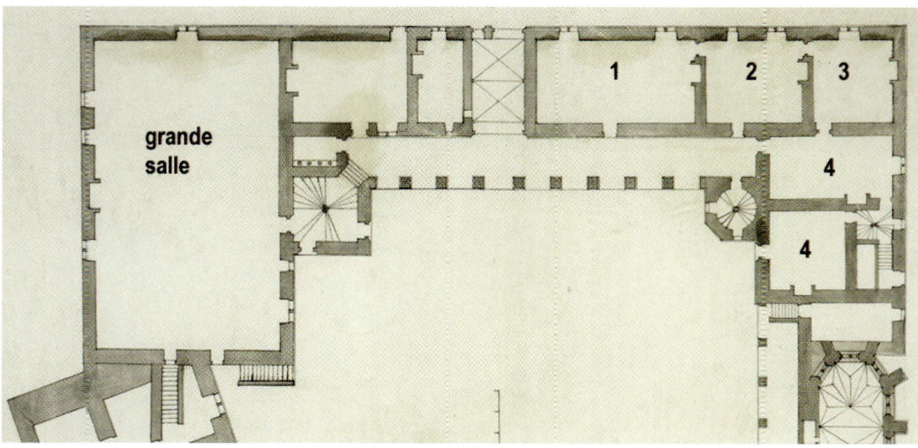


**Figure 18.**
Plan du rez-de-chaussée du « logis neuf », avec distribution des logis en 1501.
D'après Jacques Androuet du Cerceau, dessin sur vélin, vers 1570.
Londres, British Museum. © British Museum.

1. « salle [de M. de Bourbon] tendue de bien fort belle tappisserye à personnages » 2. « chambre de monsieur de Bourbon [...] pareillement tendue » ; 3. « autre chambre derriere où estoyt logée madame de Bourbon, [...] tendue pareillement de personnages » ; 4. « deux ou trois chambres tendues de tappisseryes bien fort belles ».

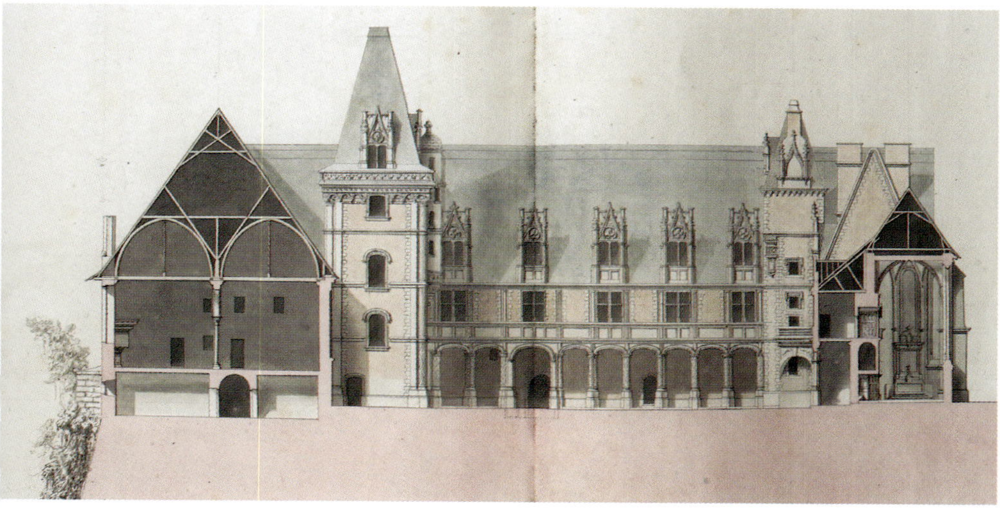

**Figure 19.**

Château de Blois, relevé de Jean-François Blondel, vers 1760. Élévation de l'aile Louis XII, coupe de la salle de États et de l'oratoire de la chapelle relié à la galerie. Paris, Bibl. Institut, ms. 1046, pl. 40. © RMN (Institut de France)/Gérard Blot.

**Figure 20.**
Blois, aile Louis XII, Porc-épic couronné
sculpté au-dessus de la porte de la chambre du roi dans la galerie.
© Ville de Blois.

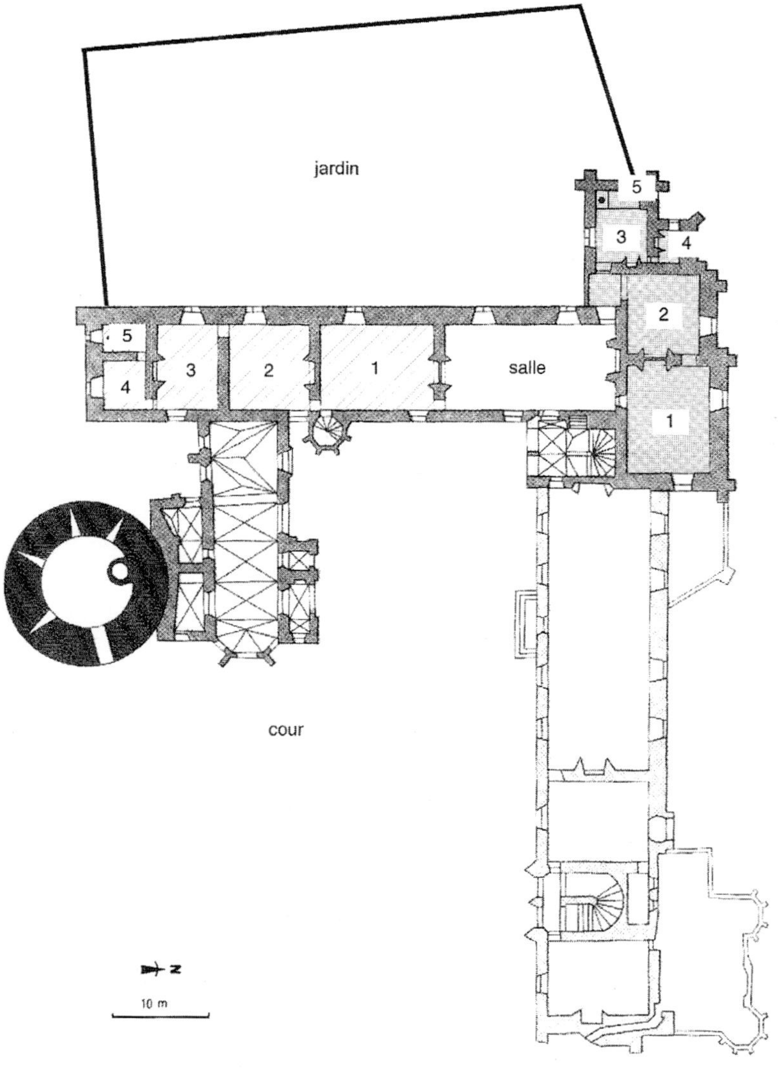


**Figure 21.**
Château de Châteaudun. Plan du 1er étage.
Distribution des appartements de l'aile Dunois.
Légende : 1 à 5 : logis.

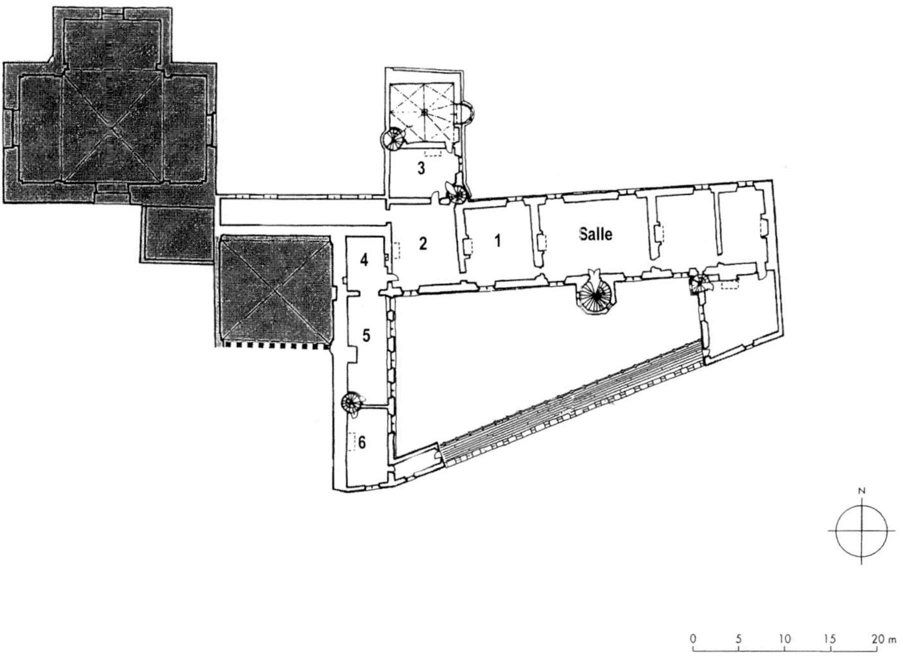


**Figure 22.**
Paris, Hôtel de Cluny. Plan du 1er étage.
*Légende* : 1 à 6 : Logis de Jacques d'Amboise, abbé de Cluny.

**Figure 23.**
Nevers, façade du Palais ducal.
© Wikimedia Commons/Jochen Jahnke.

**Figure 24.**

*Arrivée de Penthésilée et armement de Pyrrhus* (détail). Pièce de la tenture de l'*Histoire de la guerre de Troie* au chiffre de Charles VIII, vers 1470 et vers 1490.
Londres, Victoria and Albert Museum. © V & A.

**Figure 25.**
Dessin d'après les tapisseries de la bataille de Formigny.
Paris, BnF, ms. NAF 5174, fol. 41. © BnF.

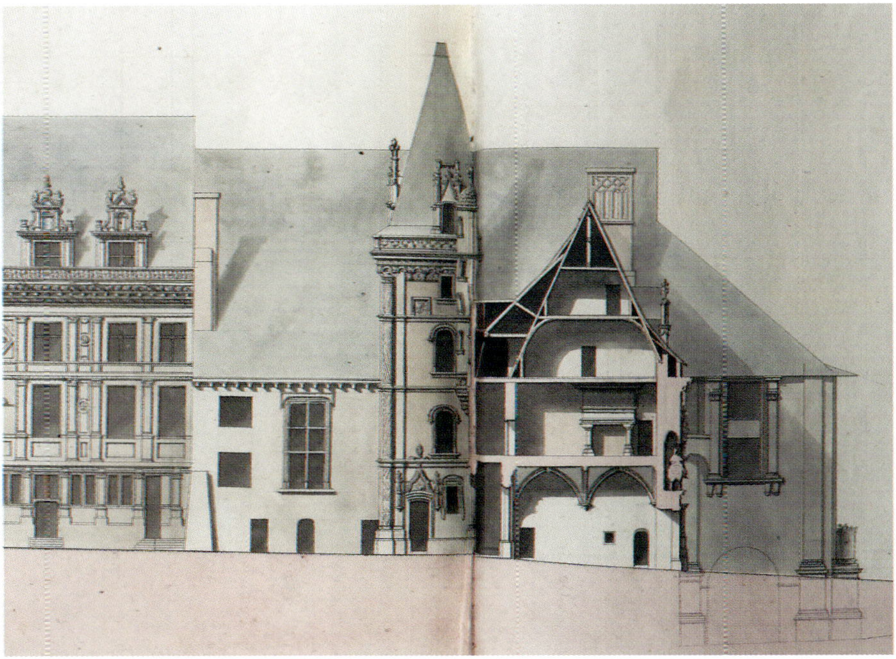

**Figure 26.**
Château de Blois, relevé de Jean-François Blondel, vers 1760.
Aile Louis XII, coupe sur le porche et la chambre de l'archiduc.
Paris, Bibl. Institut, ms. 1046, fol. 96v°-97 (détail). © RMN (Institut de France)/Gérard Blot.

**Figure 27.**
Château de Blois, relevé de Jean-François Blondel, vers 1760.
Aile Louis XII, coupe sur les salles du duc de Bourbon et des archiducs.
Paris, Bibl. Institut, ms. 1046, fol. 94v°-95 (détail). © RMN (Institut de France)/Gérard Blot.

**Figure 28.**
Blois, aile Louis XII, galerie au 1er étage du logis neuf.
© Daniel Lépissier.

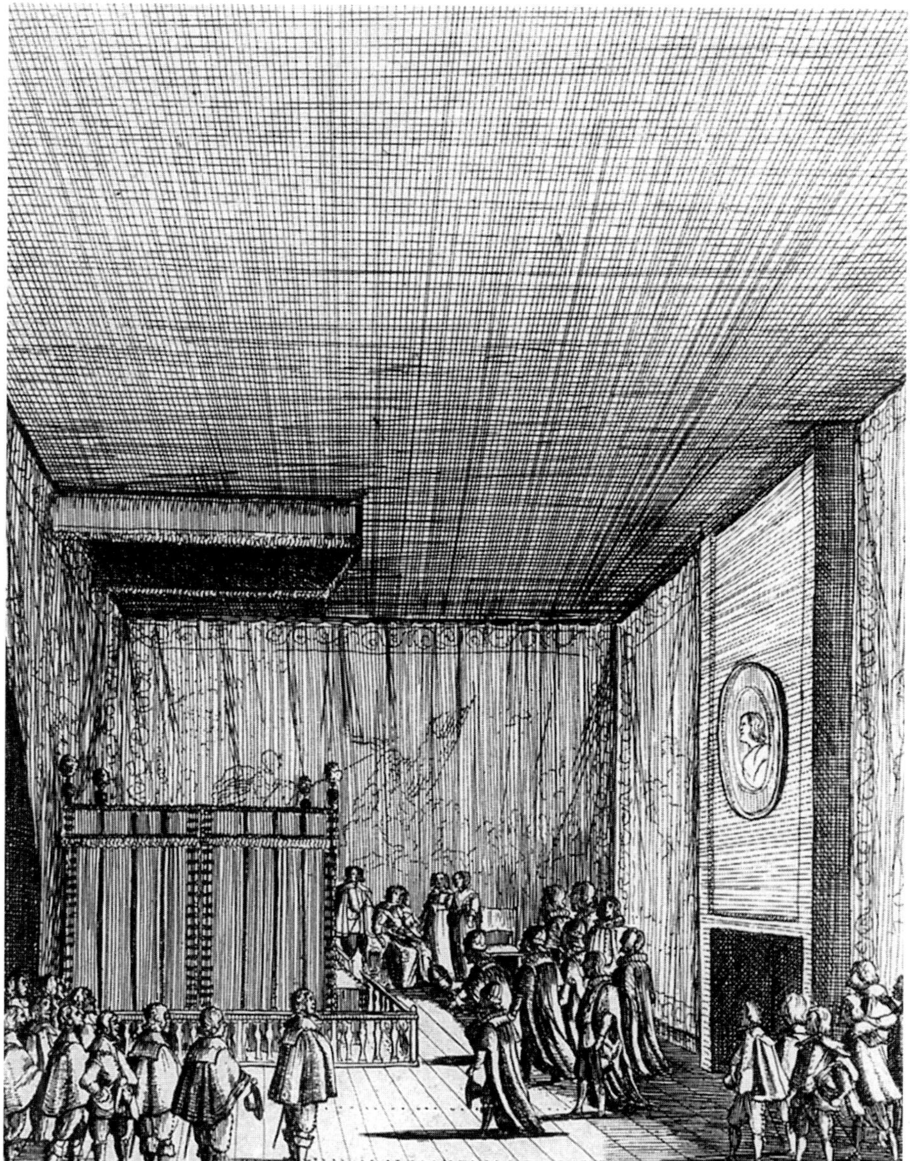


**Figure 29.**
Chambre de Marie de Médicis à Sommerset House.
© D. R.

**Figure 30.**
Jean Bourdichon, Anne de Bretagne écrivant dans sa chambre. Miniature, vers 1510. Épîtres royales, Saint-Pétersbourg, Bibl. nationale de Russie, ms. Fr. F.v. XIV, 8, fol. 1v°. © D. R.

**Figure 31.**
Jean Pichore, Louis XII devant la Raison trônant sur une chaire dorée.
Miniature, vers 1503. Pétrarque, *Des remèdes de Fortune*, Paris, BnF, ms. fr. 225, fol. 165.

**Figure 32.**
Jean Hey, frontispice des statuts de l'ordre de Saint-Michel. Miniature, 1493-1494.
BnF, ms. fr. 14363, fol. 3. © BnF.

**Figure 33.**
Saints patrons et emblèmes du royaume de France. Bois gravé vers 1500.
Robert GAGUIN, *Compendium Francorum gestis*, 2e éd., Paris, 1501. © D. R.

**Figure 34.**
Colonne de jaspe aux armes de la reine.
Jean LEMAIRE DE BELGES, *Le tiers livre des illustrations des Gaules et singularité de Troye,* 1512, Berne, Bibl. de la Bourgeoisie, Cod. 241, fol. 6. © D. R.

# *Chapitre 4*

# « L'accoustrement » des logis

Au milieu du récit de l'entrevue, la narratrice s'interrompt pour consacrer une parenthèse de plusieurs pages à « l'accoustrement » du château de Blois. Alors qu'Anchemant, Lalaing, Molinet et Fossetier se contentent de quelques indications générales sur la débauche de drap d'or, tapisseries et tapis de haute laine pour souligner le traitement exceptionnel accordé aux nobles visiteurs, elle offre une description minutieuse du cadre de l'événement qui permet de localiser les logis de Louis XII et d'Anne de Bretagne, disparus lors de la reconstruction de l'aile nord par François I^er^, et de restituer dans le détail ceux occupés par les archiducs et leur suite dans le « logis neuf[1] ».

## La grande salle et les logis royaux

Le parcours des archiducs dans le château donne une première idée de la disposition générale (fig. 4). Descendus de cheval sous la « voûte » de l'aile de Louis XII, ils passent ensuite par la « grande vis » de cette même aile. Après en avoir gravi une demi-révolution, ils parviennent à la « grande salle » (aujourd'hui salle des États) d'où ils se dirigent vers la « salle du roi ». Celle-ci était nécessairement située à l'emplacement de l'actuelle aile de François I^er^ puisqu'il n'existe aucune communication entre la grande salle médiévale et l'aile de Louis XII[2], comme le confirme d'ailleurs en 1516 un envoyé de Mantoue à qui François I^er^ fit visiter le château : « Depuis qu'il est roi, il l'a très bien arrangé et embelli *du côté où se trouvaient les logements du roi Louis* : ayant abattu ceux-ci, il les a reconstruits et a fait une très belle façade de pierre de taille décorée de la manière la plus excellente, avec des galeries très belles[3]. »

1. Cf. Chatenet 1994, p. 82-83.
2. Bertrand Jestaz a supposé que la chambre du roi était située dans le logis neuf, de l'autre côté de la salle des États, ce qui est impossible : la chambre du roi est toujours située à la suite de sa salle (Jestaz 1988, p. 110).
3. « *[S. M.] volse farli veder qualche parte dil pallatio, qual è stato molto bene acconcio et adornato dopo che lui è re, da quel canto ove erano le stantie dil re Loys, quale, havendole gittate a terra ha refatte, et fatto una bellissima faciata di marmore lavorato molto excellentemente con galerie bellissime.* » A. S. Mantoue, Collezione autografi Volta, 2 orig. autogr. publ. et traduit par Marc Hamilton Smith, « François I^er^,

Jean d'Auton parle d'une « salle basse » où Louis XII aurait attendu ses visiteurs, mais sa description est si sujette à caution qu'on ne saurait rien affirmer, tant l'habitude semble alors établie pour le roi de loger à l'étage [4]. Quoi qu'il en soit, comme aucun niveau de l'aile ne correspondait au sol de la grande salle, les visiteurs durent gravir ou descendre quelques marches pour rencontrer le roi [5].

Toujours d'après le récit que conforte la lettre de Pierre Anchemant, la salle de la reine était située au-delà de la salle du roi, la chambre de Claude de France étant placée entre les deux pièces. Rien ne prouvant que la narratrice ait nommé tous les lieux traversés par les archiducs, il eût été difficile de se prononcer sur la succession exacte des pièces, sans la seconde partie de la relation qui précise que « la chambre de Madame Claude [...] estoit *suivant* la salle du roi », c'est-à-dire juste derrière, et que la salle de la reine était « après » la chambre de sa fille, et que cette salle était suivie par la chambre de la souveraine. En définitive, seul l'emplacement de la chambre du roi nous manque pour pouvoir restituer intégralement les logis royaux.

En se fondant sur la position des murs de refends en grande partie conservés, Pierre Lesueur a proposé une restitution assez vraisemblable de l'aile avant 1515 [6] (fig. 4). Il en ressort que le château comportait au premier étage deux grandes pièces rectangulaires pouvant correspondre aux salles du roi et de la reine, séparées par une pièce carrée ayant les dimensions d'une chambre, sur laquelle s'accolait une tour en saillie vers le jardin contenant une pièce dont les dimensions, insuffisantes pour une chambre, pourraient convenir à une garde-robe. La salle de la reine était également suivie d'une chambre carrée, le logis de la souveraine correspondant d'ailleurs très exactement à celui plus tard occupé par François I^er^. Mais il n'existe apparemment aucune pièce à côté de la salle du roi susceptible de servir de chambre au souverain, en dehors de celle de la jeune Claude de France. On est donc en droit de se demander si l'on avait pas installé pour l'occasion la petite princesse dans la chambre de son père afin de la présenter à ses futurs beaux-parents – on connaît des exemples similaires [7] – hypothèse d'autant plus vraisemblable qu'une pièce aussi centrale flanquée de deux espaces ouverts

l'Italie et le château de *Blois*. Nouveaux documents, nouvelles dates », *Bulletin monumental*, t. 147-IV, 1989, p. 307-323 (ici p. 320-321) et par Raffaele Tamalio, *Federico Gonzaga alla corte di Francesco I di Francia nel carteggio privato con Mantova (1515-1517)*, Paris, Champion, 1994, p. 289. Voir aussi Jestaz 1988, p. 108-120. Contrairement à Bertrand Jestaz, nous pensons avec Frédéric Lesueur (Lesueur 1970, p. 48 et 81) que les logis des archiducs étaient situés au premier étage de l'aile neuve et les logis royaux à l'emplacement de l'aile François I^er^ (Chatenet 1994, p. 82-83).

4. Auton, p. 209.
5. La porte qui met en communication la salle des États et le rez-de-chaussée de l'aile François I^er^ est récente. Le décor de Duban empêche de déceler d'éventuelles portes aujourd'hui murées vers le logis médiéval ; les vestiges de fenêtres observés dans le mur médiéval intégré à la construction de François I^er^ révèlent que les niveaux ne coïncidaient pas avec les étages actuels.
6. Planche hors texte de Pierre Lesueur, dans Lesueur 1922.
7. À l'occasion du baptême d'un fils de Henri II, la salle du roi de Saint-Germain avait été transformée en chambre d'enfant « pour être proche de l'escalier » (Chatenet 2002, p. 255).

à un large public semble mal convenir à un enfant en bas âge qu'on préfère habituellement tenir à l'écart des foules dans les pièces privées du logis de sa mère [8]. Ainsi les deux logis royaux semblent avoir été placés l'un à la suite de l'autre, la salle de la reine, sans doute directement accessible par une vis hors œuvre, communicant par son *bas bout* avec la chambre du roi selon une disposition similaire à celle du château de Saint-Germain-en-Laye au XVIe siècle [9].

La relation contient également quelques précieuses informations sur le décor des pièces. On apprend ainsi que la « fort grande » salle des États « estoit tendue de la destruction de Troyes, et pareillement une chapelle qui estoit au bout de ladite salle [10] ». Si la salle subsiste, habillée de neuf par Duban au XIXe siècle (fig. 16), le sanctuaire n'existe plus. Mentionnée dès la fin du XIVe siècle, la « chapelle Nostre-Dame fondée au bout de la salle du chastel de Blois » disparaît des textes après 1501, ce qui laisse penser qu'elle fut détruite quelque temps plus tard, car des actes du début du XVIIe siècle attestent que son service a été transféré dans la chapelle Saint-Calais [11]. L'expression « au bout de la salle » fait penser qu'elle était située à l'extrémité de la pièce regardant vers la basse-cour (actuelle place du château). Or cette extrémité fut modifiée en 1576 lorsque Henri III y réunit les États généraux, ce qui pourrait expliquer la disparition de la chapelle [12].

Qualifiée de « salle où attendoit le roi », puis de « salle où estoit le roi » dans le récit de l'entrevue, la pièce où Louis XII accueille ses visiteurs est appelée « salle où mangeoit le roy », puis « salle du roy » dans la seconde partie de la relation. Ces quatre expressions attachées à un même lieu désignent sans doute possible la première pièce du logis du roi de France, celle où il a coutume de donner audience et de dîner en public, et qu'on appelle en général la *salle du roi* [13]. Son *haut bout* (extrémité d'honneur), situé du côté opposé à l'entrée, comportait une cheminée dont la hotte, selon un usage ancien, était précédée par un dais à « dosselet » de drap d'or « frizé bien riche », la « chaire » royale étant placée sous le dais, et donc devant la cheminée, sur un tapis de haute laine. Les murs étaient tendus « tout à l'entour et par en haut » d'une tenture « qu'on appeloit la tapisserie de

8. On peut supposer que l'installation des archiducs et de leur suite dans le château avait entraîné quelques bouleversements de la distribution. Pour une disposition « normale », voir l'exemple de Saint-Germain-en-Laye (Monique CHATENET, « Les enfants de Henri II au château de Saint-Germain-en-Laye : Le témoignage des ambassadeurs de Mantoue », *Bulletin des amis du vieux Saint-Germain*, n° 45, 2008, p. 19-35).

9. Monique CHATENET, « Une demeure royale au milieu du XVIe siècle. La distribution des espaces au château de Saint-Germain-en-Laye », *Revue de l'art*, n° 81, 1988, p. 20-30.

10. *Relation Dupuy-Godefroy*, p. 731.

11. LESUEUR 1922, p. 30.

12. Pour l'histoire de cette transformation, voir Pierre LESUEUR, « Le château de Blois au temps des quatre derniers Valois », *Mémoires de la Société des sciences et lettres de Loir-et-Cher*, t. 29, 1936, p. 159-178. Pierre et Frédéric Lesueur situaient toutefois la chapelle dans la tour accolée à la salle.

13. CHATENET 2002, p. 144.

Fromigny » représentant divers épisodes de la victoire qui, en 1450, rendit la Normandie au roi de France.

Plus en rapport avec l'âge tendre de la princesse, la chambre de Claude de France était tendue d'une « bergerie [...] fort belle », où les aventures des bergers et bergères étaient commentées par des « écriteaux ». Un berceau à « pavillon » de damas vert occupait une extrémité de la pièce tandis qu'à l'opposé, le « lit de camp » de la gouvernante était tendu de noir, son occupante, madame de Tournon, étant « nouvellement veufve ».

Une scène de bataille que le narrateur ne parvient pas à identifier [14] ornait les murs de la salle de la reine dont le haut bout était orné, comme chez le roi, d'un « ciel » ou « dosselet [15] » de drap d'or apposé sur la cheminée et surplombant la chaire. Puis venait la « chambre de la reine », ornée « d'une tapisserie de bestes et oiseaux estranges avec personnages d'estranges pays, et y avoit en ladite chambre un lict de camp tout accoustré de drap d'or frizé bien riche, sur la couche un pavillon de damas cramoisy ».

Ainsi l'auteur de la relation, sans décrire tous les meubles, nomme ceux qui sont réellement importants à ses yeux, en l'occurrence – et pour emprunter à Éléonore de Poitiers son expression favorite – ce qui est « d'État », c'est-à-dire d'étiquette [16] : les dais et chaires des salles, les lits des chambres. Quant au décor, on relève que les sujets des tapisseries font l'objet de commentaires assez vagues, alors que tout ce qui est lié à la magnificence, attribut de la dignité royale, revêt pour le narrateur une importance essentielle : drap d'or « frisé bien riche », damas cramoisi, tapis « velus », « tous petits personnages » d'une tapisserie « fort belle », sans oublier la touche magique d'exotisme apportée par les « oiseaux estranges » et les « personnages d'estranges pays ». Cette attitude est d'ailleurs une constance de la correspondance diplomatique du temps.

## Les logis des archiducs et de leur suite

La description du logis des archiducs suit l'ordre dans lequel les visiteurs le découvrirent. Se présenta d'abord une « galerie » tendue de tapisseries, suivie d'une « grande salle » qui devait être en position médiane dans le bâtiment, puisqu'elle communiquait d'un côté avec le logis de l'archiduc et de l'autre avec celui de l'archiduchesse. Le premier, plus réduit, se composait seulement de la « chambre où l'archiduc [17] se tenoit et retiroit tout le jour » et « derrière ladite chambre [...] deux ou trois petites bien accoustrées,

14. « Une histoire que je ne sçaurois nommer », indique l'auteur de la *Relation Dupuy-Godefroy*, p. 731.

15. C'est-à-dire un dais. En général le mot dosselet (ou douciel) désigne seulement le pan de tissu vertical dessendant du « ciel » (ou dais) suspendu au plafond et retombant sur la hotte de la cheminée.

16. Éléonore de Poitiers 1996, p. 75-137.

17. Remplacé par erreur par « l'archiduchesse » dans la publication de Godefroy mais correctement transcrit dans les manuscrits.

mais pour ce que l'archiduc s'en faisoit ses garderobbes et retraictz, nul n'y alloit, par quoy je ne sçaurois deviser des tapisseries » précise la narratrice (qui ne manifeste aucune réticence à décrire le retrait de l'archiduchesse). Le second logis, situé à l'autre extrémité de la salle, était beaucoup plus imposant : Jeanne de Castille avait ici encore la prééminence sur son époux. La première pièce dite « chambre de madame ladite archiduchesse, où lesdits seigneur et dame couchoient » précédait trois autres chambres décrites de plus en plus rapidement, ce qui laisse penser qu'elles étaient plus petites et moins meublées. L'auteur précise d'ailleurs à propos de la dernière : « en ceste chambre faisoit ladite archiduchesse sa chambre de retrait, où estoit sa selle [18] percée » ce qui suggère d'évidence un espace intime de petites dimensions.

Toutes ces précisions permettent de constater que l'agencement du logis coïncide très exactement avec le premier étage de l'aile de Louis XII, tel que Jacques Androuet du Cerceau le représente à la fin du XVIe siècle [19] (fig. 17). La salle centrale, accessible depuis l'escalier par une « galerie » ou vaste couloir longeant la façade sur cour, ouvre sur deux logis de dimensions inégales. Le logis de gauche comporte toutes les caractéristiques de celui offert à l'archiduc. Sa chambre est suivie d'une garde-robe au plan rectangulaire caractéristique, communiquant avec deux petites pièces carrées qui correspondent parfaitement à l'acception des termes « retrait » ou « chambre de retrait » autour de 1500 (plus tard on parlera de « cabinet »), l'un de ces « retraits » ouvrant d'ailleurs sur des latrines placées à l'arrière du grand escalier. De même, la vaste chambre du logis situé à droite de la salle est suivie de trois autres pièces nettement plus étroites, la première à l'extrémité sud de l'aile, la seconde en retour au bout de la galerie, la troisième plus petite encore, serrée entre l'escalier sur cour et un espace de dégagement composé d'une petite vis et de latrines (non représentées explicitement par Du Cerceau, mais toujours en place) : on trouve donc bien la succession des quatre chambres mentionnées dans la description du logis de l'archiduchesse.

Après avoir décrit la « chambre de retraite » de l'archiduchesse, la narratrice gravit mentalement la petite vis pour se rendre au second étage dont il fait état plus sommairement :

> « En haut ou galletas estoyt logée madame de Halluvin, et en sa chambre estoyt tendue une tappisserye de damas gris et jaune, semée de S de velours noir brodés. Après ladicte chambre y en avoit deux autres, dont l'une estoyt tendue de personnages, et l'autre de verdure, et en celle de verdure y avoit deux lits de camp tendus de taffetas. »

18. La selle était d'argent précise Godefroy.

19. Frédéric et Pierre Lesueur (Lesueur 1922) sont déjà arrivés à cette conclusion que Bertrand Jestaz a remise en question (Jestaz 1988, p. 119, note 6). Il paraît toutefois difficile de ne pas être convaincu par une aussi parfaite cohérence entre le texte et le monument.

Madame de Halluyin était la dame d'honneur de l'archiduchesse, aussi était-elle logée près des pièces privées du logis de sa maîtresse, et l'on peut supposer, sans en avoir la preuve, que les chambres voisines servaient aux autres dames de la suite évoquées dans le texte quelques lignes plus bas, qui étaient au nombre de quatorze si l'on en croit la relation [20].

Notre témoin redescend ensuite au rez-de-chaussée pour y décrire les logis dont le principal, attribué au duc et à la duchesse de Bourbon, était situé « sous celui de l'archiduc ». Il aurait été plus exact de dire « sous celui de l'archiduchesse », ou tout au moins « sous celui *des* archiducs » car la chambre de Philippe le Beau était située au-dessus du passage d'entrée du château, tandis que ses garde-robes surmontaient la chambre du portier et une grande pièce voûtée qui devait être une cuisine – il n'y avait donc aucun logement « sous » son appartement. Toutefois, la narration confirme implicitement les spécificités de la distribution blésoise, puisqu'elle décrit sous un premier étage à salle centrale, un rez-de-chaussée dont la salle est suivie de chambres d'un seul côté. Le logis du duc de Bourbon se compose donc d'une salle basse, suivie d'une chambre communiquant par derrière avec la chambre de la duchesse, ce qui correspond très exactement à la partie de l'aile de Louis XII située au sud du passage d'entrée (fig. 18).

« Derrière » la chambre de la duchesse de Bourbon, précise la relation, « avoit deux ou trois chambres tendues de tapisseries bien fort belles. Et ceans estoit logé M. de Besançon, M. de Ville, M. de Chievres, M. Philippes le bastard, M. de Bergues, et d'autres dont je ne scay les noms, et ne fault pas demander si lesdits logis desdicts personnages estoient bien accoustrez. Pareillement estoient logées toutes les dames, qui avoient chambres bien accoustrées, et de belles tapisseryes ».

On relève à nouveau que l'auteur signale avec insistance qu'il n'a pas visité les logis des gentilshommes de l'archiduc, alors qu'il décrit sans aucune réticence les chambres des dames. Par ailleurs, à supposer, comme on l'a dit, que les dames de la suite de l'archiduchesse couchaient dans les combles à côté de la dame d'honneur, l'emplacement des logis des seigneurs de la suite est problématique puisqu'il ne reste au rez-de-chaussée que les deux chambres en retour, dont une assez petite, ce qui n'est pas formellement incompatible avec les « deux ou trois chambres » mentionnées dans le texte, mais semble mal convenir au grand nombre des occupants des logements. Aussi, soit ces importants personnages étaient terriblement à l'étroit, soit ils étaient hébergés dans un vieux bâtiment situé à proximité, car on ne peut certifier qu'étaient déjà construits la chapelle actuelle (dont les autels furent consacrés en 1508) et le corps de galerie qui s'appuie sur

20. La suite de l'archiduchesse comptait quatorze dames (*Relation Dupuy-Godefroy*, p. 714, 715, 717). Mais selon Lalaing (p. 128), qui compte aussi sans doute les « femmes » et les « filles » de l'archiduchesse, il y en avait une quarantaine.

elle côté cour[21]. Quoi qu'il en soit, ces logis étaient directement accessibles depuis la cour puisqu'Antoine de Lalaing signale que, lors de leur arrivée, MM. de Besançon, de Chièvres et de Bergues « se retirèrent en leur logis, dedens la court du chasteau[22] ».

## À qui étaient destinés en temps ordinaire les logis des archiducs ?

Les dimensions toutes royales des logis des archiducs étonnent, si bien qu'on est en droit de se demander demander quel était leur usage en temps ordinaire. Selon l'hypothèse formulée par Bertrand Jestaz et reprise par Jean-Marie Pérouse de Montclos[23], il s'agirait de nouveaux logis royaux, le chiffre et les armes d'Anne de Bretagne apposés sur plusieurs tentures des chambres de Jeanne de Castille suggérant que la reine avait prêté son propre logis à l'archiduchesse. L'argument, toutefois, ne convainc pas : l'une des tentures, on le verra, était semée des K couronnés de Charles VIII, et il serait curieux que, dans la demeure de son second époux, la reine ait choisi un décor timbré du chiffre du premier.

Les seuls documents qui nous renseignent sur les logis royaux – la relation de l'entrevue et deux missives de diplomates de Mantoue datées de 1501 et 1516 – ne font qu'épaissir le mystère, puisque la lettre de 1516 citée plus haut précise sans ambiguïté, comme le récit de l'entrevue, que le logis de Louis XII était situé à l'emplacement de l'aile de François I^er^, tandis que celle du 14 décembre 1501 dit au contraire que Philippe le Beau « est logé dans le palais du roi, et dans la partie où logeait Sa Majesté[24] ». Qui croire ? Tout ce qu'on peut assurer, c'est que la reine Anne n'habitait pas dans ce logis à sa mort en 1514, comme le récit de ses funérailles en apporte la preuve :

> « Et demoura en sa chambre, en son lit de parement, bien veillée et acompaignée de nobles seigneurs et dames, servie de messes et services [...]. Et jusques au samedi en celluy lieu demoura : lequel jour, du matin, elle fut portée en sa salle d'honneur[25], au corps de maison neuf, sur le devant dudict chasteau de Bloys, où la noble dame prist repost ayant face descouverte[26]. »

21. C'est à tort qu'on a longtemps regardé cette galerie comme un vestige des constructions de Charles d'Orléans puisqu'elle s'appuie sur la chapelle de Louis XII à laquelle elle est adossée.
22. Lalaing, p. 137.
23. Jestaz 1988, Pérouse de Montclos 1994.
24. « *L'archiduca de Burghogna [...] è alozato nel pallacio del re et in quella parte ove lozava Sua Mayestà.* » A. S. Mantoue, A. G. 629. Blois, 14 décembre 1501. Voir *infra*, P. J. 3, p. 141.
25. Pièce d'apparat où l'on expose le corps du défunt avant les funérailles.
26. Pierre Choque dit Bretaigne, *Récit des funérailles d'Anne de Bretagne...*, éd. Lucien Merlet et Max de Gombert, Paris, Aubry, 1858, Genève, Slatkine reprints, 1970, p. 27-28. On ne peut imaginer cette formulation si l'on avait seulement transporté le corps de la chambre à la salle voisine.

Pour résoudre ce dilemme, il n'y a en réalité qu'une seule solution, à savoir que le roi et la reine possédaient chacun *deux* logis dans le château. Si absurde qu'elle puisse paraître de prime abord, cette idée trouve un écho saisissant à Amboise où les documents attestent qu'Anne de Bretagne et Charles VIII possédaient à la fois un logis dans le vieux *donjon*[27] et un autre érigé de neuf dans la basse-cour, le logis « des Sept Vertus ». Étrange coïncidence, c'est aussi dans ce logis neuf que fut dressée en 1498 la salle d'honneur mortuaire de Charles VIII[28].

## Doubles logis de Blois et d'Amboise

La présence de « vieux logis » et de « logis neufs » ne signifie pas que les nouveaux aient remplacé les anciens. À Amboise d'ailleurs, ils étaient presque contemporains, puisque ceux du *donjon* (dont seule subsiste aujourd'hui la chapelle Saint-Hubert) furent aménagés en 1490-1493, tandis que ceux de la basse-cour s'élevèrent vers 1495-1496. En réalité, ces logis relèvent de conceptions si différentes qu'on pourrait les considérer comme potentiellement complémentaires.

Situés au fond du *donjon* et accessibles par la cour d'honneur, les « vieux » logis du roi et de la reine sont, conformément à la tradition, indépendants l'un de l'autre et pareillement composés d'une salle suivie d'une chambre et de pièces de dégagement. Si à Amboise, suivant la tradition médiévale, la situation du logis de la reine au-dessous de celui du roi est un signe ostensible d'infériorité, l'accès indépendant et la salle confèrent à la souveraine l'autonomie de son mode de vie, ainsi qu'une dignité égale à celle de son époux, comme le montre bien le déroulement de l'entrevue de 1501, avec les honneurs rendus à chacun des deux souverains. Car si les reines de France ne possèdent pas l'autorité de la couronne, elles en ont au moins, comme disent les traités, « toute la représentation extérieure[29] ».

Quant aux logis neufs de Blois et d'Amboise, ils se signalent tout d'abord par une situation très inhabituelle en bordure de la basse-cour du château au voisinage de la porte d'entrée[30]. Leur forme, très inhabituelle également, présente d'étonnantes parentés. L'escalier d'accès est placé latéralement, mais entre lui et la salle s'interpose un espace de circulation – un portique à Amboise, un couloir à Blois – si bien qu'on accède à la salle par son grand côté. Par ailleurs et surtout, la salle, placée dans une position centrale, est un

27. *Donjon* : partie principale du château. Ce terme est employé dans cette acception tant à Amboise qu'à Blois.

28. Voir Évelyne Thomas, « Les logis royaux d'Amboise », *Revue de l'art*, n° 100, 1993, p. 50. Nous remercions très vivement l'auteur qui nous a généreusement communiqué son mémoire de maîtrise ainsi qu'une abondante documentation par elle rassemblée sur les logis d'Amboise.

29. Traité de droit public du XVIIIe siècle cité dans Chatenet 2002, p. 187. Sur le statut de la reine, voir Cosandey 2000.

30. Michel Melot, « Politique et architecture. Essai sur Blois et le Blésois sous Louis XII », *Gazette des Beaux-Arts*, VIe période, t. LXX, CIXe année, décembre 1967, p. 317-328.

espace commun aux deux logis qu'elle relie, si bien que Jean-Marie Pérouse de Montclos a pu parler de logis « jumelés[31] ». De plus, comme cette salle commune présente deux cheminées, il est impossible d'y distinguer un « haut bout », d'autant qu'à Blois, la porte d'accès depuis la galerie s'ouvre à peu près au centre de la pièce[32] (fig. 17). Il y a donc en apparence une égalité totale des deux logements et donc de leurs titulaires. Néanmoins, ces logis jumelés appartiennent à une catégorie qu'on ne rencontre pas dans la nature, puisqu'ils tiennent à la fois des frères siamois avec leur salle commune, et des faux jumeaux avec la composition bien différente de leurs pièces privées. Dans les deux cas, le logis de droite – côté honorable – est nettement plus spacieux que son opposé. À Amboise, il s'agit du logis du roi, complété par une « grant gallerie haulte » de près de 150 m$^2$. À Blois, c'est le logis offert à Jeanne de Castille. Outre ses quatre chambres, il se complète par une galerie qui aboutissait à un oratoire ouvrant sur la chapelle, comme le révèle un relevé de Jacques-François Blondel (fig. 19[33]). Cette galerie n'est pas mentionnée dans le texte de l'entrevue, soit parce qu'elle n'était pas achevée, soit parce que l'archiduchesse, qui entendait la messe dans sa chambre, n'en avait pas l'usage. Car les femmes disposent rarement d'une galerie qui semble être plutôt un attribut masculin[34]. On a vu plus haut la raison diplomatique qui a conduit à accorder à l'archiduchesse la prééminence de rang sur son époux. Néanmoins, dans un château royal français, le roi est toujours mieux logé que la reine[35]. À Blois, si logis royaux il y a, comme le suggère l'analogie avec Amboise, rien n'interdit d'imaginer que le plus grand ait été destiné à Louis XII.

Un indice supplémentaire semble d'ailleurs plaider en faveur de cette hypothèse : au-dessus de la porte du vaste couloir donnant directement accès à la première chambre de l'archiduchesse est scellé dans le mur un bas-relief représentant le porc-épic royal – sans doute le seul porc-épic authentique du château – découvert à cet emplacement par Duban lors de la restauration de l'aile, qui pourrait désigner le véritable possesseur du logis[36] (fig. 20). Cette disposition paraît en outre confirmée par le décor emblématique des lucarnes de la façade sur l'avant-cour : l'écu situé à l'aplomb du balcon gauche est aux pleines armes de France, celles du roi, tandis que

31. Pérouse de Montclos 1994.
32. À Amboise au contraire, l'accès est très nettement décalé, aussi le visiteur aperçoit-il seulement en entrant la cheminée du côté de la chambre du roi.
33. Bibl. Institut, ms. 1046, pl. 40 (fol. 97).
34. En tout cas pour les reines. Le roi a des galeries dans la plupart de ses châteaux, alors que la reine n'en possède que très rarement (comme à Villers-Cotterêts ou elle doit la partager avec le roi (Chatenet 2002, p. 194-210).
35. En tout cas, jusqu'à la fin du xvi$^e$ siècle. Voir *Ibid.*, p. 209-210.
36. Nous remercions vivement Thierry Crépin-Leblond pour cette précieuse indication. Toutefois, l'argument ne serait totalement concluant que si l'hermine timbrait de la porte du logis opposé.

celui situé au-dessus du balcon de droite est aux armes de la reine, mi-parti de France et de Bretagne[37] (fig. 5).

Les « vieux logis » du roi et de la reine procèdent d'un type si courant qu'il n'est pas besoin de s'y appesantir. Leurs logis neufs, en revanche, ont une forme très insolite avec leur salle centrale accessible par un de ses longs côtés, distribuant deux suites de chambres de composition variable. Dans les résidences royales on ne trouve, à notre connaissance, que ces deux exemples, et dans les demeures non royales, nous n'en avons repéré que trois, tous de la seconde moitié du XV^e siècle : l'aile de Dunois à Châteaudun (v. 1460-1470), le château de Nevers (1464-1480) et l'hôtel de Cluny (v. 1480-1500). À Châteaudun (fig. 21) et à l'hôtel de Cluny (fig. 22), les salles ne possédaient apparemment qu'une seule cheminée, désignant ainsi clairement le haut bout qui révèle à son tour l'emplacement du logis principal, aussi le visiteur ne pouvait avoir l'impression d'entrer dans une pièce commune à deux logis comme c'est le cas à Amboise ou à Blois. Ces deux exemples nous intéressent plus par la forme de leurs appartements – l'un nettement plus grand que l'autre – qui composent comme à Blois une suite de pièces de taille décroissante (quatre à Châteaudun, trois seulement à l'hôtel de Cluny) avec, à l'hôtel de Cluny, une issue sur une galerie et sur l'oratoire de la chapelle. Le château de Nevers (fig. 23) offre, quant à lui, un précédent beaucoup plus direct aux logis jumelés royaux, à celui d'Amboise en particulier, avec une salle centrale à deux cheminées accessible par un escalier en vis central, distribuant les chambres de deux logis, accompagnées d'une garde-robe et d'une pièce de retrait entresolées[38]. Malheureusement on ne sait rien de précis sur l'utilisation de ces logis par Jean de Bourgogne et son épouse. Tout juste peut-on dire que la construction, qui dresse fièrement au milieu de la vieille cité sa façade presque parfaitement symétrique et met en exergue sur un haut perron la tourelle effilée d'une *grand vis* centrale ornée à profusion de l'emblématique de son possesseur, constitue de toute évidence l'image éclatante d'un noble et puissant seigneur en la capitale de son comté.

## Fonction des logis doubles

La relation de 1501 explique l'usage de la salle de la reine lors des entrevues. Selon un cérémonial identique, la présentation a lieu d'abord devant le roi, puis devant la reine. Dans une salle commune à deux logis, il est impossible de respecter ce scénario et la reine serait nécessairement

37. Cette répartition est d'origine car elle s'observe déjà sur le relevé exécuté par Félix Duban avant restauration (Médiathèque du patrimoine). Les deux lucarnes situées au-dessus de la salle sont chargées du seul monogramme L du roi.

38. Le château de Nevers a fait l'objet en 2001 d'un fort intéressant mémoire de maîtrise sous la direction de Jean Guillaume (Paris IV Sorbonne) résumé dans François FONTAN, « Le palais ducal de Nevers (1467-1480) », *Histoire de l'art*, n° 54, juin 2004, p. 19-32.

contrainte à faire de la figuration à côté de son époux[39]. Il semble donc que lors des grandes cérémonies, la distribution traditionnelle soit plus favorable à l'expression de la dignité royale de la souveraine. Mais qu'en était-il dans la vie de tous les jours ? Il faut bien dire qu'on est très mal renseigné sur l'usage de la salle de la reine avant le règne de François Ier. À cette époque elle sert aux repas quotidiens et à certaines audiences à la manière de la salle du roi[40]. Mais qu'en était-il au début du siècle ? Le récit de l'entrevue montre en tout cas que l'archiduchesse dîne dans sa chambre et n'utilise pas la salle. Était-ce aussi le cas de la reine de France ?

La salle commune des logis neufs pose en effet le problème du déroulement des repas, en particulier du dîner, pris en principe séparément par les souverains car, conformément à la tradition, le dîner du roi est une cérémonie publique. Le roi, seul à table, est entouré de ses seigneurs avec qui il converse très librement sous les regards des curieux venus assister au spectacle. Peut-on imaginer, dans une même salle, le roi prenant son repas d'un côté sous les yeux d'un public varié, tandis que la reine dîne de l'autre avec ses dames, les pages chargés d'apporter les « viandes » des deux souverains tentant de se frayer un chemin au milieu de la foule ? Cela paraît invraisemblable. Faut-il alors imaginer la reine dînant à la table du roi ? En certaines circonstances c'était effectivement le cas, mais pas tous les jours. Car si l'on peut aisément imaginer un souper familial – comme en témoigne Christine de Pizan, la tradition en remonte Charles V[41] – c'est seulement sous le règne de Henri III que naît apparemment l'usage des dîners pris en commun par le roi et la reine.

Dans une étude consacrée aux espaces féminins dans les demeures françaises[42], Philippe Contamine a très justement remarqué que, jusqu'au début du XVIe siècle, les femmes se tiennent encore à l'écart de la vie publique. Il est donc plus vraisemblable d'imaginer que, tandis que le roi dînait dans la salle, la reine prenait ses repas dans sa chambre, comme incite à le penser la mention d'un compte concernant le mobilier du *donjon* d'Amboise en 1493. Commentant le texte par lui découvert, Antoine Le Roux de Lincy signale une « table de chêne de quinze pieds de long avec un banc de la même étendue pour la salle à manger de la reine[43] ». En réalité, l'historien, sans doute impressionné par la longueur de la table (5 m) signalant sans équivoque sa fonction, a témérairement extrapolé sur son emplacement, car le document original dit ceci : « pour une table de chesne, mise audit chastel

39. Il en allait de même dans les entrées communes au roi et à la reine. Voir Fanny Cosandey 2000, p. 188.
40. Chatenet 2002, p. 194-195.
41. Pizan 1997.
42. Contamine 2000.
43. Le Roux de Lincy 1860-1861, t. I, p. 91.

*en la chambre de la Royne*, ladite table de quinze pieds de long, garnye de troys treteaulx, d'un banc et d'une selle de ladicte longueur[44] ».

## Une expression renouvelée de la dignité de la reine ?

Jean-Marie Pérouse de Montclos a vu dans le « jumelage » des logis d'Amboise et de Blois l'expression d'une forme d'égalité entre la duchesse souveraine de Bretagne et le roi son époux. Tous ses biographes nous disent en effet qu'Anne de Bretagne, extrêmement soucieuse de son rang, s'était efforcée de mettre sa maison à égalité avec celle du roi. Véritable créatrice de la cour des dames, elle fut deux fois couronnée – cas unique en France – et ses funérailles inaugurèrent un cérémonial qui allait devenir celui des rois pendant près d'un siècle. Pourtant, on vient de voir qu'une inégalité de fait subsiste dans les pièces privées des logis neufs dont la salle commune devait plutôt contraindre la reine à dîner à l'écart dans sa chambre. La situation est donc fort ambiguë[45].

Néanmoins, Jean-Marie Pérouse de Montclos a raison de se laisser porter par l'image symbolique que renvoie si fortement l'architecture. Salle commune à deux *hauts bouts* : l'union de la Bretagne à la France dans une belle égalité… de principe. Cette image nous frappe, et ne pouvait que frapper les contemporains. Elle était d'ailleurs sensible aussi à l'extérieur, en tout cas au logis neuf de Blois dont les deux chambres principales ouvrent sur l'avant-cour par des portes-fenêtres précédées de balcons. La relation de Vienne et l'ambassadeur de Mantoue racontent en effet que pendant le tournoi qui se déroulait sur l'actuelle place du château, on put voir le roi et l'archiduc contemplant le spectacle à une fenêtre, tandis que la reine et l'archiduchesse faisaient de même à l'autre[46].

44. A. N., KK 332, éd. Grandmaison 1868, p. 290.

45. Dans son livre consacré à la reine de France, Fanny Cosandey (2000, p. 188) a justement souligné qu'au XVIIe siècle, quand les reines cessent d'avoir leurs Entrées propres et partagent celles du roi « l'épouse royale s'installe dans l'ombre de son seigneur ». N'en va-t-il pas un peu de même avec la salle unique des logis jumelés ?

46. *Relation de Vienne* : « Fut et estoit le roy et Monseigneur tousjours ensemble en une fenestre, la royne et madame en une autre fenestre. » A. S. Mantoue, A. G. 629. 1501, 14 décembre, Blois : « Après qu'il eut couru et ôté ses armes, le roi fit venir [le marquis de Montferrat] à la fenêtre du palais où il se tenait en conversation avec l'archiduc et Rouen [Georges d'Amboise], et il le retint dans ses bras plus d'une heure, lui démontrant autant d'affection que s'il avait été son fils. » Nous remercions Marc Smith pour son aide. On remarquera qu'au château du Verger, construction du maréchal de Gié contemporaine de logis neuf de Blois, deux fenêtres à balcon placées symétriquement de part et d'autre du pavillon central, donnaient de la même manière sur l'avant-cour (ill. dans Chatenet 2002, p. 270).

## *Chapitre 5*

# Le mobilier

Une autre originalité du récit Dupuy-Godefroy est non seulement de fournir une description précise des logis et de leur distribution, mais encore de révéler un ameublement déployé pour marquer l'importance de l'événement diplomatique [1]. Tentures et mobilier, connus seulement par les inventaires du temps d'Anne de Bretagne [2], sont ici mis en situation. Alors que très peu de pièces décrites sont conservées – c'est une litote [3] –, le récit de 1501 permet de faire revivre leur usage et peut à ce titre être utilement comparé aux sèches mentions des inventaires.

## Les logis royaux

La salle aujourd'hui dite des États généraux (fig. 16), désignée comme « la grande salle par où entrèrent lesdits archiduc et archiduchesse », était, nous dit-on, « tendue d'une tapisserie de la destruction de Troye ». Si Jules Guiffrey mentionne déjà une *Destruction de Troie* dans l'inventaire de Valentine Visconti en 1407 [4], il est fort peu probable que cette tenture ait été exposée en 1501. À Blois, il s'agissait plutôt d'une suite identique à celle commandée par le Franc de Bruges pour être offerte à Charles le Téméraire, qui avait été exécutée d'après des modèles du Maître de Coëtivy – sans doute Colin d'Amiens – et livrée en 1472 par le marchand tournaisien Pasquier Grenier. Charles VIII avait acquis un exemplaire de cette *Histoire de la guerre de Troie* et l'inventaire des tapisseries dressé à Amboise le 12 mai 1494 mentionne, parmi les « tappiceries à grans personnaiges », la tenture de « l'istoire de Troye, contenant unze grandes pièces, garnies

1. Une version écourtée de ce chapitre a paru dans les *Cahiers du château et des musées de Blois :* Chatenet, Girault 2009.
2. Le manuscrit qui les enferme (BnF, ms. fr. 22335, p. 1-252), bien connu et souvent utilisé, n'a curieusement jamais été publié *in extenso*. En attendant la publication de la thèse de l'École des Chartes de Caroline Vrand, voir les extraits publiés par Le Roux de Lincy 1850, p. 148-171 et 1860-1861, t. IV, p. 61 et suiv.
3. En dernier lieu Thierry Crépin-Leblond, « Que reste-t-il des trésors d'Anne de Bretagne ? », *Anne de Bretagne, Une histoire, un mythe*, cat. exp. Nantes (juin-sept. 2007), Paris, Somogy, 2007, p. 74-83 et Pierre-Gilles Girault, « Que sait-on du mobilier du château de Blois à la Renaissance ? », *Cahiers du château et des musées de Blois*, n° 38/39, juin 2007-juin 2009, p. 6-13.
4. Jules Guiffrey, *Histoire de la tapisserie*, Tours, Mame, 1886, p. 34.

comme la dessusd. tappicerie » (c'est-à-dire celle de « l'istoire de David », qui est dite « toute garnie pour tendre[5] »). Cette tenture demeura dans les collections royales et figurait encore dans l'inventaire du mobilier de la Couronne sous Louis XIV[6].

À ce jour, seule une pièce de la tenture royale semble subsister : la neuvième, d'ailleurs incomplète, figurant *l'Arrivée de Penthésilée et l'armement de Pyrrhus,* conservée à Londres au Victoria and Albert Museum (fig. 24). Elle a été identifiée grâce aux emblèmes tissés dans la bordure : lettres K et S, soleil d'or sur fond rouge qui sont des « devises » de Charles VIII. L'historien belge la croyait réalisée pour le roi ; Geneviève Souchal a montré que ces emblèmes avaient été rentrayés dans une tenture antérieure, peut-être commandée par Georges d'Amboise[7].

Dans « la salle où mangeoit le roy », la place du souverain était signalée par un dais au « dosselet de drap d'or frizé bien riche », et la salle était « tendue d'une tapisserie qu'on appelle la tapisserie de Fromigny ». On reconnaît là une tenture commémorant la bataille de Formigny dont la victoire scella la reconquête de la Normandie par Charles VII en 1450. Elle figure dans l'inventaire des tapisseries dressé à Amboise en 1494 qui mentionne « l'istoire de Fremigny, contenant six pièces et un banchier, icelle garnie pour tendre[8] ». Transportée de Blois à Marseille pour le mariage de Henri de Valois et de Catherine de Médicis en 1533[9], la tenture est désormais perdue, mais une scène et un détail comportant le portrait du connétable Arthur de Richemont sont connus par les dessins exécutés au XVII^e^ siècle pour Peiresc (fig. 25). Ces relevés sont suffisamment précis pour qu'on ait pu avancer le nom de Jean Fouquet comme auteur des cartons[10].

## La chambre de la jeune madame Claude

La chambre attribuée à Claude de France n'est meublée que d'un berceau « garni d'un pavillon de damas verd » et d'un lit de camp (un de ces lits démontables, indispensables à la vie nomade de la cour, au reste considérés alors comme des objets de luxe), destiné à la gouvernante de la petite princesse, madame de Tournon, et modestement « tendu de sayette noire », c'est-à-dire de laine peut-être mêlée de soie.

5. BnF, ms. fr. 22335, p. 147.
6. Guiffrey 1886, t. I, p. 344.
7. Jean-Paul Asselberghs, *Tapisseries tournaisiennes de la Guerre de Troie*, Bruxelles, 1972, p. 7, 13, 80-82 et Geneviève Souchal, « Charles VIII et la tenture de la guerre de Troie », *ibid.*, p. 95-99. George Wingfield Digby, *The tapestry collection : medieval and Renaissance, Londres,* Victoria and Albert museum, 1980, p. 14-18 et pl. 12-14.
8. BnF, ms. fr. 22335, p. 148.
9. « Premierement, six grandes pieces de tapicerie de haulte lisse, esquelles est contenu l'histoire de Fremini » (Bournon 1879, p. 334, lit *Fremun*).
10. BnF, ms. NAF 5174, fol. 39-40. Cf. François Avril *et al.*, *Jean Fouquet : Peintre et enlumineur du XV^e^ siècle*, cat. exp. BnF (24 mars-22 juin 2003), Paris, BnF, Hazan, 2003, p. 166-168, n° 19.

Quant aux murs, ils étaient recouverts « d'une bergerie qui tous avoient écriteaux, et estoient tous petits personnages ». Dans les inventaires du mobilier royal n'apparaît aucune « bergerie » *stricto sensu*; on y voit en revanche nombre de pièces à bûcherons et quelques scènes de chasse qui pourraient convenir. À côté de nombreuses œuvres « de grosse estoffe », l'inventaire des tapisseries d'Amboise décrit une tenture de « douze pieces de tappicerie sur soye à parsonnaiges de bucherons et arbres et conilz, achaptée de Monseigneur le général Gaillart[11] ».

## La salle et la chambre de la reine

La salle de la reine était, à l'instar de celle du roi, munie d'une chaire à dosselet « aussy de drap d'or frizé » placée suivant l'usage « devant la cheminée ». Notre narratrice n'a pas su reconnaître le sujet de la « tapisserie d'une bataille qui estoit une histoire que je ne sçaurois nommer ». Peut-être était-ce la mystérieuse « tapisserie de Guyenne » mentionnée dans l'inventaire du 16 août 1498[12]? Le titre de cette tenture, qui ne paraît pas être autrement connue, pourrait désigner la campagne victorieuse de Charles VII en Guyenne, dont le siège de Bayonne (1451) et la bataille de Castillon (1453) mirent fin à la guerre de Cent Ans. Le choix d'un tel sujet répondrait à la tenture de la bataille de Formigny.

La description des logis royaux se clôt par la chambre d'Anne de Bretagne, pourvue d'un lit de camp « tout accoustré de drap d'or frizé » et sommé d'un dais ou « pavillon de damas cramoisy », dont les murs étaient tendus d'une « tapisserie de bestes et oyseaux estranges, avec personnages d'estrange pays ». L'inventaire de 1494 déjà cité mentionne plusieurs tapisseries « de grosse estoffe » dont l'iconographie pourrait convenir, mais la mention « de draps d'or et de draps de soye » incite plutôt à identifier les pièces tendues dans la chambre de la reine avec l'une des tentures signalées au chapitre de la « tappicerie sur soye », probablement cette suite de « neuf pieces de tappicerie sur soye à parsonnaiges de hommes, femmes, oyseaulx et bestes sauvaiges rapportés en icelle, toutes garnie », acquise de l'argentier Jacques de Beaune[13]. Cette tenture était d'ailleurs à Blois avant la venue des archiducs comme l'indique un inventaire du 22 août 1501 : « Item une aultre chambre nommee les eaulx semée de bestes, oiseaulx, contenante neuf pieces comprins le ciel[14]. »

11. BnF, ms. fr. 22335, p. 154. Michel Gaillart, financier de Louis XI et de la maison d'Orléans, était général des finances d'Outre-Seine-et-Yonne. Cf. Bernard Chevalier, « Michel Gaillart (1425-1501), homme de finances et chef d'entreprise à la fin du xv^e siècle », dans *De Jacques Cœur à Renault, gestionnaires et organisations*, Toulouse, 1995, p. 33-44.
12. BnF, ms. fr. 22335, p. 11-14. Le Roux de Lincy 1860-1861, t. IV, p. 79.
13. BnF, ms. fr. 22335, p. 155.
14. BnF, coll. Moreau, vol. 405 et 406, cités par Arnauldet 1905, p. 349, n° 7.

## L'agencement des meubles dans les logis des archiducs

En dehors des tapisseries, des pièces d'orfèvrerie et, on va le voir, des lits, peu de meubles sont décrits, confirmant le peu d'intérêt qui leur est porté en un temps où leur qualité se mesure surtout aux métaux et aux textiles précieux dont ils sont parés. Pour comprendre l'agencement du mobilier à l'intérieur des pièces, la confrontation des plans de Jacques Androuet du Cerceau avec le bâtiment dans son état actuel se révèle indispensable, ne serait-ce que pour préciser les dimensions – on remarque en effet des différences importantes entre le plan dessiné et le plan gravé – mais aussi pour vérifier et compléter nos connaissances sur l'emplacement des portes et des cheminées, ce qui nous incite également à consulter les relevés exécutés sous l'Ancien régime, notamment ceux de Jacques-François Blondel qui datent de 1760 [15]. En effet, la grande majorité des portes et des cheminées de l'aile qu'on voit aujourd'hui sont des pastiches du XIXe siècle [16], et si la restauration a respecté les plafonds en se contentant de les repeindre, ce qui permet de vérifier l'emplacement originel des secondes, il est plus difficile de se prononcer sur celui des premières.

En raison du vaste couloir régnant au revers de la façade sur cour (fig. 28) selon une disposition très fréquente à cette époque en Italie, mais plus rare en France, les pièces du premier étage ne peuvent s'éclairer qu'à l'est, sur l'avant-cour. Cette disposition, qui rend les pièces un peu sombres, permet de disposer plus aisément le mobilier, en particulier les lits qui occupaient l'angle aveugle ménagé entre la cheminée et le mur du couloir, suivant l'usage du temps [17]. On remarquera d'ailleurs que les cheminées n'occupent pas le centre des murs de refends, mais qu'elles sont fortement décalées vers la façade sur l'avant-cour de manière à mieux dégager l'espace du lit. De même, les portes de communication internes des deux logis sont placées en enfilade du côté de la basse-cour, ce qui est très inhabituel (d'habitude, s'il y a une enfilade, elle est placée côté cour), ainsi que le montrent en tout cas les plans de Jacques Androuet du Cerceau (fig. 17, 18). On notera toutefois qu'aujourd'hui la porte séparant la salle de la chambre de l'archiduc interrompt cette enfilade puisqu'elle est dans une position centrale, usage rare en France, et dont on ne sait s'il est ou non d'origine.

15. Bibl. Institut, ms. 1046, publ. BLONDEL 1760. Pour l'aile de Louis XII, il s'agit d'un plan du rez-de-chaussée (p. 184), deux coupes (p. 204-205 et 221) montrant les cheminées de la chambre de l'archiduc et de la salle, du côté de l'archiduchesse ; p. 222 : coupe sur la chapelle et la petite galerie montrant un oratoire.

16. Blondel montre les cheminées d'origine (fig. 26-27), supprimées vers 1830 pour faire plus de place aux lits des chambrées quand le château servait de caserne…

17. Voir Monique CHATENET et Christian CUSSONNEAU, « Le devis du château de Jarzé : la place du lit », *Bulletin monumental*, t. 155-II, 1997, p. 103-126 ; Monique CHATENET, « Cherchez le lit : the place of the bed in sixteenth-century French residences », *Transactions of the Ancient Monuments Society*, vol. 43, 1999, p. 7-24.

Bien qu'il soit appelé « galerie » par la narratrice, le couloir reliant la grande vis à la petite n'est pas une pièce, mais un espace de circulation dont les portes assurent l'indépendance des pièces de l'étage, à l'exception de celles des extrémités qui sont commandées par leurs voisines. Il ne comporte d'ailleurs aucune cheminée, et il aurait été impossible de le chauffer car on y accédait depuis la grande vis par une vaste baie libre couverte d'un arc en anse de panier. Comme la grande salle médiévale, la « galerie » était tendue « de la deffaicte des Troyens » (ou « des faicts des Troyens », c'est-à-dire de la guerre de Troie). Son mur de refend longitudinal, qui ne comporte aucune fenêtre, se prête bien au déploiement d'une longue tenture, seul mobilier nommé dans le texte.

La description – qu'on ne peut supposer exhaustive, même si elle semble particulièrement attentive – mentionne peu de meubles dans la salle reliant les chambres des archiducs, puisque sont seulement cités une tenture « d'Alexandre le Grand [18] », deux grands « chandeliers » d'argent « merveilleusement gros » pendus au plafond, un « dosselet » de drap d'or frisé sur « la » cheminée et un buffet précédé d'un « grand banquet [banc] d'argent aussi long que led. buffet [19] ».

Les deux chandeliers « d'argent pendans à grosses chaisnes » apparaissent dans un inventaire d'Anne de Bretagne dressé à Nantes en janvier 1500 : « deux grans chandeliers pendans pour servir en salle, faiz à croisée, avecques les chesnes, aultrefoiz baillez audict feu roy, que Dieu absoille, par Monseigneur le cardinal de Lyon », c'est-à-dire par Charles de Bourbon. La suite de l'article précise que ces candélabres ont été nettoyés par Arnoul du Viviers, orfèvre de la reine [20], qui demeurait alors à Blois dans l'avant-cour du château [21]. Ils avaient été transportés de Nantes à Blois en octobre 1501, comme l'indique la mention de « deux chandeliers pendans pour servir en salle » dans un autre *Inventaire de la vexelle tant d'argent que vermeille*

18. En 1491, Anne en possède huit pièces plus un ciel et une couverture de lit acquis du maréchal de Gié. L'inventaire des tapisseries fait à Amboise le 12 mai 1494 mentionne, parmi la « tappicerie d'istoires », la tenture de « l'istoire de Alexandre, contenant huit pièces de tappiceryie bien riche à or et soye, en ce comprins le ciel, le douciel et couverture de li, et le couverture de la couschette, achaptée de monseigneur le mareschal de Gyé » (BnF, ms. fr. 22335, p. 152). C'est sans doute une tenture plus tardive que mentionne l'inventaire du garde-meuble rédigé à Paris en 1551 et récolant celui de 1542 : « Tappicerie façon de Brucelles de l'hystoire de Alexandre, rehaulsée de soye, garnye de toille blanche par bandes et lambeaulx », comportant dix pièces (Schneebalg-Perelman 1971, p. 293, n° 317). Cf. le colloque récent *Fortuna iconografica di Alessandro Magno : a proposito degli arazzi quattrocenteschi con storie di Alessandro della collezione Doria Pamphilj di Genova* (Gênes, 21-23 février 2008), actes à paraître.
19. Au logis des Sept Vertus d'Amboise, à l'hôtel de Cluny ou à l'aile Longueville de Châteaudun où les salles hautes ont un accès central, on remarque également, à l'opposé de la porte d'entrée, un vaste trumeau entre deux fenêtres qui pourrait également avoir servi à placer le buffet de salle.
20. « Lesquelz pesoient, selon l'inventoire de Pierre Ande, cinquante cinq marcs troys onces et demye et de present ne sont trouvez pesans ensemble que cinquante quatre marcs, une once, au moyen de ce que l'un desdicts chandeliers a esté nectoyé, ouquel s'est trouvé de dèche pour la cire qui estoit dedans, selon le rapport d'Arnoul, orfèvre de la royne, qui l'a nectoyé, environ d'une once et demye, poys de marc » (BnF, ms. fr. 22335, p.79-80 et 93).
21. *Mémoires de la Société des sciences et lettres de Loir-et-Cher*, t. XXVII, 1928, p. 16.

*doré*[22]. On les retrouve ensuite dans un inventaire du mobilier du Louvre au temps de François I^er^ et de Henri II parmi les biens hérités de Claude de France :

> « Item deux grands chandeliers pour pendre en salle en trente une pieces rompus en plusieurs endroictz avec leurs chesnes, le tout d'argent et doré par les garnitures, aux armes de la royne Anne, poisant ensemble comprins quelques bouchons de boys que l'on a mis pour y servir, cinquante quatre marcs troys onces[23]. »

Les lustres devaient être pendus aux deux poutres maîtresses que compte le plafond de la salle, et le buffet appuyé sur le vaste trumeau séparant les deux fenêtres. Sans doute faut-il imaginer ce buffet garni d'une abondante vaisselle d'or et d'argent : Lalaing et Molinet mentionnent en effet un grand étalage d'orfèvrerie. « L'inventaire de la vexelle tant d'argent que vermeille doré apporté de château de Nantes à Blois », rédigé en octobre 1501, confirme la présence de nombreux bassins, cuvettes, salières, drageoirs, chandeliers, pots, aiguières, flacons, tasses, cuillers, manifestement apportés à Blois en vue de la réception du couple archiducal[24]. L'inventaire de la vaisselle d'or du 3 juin 1505 attestant sa prise en charge à Blois par Jean de Paris, c'est-à-dire Jean Perréal, « painctre et varlet de chambre du roy et de la royne », mentionne également de nombreux objets aux armes du roi ou de la reine, probablement utilisés lors de l'entrevue de 1501, tels qu'« un grant pot d'or à grans hances en façon de cordellieres armoyés au armes du roy et de la royne », plusieurs « flascon armoyé », une aiguière, des tasses, des nefs de tables, plats, écuelles, tranchoirs, œuvres d'Arnoul du Viviers ou de Henry Dezun[25].

Le sol, comme ceux de toutes les pièces des logis, était recouvert de tapis « tellement qu'il n'apparoissoit rien du plancher[26] », ce qui impressionne fort Pierre Anchemant, très surpris qu'on n'en fasse pas plus de cas que s'il s'agissait d'un plancher de bois ou de pavements de terre cuite :

> « Toutes les chambres et aussi les sales garnies de tapiz de Turquie sur lesquelz l'on marche ainsi que l'on feroit sur les rues et tout ainsi comme se lesdits tapiz estoient atelles ou bricques, sans que l'on ayt regard a temps sale ne pluvieux, ne a fanges ne boues estans aux piés des gens qui marchent esdites chambres et sales[27]. »

22. BnF, ms. fr. 22335, p. 202.
23. Bimbenet 1995, p. 57, n° 60.
24. BnF, ms. fr. 22335, p. 199-205.
25. *Ibid.*, p. 213-222.
26. *Relation Dupuy-Godefroy*, p. 733.
27. Anchemant, *infra*, P. J. n° 2, p. 136. De nombreux *tapiz veluz de Turquie* ont été achetés en 1493 pour Amboise (Grandmaison 1868, p. 260-264). L'inventaire du 16 août 1498 de « certaines tappiceries, acoustremens et paremens de la premiere couche de la royne » transportés de Tours à Nantes en cite en quantité, par exemple : « Item ung bien grant tappiz velu de Turquie pour servir en une grant salle » (BnF, ms. fr. 22335, p. 35).

La relation Dupuy-Godefroy mentionne également « le » dais de « la » cheminée. Or, la salle, on l'a dit, possède deux cheminées[28] ; il s'agit donc vraisemblablement d'une inexactitude à moins qu'on ait voulu privilégier une extrémité de la pièce.

Accédait-on à la chambre de l'archiduc par une porte d'axe à l'encontre de ce que représente Du Cerceau ? C'était déjà le cas avant la restauration du XIX^e^ siècle comme le montre un plan antérieur[29], mais la porte actuelle est un pastiche et ignore la forme de celle qui l'a précédée. Quoi qu'il en soit, on ne sait guère comment interpréter cette position inhabituelle. Indéniablement, un accès central présente un caractère plus public qu'une porte ménagée dans le petit espace séparant la cheminée de la façade sur la place.

La pièce sur laquelle ouvrait cette porte, qui servait de chambre de jour à l'archiduc, était tendue d'une tapisserie « de personnages », avec un lit de « drap d'or trait » – pour lequel on employa des surplus de tissus précieux[30] – à rideaux doublés de damas blanc, garniture que l'on retrouve aux lits des époux dans la première chambre l'archiduchesse comme le précisent aussi les récits de Lalaing, de Molinet et la relation de Vienne[31]. Le lit de la chambre de l'archiduc venait sans doute se placer, selon l'usage, entre la cheminée et le mur du couloir, la tête appuyée sur le refends portant la cheminée. Il était donc bien visible quand on entrait dans la pièce, de même que la cheminée qui faisait face au visiteur et que représente une coupe de Jeacques-François Blondel (fig. 26[32]). La relation n'y mentionne pas de dais, mais il s'agit peut-être d'un oubli.

Quant aux « deux ou trois » pièces situées derrière cette chambre, dont l'archiduc « faisoit ses garderobbes et retraictz » et où « nul alloit », leur existence est confirmée par les plans de Jacques Androuet du Cerceau (fig. 17, n° 4). Elles ont aujourd'hui fait place à un espace unique, mais le poteau de bois soutenant la poutre maîtresse qui en occupe le centre remplace d'évidence une ancienne cloison. La disposition présentée par Du Cerceau est caractéristique des garde-robes et cabinets de la fin du XV^e^ siècle ou du début du XVI^e^ : une première pièce rectangulaire assez étroite munie d'une grande cheminée – la garde-robe – en général meublée d'une couchette, et deux petits retraits (cabinets) de plan carré, l'un doté d'un petit « chauffe-

28. Les cheminées actuelles sont l'œuvre de Duban. Jacques-François Blondel a représenté en 1760 la cheminée de droite (fig. 27), qui ne possédait apparemment aucun décor (Bibl. Institut, ms. 1046, pl. 39, publ. par Grégory Vouhé, « La description des châteaux de Blois et de Richelieu et de divers monuments du Val de Loire rédigée par Jacques-François Blondel en 1760, édition commentée », *Monuments et mémoires de la fondation Eugène Piot*, t. 85, 2006, p. 119-122.
29. Plans de l'aile Louis XII, Archives nationales, $O^1$ 1324, liasse 11.
30. « Le surplus des dits demy lez a esté mys à alonger deux pièces tendues en ladicte chambre de l'archiduc » (BnF, ms. fr. 22335, p. 1-6. LE ROUX DE LINCY 1850, p. 166).
31. LALAING, p. 137 ; MOLINET 1935, p. 502-503 ; *Relation de Vienne*, p. 257.
32. Bibl. Institut, ms. 1046, p. 204-205.

pieds[33] » qui n'est pas indiqué par Du Cerceau mais dont on en voit la trace au plafond. Quant aux latrines représentées par Du Cerceau à l'extrémité nord de la galerie, elles sont toujours en place. À défaut de notre narratrice, Lalaing, qui était présent à l'entrevue, a décrit le décor de la garde-robe : « la chambrette semblable [à la chambre] excepté que le lit de camp était à la mode de Naples et les courtines de satin cendré, broché d'or et doublé de taffetas[34] ».

Les spécialistes du mobilier s'interrogent volontiers sur ce lit de camp « à la mode de Naples ». Plutôt que d'une indication sur la forme du meuble, il s'agit peut-être d'une allusion au décor ou à la garniture. On sait que Charles VIII avait tenté la conquête de Naples et qu'à son tour Louis XII avait lancé ses troupes sur la ville. Quelques jours avant la venue de Philippe le Beau était d'ailleurs arrivé en exil à Blois le roi de Naples vaincu, Frédéric d'Aragon. Il est probable que cette mention désigne une tenture de lit rapportée de Naples dans l'une ou l'autre de ces circonstances, à moins qu'il ne s'agisse d'un lit confectionné par l'un des ouvriers amenés d'Italie par Charles VIII[35].

Sur le plan de Jacques Androuet du Cerceau conservé au British Museum, la chambre de l'archiduc est plus grande que celle de l'archiduchesse, alors que le plan gravé dans les *Plus excellents bâtiments de France* représente exactement le contraire (fig. 17, n° 3 et 5). En réalité, les deux pièces ont à peu près les mêmes dimensions. Par sa décoration en revanche, la chambre de l'archiduchesse était sans conteste la plus éblouissante de tout le château et l'on y avait si bien accumulé le drap d'or que le tapissier Jean Lefevre se trouva à court de matière première[36]. La pièce, aux murs tendus d'un « drap d'or rez [rayé] rouge et noir » (sans doute un drap d'or à chaîne alternativement rouge et noire), comportait deux « lits de camp ». Vraisemblablement placé à côté de la cheminée, le lit principal où, comme le précise la narratrice, couchaient l'archiduchesse et son époux, était recouvert « d'or trait » avec les rideaux « de mesme » doublés de damas blanc comme le lit de jour de l'archiduc, mais il était surmonté en outre d'un « grand ciel » de drap d'or frisé garni de rideaux de taffetas rouge et jaune, couleurs de Louis XII. L'idée de mettre un dais au-dessus d'un lit à

33. C'est-à-dire une petite cheminée incorporée dans le mur à manteau très bas. Il en subsiste un très bel exemple dans l'oratoire d'Anne de Bretagne au château de Loches.

34. LALAING, p. 137, suivi par MOLINET, p. 502.

35. Anatole de MONTAIGLON (« État des gages des ouvriers italiens employés par Charles VIII », *Archives de l'Art français*, t. I, 1851-1852, p. 94-125) mentionne Dominique de Cortone, « menuiser de tous ouvraiges et faiseur de chasteaulx » et Bernardin de Brissia, « ouvrier de plancher et menuisier de toutes sortes et couleurs », expression qui désigne la marqueterie. Toutefois Cortone est située en Toscane et Brescia en Lombardie.

36. BNF, ms. fr. 22335, p. 5 (fragment d'inventaire, s. d.) : « Autres choses que la royne a faicte faire a ladicte venue de Monseigneur l'archiduc : trois chaizes couvertes de drap d'or raz, fourny par lad. dame. Et pour ce qu'il n'y eut assez de drap d'or, Jehan Lefebvre print pour parfournir ung demy manteau de semblable drap d'or pour pellerin de moresques » (LE ROUX DE LINCY 1860-1861, t. III, p. 222, date le document par erreur de 1495).

baldaquin peut sembler pour le moins redondante, pourtant une gravure de cent ans plus récente apporte confirmation de cet usage : le lit de Marie de Médicis, lors de son séjour londonien à Sommerset House, présentait une telle disposition[37] (fig. 29).

À « l'autre bout » de la pièce (sans doute près de la porte de la salle), se trouvait le second lit de camp, semblable au premier, mais sans « ciel » supplémentaire. Les inventaires confirment que les quenouilles, c'est-à-dire les colonnes soutenant le ciel de ces deux lits, étaient aussi gainées de drap d'or qui fut pour partie acheté de neuf et pour partie prélevé dans les stocks du tapissier de la reine[38]. Dans le manuscrit des épîtres censées avoir été écrites par la reine à son mari lors de la guerre contre les Vénitiens, l'enlumineur tourangeau Jean Bourdichon montre Anne de Bretagne écrivant dans sa chambre, assise devant un lit à courtines rouge et or et quenouilles gainées d'or qui en donne sans doute une idée (fig. 30).

Placée, conformément à la tradition, à côté du lit principal, une « chaire dorée fort menuisée et bien ouvrée, venant d'Italie » était garnie « de drap d'or frangée tout à l'entour de grandes franges d'or et d'argent ». Une célèbre miniature de l'enlumineur parisien Jean Pichore montre une telle chaire sur laquelle trône l'allégorie de la Raison visitée par Louis XII (fig. 31). Devant la cheminée – autre position traditionnelle – une autre chaire recouverte de drap d'or était posée sur un grand tapis, encore et toujours de drap d'or. Revêtu lui aussi d'un « tapis de drap d'or de mesme que ladite chambre[39] », le buffet, qu'on peut imaginer à côté de la fenêtre, n'avait pas été épargné par le tapissier qui n'avait pas manqué de vêtir d'or également les nombreux « carreaux » (coussins) qui parsemaient la pièce.

La seconde chambre « fut l'une des pièces que lad. archiduchesse estima autant que tous autres accoustremens de son logis » – c'est-à-dire qu'elle lui plut tout particulièrement. Moins étincelante, mais tout aussi spectaculaire, elle était tendue de velours cramoisi brodé de K et de A couronnés : on avait donc tiré du garde-meuble des tentures exécutées à l'époque où Anne de Bretagne était l'épouse de Charles VIII. L'inventaire du 16 août 1498 mentionne en effet « une chambre de velours cramoisi à lettres d'or de broderie de A et K couronnés, semée, doublée de bougran noir[40] ». Cette chambre, avec d'autres aux chiffres de Charles VIII et d'Anne de Bretagne, servit lors

37. Pour les dais au-dessus des lits, voir Monique Chatenet, « The King's Space. The Etiquette of Interviews at the French court in the Sixteenth Century », dans George Gorse et Malcolm Smuts (dir.), *The politics of Space : Courts in Europe and the Mediterranean, ca. 1500-1750*, actes du colloque tenu à San Marino (Cal.), The Huntington Library and Museum, 26-27 janvier 2007 (à paraître).

38. « Item, huit quenouilles qui estoient de deux lictz de camp qui ont servi à la chambre de l'archiduchesse, lesquelles quenouilles ont esté couvertes de drap or raz, c'est assavoir quatre de drap d'or raz neuf, et les autres de deux demyes lezes de drap d'or que ledit Jehan Lefevre avoit. » (BnF, ms. fr. 22335, p. 1-6. Le Roux de Lincy 1850, p. 166).

39. *Ibid.* : « Une couverture de drap d'or raz de troys lez et demy pour couvrir ung dressoir. »

40. Le Roux de Lincy 1860-1861, t. IV, p. 78.

de l'entretien de François Ier avec Lannoy, ambassadeur de Charles Quint (1526) et lors du mariage provençal de 1533. En effet, parmi les pièces transportées en 1533 de Blois à Marseille se trouve cet article : « une piece de vellours cramoisy, semé de K et A couronnez, faictes de broderie d'or, tenant trois aulnes et ung quart de haulteur et cinq lez de largeur » ; elle est suivie par treize articles analogues de dimensions diverses assorties au ciel de lit cité au-dessus : « Item, ung ciel parfaict et fourny de vellours cramoisy, appelé le ciel des Karolus, semé de lettres de K et A couronnez, faictes à broderie d'or, garny de quatre pantes et frangé de fil d'or, à soye rouge doublé de bougran[41]. »

L'inventaire de 1551 cité plus haut mentionne lui aussi cette chambre : « Une tappicerie de velou cramoisy à Karolus et A couronnés de broderies et gaufrure de fin or, doublée de bougran noir », comportant dix pièces, et « ung grant ciel de parement de semblable estoffe, richesse et façon[42] ». Aucun de ces ensembles aux chiffres d'Anne et de Charles n'est conservé, toutefois une tenture analogue est figurée par Jean Hey dans la miniature qui ouvre les statuts de l'ordre de Saint-Michel, ouvrage sans doute réalisé à la demande de Pierre de Bourbon pour être offert au roi ; mais au lieu d'un fond uniformément rouge, les lettres A et K couronnées se détachent sur un fond à bandes alternées rouge et bleu (fig. 32[43]).

Ce tissu recouvrait également le buffet, ainsi que les « tours » du lit et de la couchette, le lit occupant sa position traditionnelle à côté de la cheminée, la couchette se logeant sans doute contre le mur opposé près de la porte de la chambre principale, et le buffet venant peut-être se placer entre la cheminée et la fenêtre. La couchette attira particulièrement l'attention à cause de son « pavillon merveilleusement beau et bien fait [...] en la manière qu'on fait les bourses sur les planchettes ». La chambre était « largement » dotée de tabourets à garniture de velours vert et, grâce au récit des préparatifs du coucher de l'archiduchesse, on découvre une « petite table pliante couverte de velours vert » sur la quelle était posé un coffre « de velours vert garny d'argent » contenant notamment les bonnets de nuit, décrits plus haut, de l'archiduchesse et de ses dames[44].

La chambre suivante, qui ouvre à l'extrémité sud de la « galerie », n'a pas fait l'objet d'une longue description et l'on sait seulement qu'elle était tendue de satin cramoisi brodé de cordelières et de branches d'oranger, aux armes de Bretagne – parure de chambre confectionnée pour la reine. Parmi

41. On y relève la lacune « d'un doi de franges » dans un coin (Bournon 1879, p. 338-339).
42. Schneebalg-Perelman 1971, p. 288, n° 260-261.
43. Jean Hey, frontispice des statuts de l'ordre de Saint-Michel, BnF, ms. fr. 14363, fol. 3.
44. BnF, ms. fr. 22335, p. 5 (fragment d'inventaire, s. d.) : « Autres choses que la royne a faicte faire a ladicte venue de Monseigneur l'archiduc [...] Deux petitz banchers de veloux vert doublez de taffetas vert, lesquelz pour dedans ung petit coffre plat couvert de mesmes veloux et est la clef pendue aud. coffre ; Item, douze tabouraulx couvers de semblable veloux vert, Item deux chaizes de retraict aussi couvertes de veloux vert. »

les pièces emportées en 1533 de Blois à Marseille se trouve cet article : « Item, une piece de satin cramoisi, tenant huit lez, semees de cordellieres rompues et branches d'orangiers, faicte de broderie d'or a un escu my parti de Bretaigne et France ou meilleu de la piece, de haulteur deux aulnes et trois quars et demy », suivi par quatre autres pièces de même facture[45]. La chambre comportait naturellement des meubles – ne serait-ce qu'un lit – mais le narrateur ne s'y intéresse pas, ce qui signifie sans doute qu'elle était plus ordinaire que la précédente. On voit que le luxe décroît à mesure que l'on pénètre dans la partie privée du logis : la première chambre était tendue d'or, la seconde de velours, la troisième de satin seulement.

La quatrième et dernière chambre se révèle en revanche plus soignée que celle qui la précède, malgré ses dimensions modestes. Les murs sont tendus de velours en bandes alternées blanches et violettes semées de A et D brodés au fil d'or[46]. On peut se demander ce que signifient ces chiffres. S'agissait-il d'une tenture héritée ou acquise de quelque membre de la cour dont c'étaient là les initiales, ou seulement d'une lecture erronée d'un monogramme royal ? On trouve en effet dans l'inventaire du 11 janvier 1499 (1500 n. s.) la mention de « cinq pieces de veloux violet et satin blanc semés de K K faicts de drap d'or » dont les couleurs concordent[47].

## L'orfèvrerie et les objets de la collation

Dans cette pièce dont « faisoit l'archiduchesse sa chambre de retraite », le narrateur présente un seul objet : une « selle percée sous un pavillon carré de damas blanc et violet, et estoit ladicte selle d'argent et le bassin y servant ». Le luxe que manifestaient cette chaise et son bassin a d'ailleurs frappé d'autres chroniqueurs. Jean Molinet s'étonne de l'argent employé jusque dans les objets les plus usuels : « tant à ung logeis comme à l'autre, la vaisselle d'argent estoit tellement espandue, que bacins de selle persée, payeles, bachinoires et aultres vaisseaulx servans de nuict, estoyent d'argent doréz par les bors[48] ».

C'est incidemment, lors de la longue description de la collation, que l'auteur anonyme mentionne d'autres objets placés dans « la chambre où l'archiduchesse se retiroit pour se déshabiller[49] », tels que « les réchauföüers des licts, bassinoires... le tout d'argent ». Cette argenterie d'usage se retrouve en 1537 dans l'inventaire des pièces d'orfèvrerie du Louvre provenant de Claude de France et de sa mère Anne : « Item une bassinoyre

45. Bournon 1879, p. 337.
46. BnF, ms fr. 22335, p. 5 : « Item, ung autre tour de lict pour une couchete, lequel est de veloux vyolet. »
47. BnF, ms. fr. 22335, p. 51. Une erreur de lecture de la lettre K est tout à fait possible : n'oublions pas qu'on ne connaît pas l'original de la *Relation Dupuy-Godefroy*.
48. Molinet 1935, p. 503.
49. *Relation Dupuy-Godefroy*, p. 734.

d'argent vermeil doree aux devises du feu roy et de la feue royne, poisant unze marcs deux onces[50]. »

La cérémonie est également l'occasion d'exhiber une abondante orfèvrerie d'apparat. L'auteur cite « un chandelier d'or avec un flambeau de cire vierge » que l'on peut rapprocher de l'inventaire de la vaisselle d'or des pièces remises par l'orfèvre du roi Henry Dezun le 6 mai 1506 qui mentionne « quatre chandeliers à mectre flambeaux » d'or, pesant ensemble pas moins de 72 marcs, 5 onces et 4 gros[51].

Les demoiselles apportent ensuite plusieurs boîtes d'or, la première « pleine de diverses boittes de confitures », la seconde « pleine de serviettes », une troisième « pleine de couteaux et fourchettes, qui avoient les manches d'or ». L'inventaire « de la vexelle tant d'argent que vermeille doré apportée de château de Nantes à Blois » en octobre 1501, mentionne des objets comparables, mais en vermeil : « quinze boectes plactes vermeilles dorees à mectre confitures » et « huict grans potz garniz de leur couvercles à mectre confitures[52] ». De semblables pots existent encore en 1537 et sont cités dans l'inventaire des pièces d'orfèvrerie du Louvre : « six grans potz a mectre confitures aussi d'argent vermeil dorez garniz de leurs couvescles, poisant ensemble trente sept marcs une once[53] ».

Les plus grandes pièces utilisées à cette occasion sont des drageoirs, « dont l'un estoit d'or merveilleusement beau ». Deux apparaissent déjà dans l'inventaire de la « vaisselle d'or » restée chez Jacques de Beaune le 17 février 1499 (1500 n. st.), l'un décrit comme « ung drajouer d'or dont le pié est semé de fleurs de liz et armynes, poisant XXII marcs, quatre onces, six gros », donc aux armes du roi et de la reine, tandis que celui qui a impressionné notre chroniqueur a été ajouté à la fin de la liste et paraît avoir été confectionné pour l'occasion : « Plus à la venue de monseigneur l'archiduc a esté faict ung grant drageouer d'or, pesant XXXVII marcs, un gros[54] ». Son poids permet de le reconnaître dans l'inventaire de la vaisselle d'or du 3 juin 1505, qui s'ouvre par la description de « la vaisselle faite par Arnoul du Viviers » et mentionne « un grant drageoir en deux pieces, savoir le pied et le bassin, pesant ensemble trente sept marcs, un gros[55] ».

Un drageoir de vermeil, qui fut rapporté de Nantes à Blois, était plus impressionnant encore, car il « estoit si grand, que [...] il touchoit presque jusques à terre ». Il est ainsi décrit en octobre 1501 : « ung grant drageouer d'argent doré en troys pièces, au meillieu et par les bors esmaillé à grans esmaulx d'or, le tour faict à godrons et au bors du bacin a unze

50. Bimbenet 1995, p. 57, n° 69.
51. BnF, ms. fr. 22335, p. 213-222.
52. BnF, ms. fr. 22335, p. 205.
53. Bimbenet 1995, p. 57, n° 64.
54. BnF, ms. fr. 22335, p. 106.
55. BnF, ms. fr. 22335, p. 214.

coquilles[56] ». La présence de coquilles dans le décor est explicitée dans l'inventaire dressé à Nantes en janvier 1500 (n. st.) où l'objet apparaît comme « ung grandt drageouer d'argent doré en troys pièces, au meillieu et par les bors esmaillé à grans esmaulx d'or, le tour fait à godrons et au bors dudit bacin a unze coquilles et au-dessoubz du pié *les armes de Laval*, pesant trente cinq marcs une once d'argent[57] ». Il ne faut voir dans ces coquilles ni une allusion à saint Jacques ni l'apparition précoce d'un motif antiquisant : la maison de Laval brise les armes des Montmorency, dont elle est issue, en surchargeant de cinq coquilles la croix de leurs armes. Ce drageoir réapparaît en 1537 dans l'inventaire des pièces d'orfèvrerie du Louvre provenant de Claude de France, dépouillé d'une partie de ses coquilles[58].

Si le récit mentionne un chandelier d'or, la « déclaration de plusieurs especes de vexelle que maître Martin Pequineau maistre de la chambre aux deniers de la Royne a livree à Gilles Thomas, trésorier de l'épargne de lad. dame » rendue à Blois le 17 janvier 1502 (n. st.) fait état de « cinq chandeliers blancs à boubèche » et ajoute : « Item a livré led. maistre de la chambre aux deniers par cy devant aud. trésorier de l'épargne VI chandeliers à boubèche qui ont esté livrez aux fruictiers de la royne à la venue de l'archiduc et archiduchesse[59]. »

Peu après la réception de l'archiduchesse, « l'inventaire de plusieurs besongnes laissees à Bloys en la garde de la nourisse [de Claude de France] », établi le 25 mai 1502, mentionne plusieurs objets – « deux bassinoueres d'argent doré, quatre petiz potz rons à couvercle d'argent doré, cinq chandeliers à tenir bougie, d'argent doré et ung d'or, quatre mirouers d'argent doré » – qui correspondent aux pièces utilisées pour la collation ou sont décrits dans la chambre de retrait de l'archiduchesse[60].

Ces mentions font écho aux « grands pots et boettes d'argent doré », aux « quatre miroüers enchassez en argent doré », aux « trois pots où estoient les éponges et lessive », ou encore aux « trois chandeliers à queuë à mettre des bougie » cités dans la relation de 1501, auxquels pourraient correspondre encore d'autres articles de l'inventaire de 1537, telle « une grande bouete d'argent vermeil doree aux armes de la feue royne Anne à façon de marcepain poisant cinq marcs six onces », ou « deux autres plus petites bouetes de pareille façon aux armes de lad. feue royne aussi d'argent vermeil dorez, poisant ensemble vingt cinq marcs troys onces[61] », ou encore les « chandeliers pour servir sur table », « troys chandeliers dont l'un à cuvecte et deux

56. BnF, ms. fr. 22335, p. 201.
57. BnF, ms. fr. 22335, p. 77 et 91.
58. « Item ung grant drageouer d'argent vermeil doré en troys pieces à esmaulx dont il default six coquilles, poisant trente cinq marcs » (Bimbenet 1995, p. 57, n° 68).
59. BnF, ms. fr. 22335, p. 206.
60. BnF, ms. fr. 22335, p. 209.
61. Bimbenet 1995, p. 57, n° 62-63.

à boubeche » figurant dans « L'inventaire de la vexelle tant d'argent que vermeille doré apporté de château de Nantes à Blois » en octobre 1501[62].

Nulle trace en revanche dans les inventaires des petits meubles mentionnés à l'occasion de la collation : « une petite table qui se plioit couverte de veloux verd », « un coffre pareillement couvert de veloux verd et garny d'argent », un autre « coffre couvert de veloux verd », pour ne rien dire de « trois paires de vergettes dont les manches estoient de veloux cramoisy » et de « trois étuys couverts de veloux cramoisy tous pleins de peignes », objets sans doute relativement peu précieux mais dont le récit anonyme nous rappelle justement l'utilité.

## Les logis du duc et de la duchesse de Bourbon

Comparés à ceux des archiducs, les logis du duc et de la duchesse de Bourbon paraissent presque ordinaires. Situés rez-de-chaussée, leur surface était bien moindre et leur agencement moins commode puisque la salle était placée à une extrémité, sans communication directe avec la chambre d'Anne de France qui n'était accessible que par celle de son époux. Toutefois, le décor, quoique un peu moins chargé d'or, était magnifique avec des tapisseries historiées et des « tours de lit » brodés.

La salle du duc de Bourbon « tendue de bien fort belle tapisserie à personnages » non autrement décrite, est pourvue d'un buffet de vaisselle d'or selon Lalaing[63]. Le lit est richement garni d'un « tour » en satin cramoisi broché d'or, orné de broderies « comme langues de feu » et dans chaque angle était brodé « en un rondeau un lyon heaumé tout couvert de perles ». On reconnaît ici le célèbre « ciel de Milan », sans doute rapporté d'Italie par Louis XII, orné des monogrammes M et A de signification inconnue. L'inventaire du 11 janvier 1500 (n. st.) mentionne parmi les « autres tappiceries amenées de Millan » :

> « Et premierement, tappicerie de Millan. Ung ciel, doulcier et couverte d'un lit, de satin cramoisy semez de broderie et à chacune desd. pieces cinq lyons faicts de perles et lesditz lyons heaulmez, et est chascun lyon environné d'un chappeau semé de tous fruiz, et tient chascun lyon sur sa pate ung escu, ouquel pend à chascun d'eux sceaux. Et à l'une desd. pieces fault [manque] une cuisse de lyon. Les goutieres dud. ciel, le dit ouvraige à franges d'or et de soye[64]. »

On retrouve le ciel dans l'inventaire du 22 août 1501 recensant les pièces apportées de Nantes à Blois sur ordre de la reine : « La tapicerie venue de Milan ; et premier, la garniture d'ung lit c'est assavoir le ciel, le tresdos

62. BnF, ms. fr. 22335, p. 202.
63. Lalaing, p. 141.
64. BnF, ms. fr. 22335, p. 50 et 129.

et la couverte a broderie à perles et à or et à plusieurs ouvraiges assis sur satin cramoisy[65]. »

Un demi-siècle plus tard, l'inventaire déjà cité du garde-meuble parisien rédigé en 1551 et récolant celui de 1542 le mentionne encore et apporte de nouvelles précisions sur ses broderies :

> « Le ciel appelé le ciel de Millan. Et premierement le fons dudit ciel de satin cramoisy semé de plusieurs esclatz de foudre faict de broderie de fil d'or de Chippre avec cinq grans chapeaulx de triumphe [...], ung au meillieu et quatre aux quatre coings, portant chacun desdits triumphes la devise d'un lyon heaulmé, faict et formé de semeures de perles avec deux sceaux faicts de broderie pendant à un estoc. Contenant ledit fons troys aulnes deux tiers de hault et troys aulnes ung quart de large[66]. »

Il est suivi des pièces suivantes :

> « Troys panthes dudict ciel faictes de satin cramoisy estincelé d'or avec triumphes de broderie d'or emboutie et rapportées par-dessus cordons d'or et plusieurs targettes de devises y pendans [...] ; item le dessus dudict ciel estant de pareil satin cramoisy enrichy d'esclatz et estincelles de broderie et de cinq grands chappeaulx de triumphes comme le fons dudit ciel, portant belles devises faictes et formées de perles, et davantaige ayant par les deux costez deux pilliers de broderie avec un riche candelabre par le meillieu, à petitz enfans et devises, doublé de toille rouge [...] plus la couverture dudict lit de satin cramoisy, enrichy d'esclatz et estincelles d'or, avec cinq grands triumphes garniz desdictes devises faictes et formées de perles, et plusieurs aultres triumphes faictz de broderie à petitz enfans nudz. Toute ladicte couverture bordée d'une bordure faicte en façon de couronne[67]. »

Le codicille sur l'état des pièces ajouté en 1551 précise que « ou fons de ciel de satin cramoisy appelé le ciel de Millan s'est trouvé faulte de plusieurs pièces et yeulx de lyons haulmés et en la couverture dudit ciel y a faulte d'une M et d'un A, et aussi en une des pièces y a faulte de la moitié d'une M[68] ».

Pareillement tendue de tapisseries à personnages, la chambre d'Anne de France était pourvue d'un lit qui n'était pas moins richement garni que celui de son époux. Notre auteur décrit « le tour du lict de satin cramoisy et blanc fort richement brodé, et estoit une volerie sur un ruisseau ». On reconnaît le « grant ciel de Blois », en satin cramoisi, blanc et bleu, garni de grosses torsades de fil d'or avec un étang rempli d'oiseaux de rivière et d'un héron pêchant, qui passe pour avoir été exécuté pour le second mariage d'Anne de Bretagne, mais qui a plus vraisemblablement été importé d'Italie, comme le suggère l'inventaire de 1501 cité ci-après.

L'inventaire des « autres tappiceries amenées de Millan » dressé le 11 janvier 1500 (n. st.), mentionne en effet : « troys autres pieces pour ung lit,

65. Arnauldet 1905, p. 351, n° 30.
66. Schneebalg-Perelman 1971, p. 286-287, n° 84-87.
67. *Ibid.*
68. Schneebalg-Perelman 1971, p. 299, n° XXXV.

dont y a un ciel garny de goutieres et de franges d'or et de soye, et sont lesdictes pieces escartellées sur satin cramoisy et sur satin blanc à ouvraige de broderie. Et sur ledict satin cramoisy y a une mare hayée [ceinte d'une haie] et semée de seaux de rivière, et les quartiers de satin blanc brodez à undes[69] ». Peu après, l'inventaire des pièces apportées de Nantes à Blois compte aussi le ciel de lit parmi « la tapicerie venue de Milan » : « item, une aultre garniture de lit, c'est asavoir le ciel, le tresdos et la couverte a ouvraige de broderie faicte à vollerie et à undez[70] ».

À nouveau, l'inventaire du garde-meuble du Louvre de 1542-1551 décrit de façon détaillée « le grant ciel de broderie appelé le grant ciel de Bloys » :

> « Et premierement le dessus dudit ciel, escartelé de satin cramoisy et de satin blanc et bleu, faict à ondes et estincelle de fin or de Chippre, et enrichi par l'assemblaige et coustures desdites ondes demy gros tors de fil d'or pourfillé, de deux autres petitz tors par les deux costez, et aux deux cartiers de satin cramoisy est figuré une mare tressée de gros tors d'or remplys d'oiseaulx de rivière, environnée d'une terrace decouppee de papillottes d'or faulce, tout le champ semé d'esclers de feu grandz et petits, de hérons, poches et aultres oyseaulx de rivière faictes de broderie, et au-dessus ung faucon faict de mesme broderie dedans un esclat de fouldre fondant sur ladite mare et sur lesdits oyseaulx, ayant ledit dossier quatre aulnes de haut et troys aulnes de tiers et demy le long doublé de toille rouge[71]. »

Il apparaît aussi en 1520 sous la plume d'un chroniqueur du Camp du Drap d'Or[72].

## Les autres logis

Les logis mis à la disposition des membres de la suite archiducale étaient moins richement ornés. Située dans les combles de l'aile Louis XII, la chambre de la dame d'honneur, madame de Halluyin, était décorée d'« une tapisserie de damas gris et jaune, semée de S de velours noir brodees ». Il s'agit d'une tenture aux couleurs et chiffres de Charles VIII qui apparaît déjà dans l'inventaire dressé à Amboise le 12 mai 1494 : une « tappicerie de damas sathins gris et jaulne à la divise dudit seigneur et rapportées par SSS entrelassées », citant « huit pieces de tappicerie de damas gris et jaulne obscur où esdites pieces sont rapportées grandes SSS de veloux noir et une cordelière à travers, lesquelles pieces servent pour la chambre dudit seigneur et en icelles est compris le ciel[73] ». L'année précédente, le compte d'ameublement du château mentionne à plusieurs reprises ces tapisseries de chambre, par

69. BnF, ms. fr. 22335, p. 50 et 129.
70. Arnauldet 1905, p. 351, n° 31.
71. Schneebalg-Perelman 1971, p. 286, n° 242.
72. Cité par Thierry Crépin-Leblond, « Le mobilier royal de la Renaissance française : enquête sur une disparition », dans *Parures d'or et de pourpre : le mobilier à la cour des Valois*, cat. exp. château de Blois (juin-septembre 2002), Paris, Somogy, 2002, p. 19-39 (ici p. 38, n. 14).
73. BnF, ms. fr. 22335, p. 163.

exemple la confection de franges pour les pentes de ciels de lits de satin jaune et gris à « grans SS[74] ».

Les deux chambres suivantes du galetas, qui ne sont pas décrites avec précision, étaient tendues de tapisseries, l'une « de personnages, et l'autre de verdure », mentions insuffisantes pour les identifier[75]. Le reste des logis n'est pas non plus décrit : deux ou trois chambres sont dites « tendues de tapisseries bien fort belles », celles des dames « bien accoustrées, et de belles tapisseryes ». Notre auteur s'attache seulement à relever l'aspect neuf des tentures, la présence de fils d'or, et le fait que toutes les chambres « qui estoient tendues de draps d'or, et de draps de soye, en avoient d'autres dessous à personnages et histoires presque aussi riches », révélant ainsi l'usage d'empiler les tapisseries les unes sur les autres afin de mieux conserver la chaleur, et de ne laisser apparaître que les plus luxueuses.

## Le décor extérieur

Alors qu'on dispose de tant de descriptions de l'entrevue, il est curieux de constater qu'aucun témoin n'ait jugé bon d'évoquer les façades du château, qu'on imagine volontiers couvertes, selon l'usage, de tentures et de tapisseries véritables ou simulées, comme ce fut le cas à Amboise en octobre 1493, lors de la visite du duc et de la duchesse de Bourbon. Un compte nous apprend en effet que plusieurs hommes furent alors employés à « tendre et destendre, tant au-dedans des chambres et galleries dudit chastel d'Amboyse, [que] contre les murailles des deux cours d'icelluy chastel, plusieurs grans pieces de tappisseries a personnaiges et tappiz veluz[76] ».

On sait en revanche par deux témoins d'origine bien différente, Antoine de Lalaing, qui faisait partie de la suite de l'archiduc[77], et l'ambassadeur du marquis de Mantoue[78], qu'on avait dressé au milieu de la cour, et donc à la vue de tous, une colonne de bois peinte à l'imitation du jaspe, timbrée des écus du roi et de la reine, sur laquelle se dressait un enfant nu tenant une

74. Grandmaison 1868, p. 270-271. On ignore pour quelle raison Charles VIII a adopté la lettre S parmi ses emblèmes.

75. Plusieurs verdures sont achetées en 1493 pour Amboise (Grandmaison 1868, p. 259 et suiv.). L'inventaire des tapisseries du 12 mai 1494 mentionne plusieurs verdures « de grosse estoffe », et certaines « sur soye », comme cet article : « Treize pieces de tappicerie de menue verdure sur soye, achaptée dud. Lancelot Platel » (BnF, ms. fr. 22335, p. 155).

76. Grandmaison 1868, p. 276.

77. Lalaing, p. 142 : « Il y avoit illec, en commun spectacle, ung pilier de bois jaspré, et dessus ung statue d'home nud, tenant en sa main une torse, et auprès de luy, ung tableau où fu escript : *Lumen ad revelationem gentium et gloriam, etc.* Et estoient les armes de France en bas, auprès desqueles estoit ung aultre tableau où estoit escript : *Quia viderunt oculi mei salutare tuum.* Et les armes de la royne d'aultre costé, et ung aultre tableau plus bas, contenant : *Quod parasti ante faciem omnium populorum.* Un petit avant, estoient en paincture, bien atachié au mesme pilier, de monseigneur le duc Charles d'Austrice la semblance, et de madame Claude de France, tout au nud, tenans un tableau où fu contenu : *Ex ore infantium et lactentium perfecisti laudem.* » Le texte de Molinet (1935, p. 504) en est la copie conforme.

78. *Infra*, P. J. n° 3, p. 141.

torche, le tout accompagné des paroles prononcées par Siméon lorsqu'il accueille l'Enfant au Temple : « [maintenant tu peux congédier ton serviteur en paix, selon ta parole, car] mes yeux ont vu le salut que tu as préparé en faveur de tous les peuples[79] », « lumière préparée pour les nations et gloire d'Israël ton peuple[80] ». Devant « estoient en painture, bien attachés au mesme pilier », les figures de deux enfants dans lesquels Lalaing a reconnu, sinon les portraits, du moins les effigies des jeunes fiancés « tout au nud » et se tenant la main en signe d'alliance, le tout agrémenté d'une citation de Mathieu : « c'est par la bouche des tous petits et des nourrissons que tu as préparé ta louange[81] ».

Une colonne supportant une statue est la représentation traditionnelle depuis le Moyen Âge des idoles païennes ; aux yeux des contemporains, l'ensemble devait donc évoquer l'Antiquité, modèle également rappelé par la nudité héroïque des figures. Il est toutefois probable que les armoiries et les écriteaux conféraient à l'ensemble une allure encore gothique, comme le suggère la comparaison avec une gravure strictement contemporaine illustrant le *Compendium Francorum gestis* de Robert Gaguin imprimé en 1501[82] (fig. 33) : dressée entre les écus des douze pairs et les figures des saint patrons de la monarchie Denis et Remi, une colonne ornée de feuillages et de phylactères avec des inscriptions gothiques soutient l'écu de France timbré d'une couronne fermée et entouré du collier de Saint-Michel. Une composition presque identique apparaît un peu plus tard dans un manuscrit de Jean Lemaire de Belges peint pour la reine : on y retrouve, entre deux pèlerins, la colonne de jaspe soutenant cette fois l'écu d'Anne de Bretagne[83] (fig. 34). La colonne de Blois formait donc une allégorie de la rencontre : Louis et Anne apparaissant comme les soutiens de la lumière et les tout jeunes fiancés comme les garants innocents de la paix des peuples.

79. Luc, 2, 30-31.
80. Luc, 2, 32. La lettre de l'ambassadeur mantouan omet la mention d'Israël, conférant au message une portée plus universelle.
81. Ps. 8, 3, et Matth. 21,16. L'ambassadeur adapte à nouveau la citation aux circonstances en transcrivant « préparé la paix ».
82. Robert GAGUIN, *Compendium Francorum gestis*, 2e éd., Paris, 1501.
83. Jean LEMAIRE DE BELGES, *Le tiers livre des illustrations des Gaules et singularité de Troye,* 1512, Berne, Bibl. de la Bourgeoisie, Cod. 241, fol. 6.

# Conclusion

L'entrevue de Louis XII et de Philippe le Beau au château de Blois le 7 décembre 1501, qui marque d'un ton nouveau les relations diplomatiques européennes, donne le coup d'envoi des fêtes de cour de la Renaissance française. L'événement permet à bien des titres de « repenser des limites [1] » : celles de la chronologie (tout près de la date fatidique de 1500 censée séparer le Moyen Âge de la Renaissance), celles de la géopolitique (un événement international vécu différemment par les ressortissants de pays en cause) ou celles des disciplines académiques (aux confins de l'histoire et de l'histoire de l'art), celle aussi où l'espace symbolique du cérémonial vient se mesurer à l'espace matériel de la construction... Une autre confrontation est celle des genres, car l'analyse de la relation Dupuy-Godefroy, comparée aux autres récits de l'événement, nous conduit à nous interroger sur le rôle des femmes à la fois comme rédactrices du récit et comme actrices de la rencontre.

## Un auteur retrouvé ?

Nous avons proposé d'emblée d'attribuer notre récit du voyage de 1501 et de l'entrevue de Blois à une femme, laissant en suspens la question de son identité. Est-il possible d'aller plus loin et de déterminer qui est notre mystérieuse narratrice ? S'agit-il d'une dame française de la suite de Marie de Luxembourg, comtesse de Vendôme ? Le fait que le récit détaillé ne commence véritablement qu'à Saint-Quentin – à l'entrée dans le royaume – et s'interrompt brutalement à Blois paraît plaider en ce sens. Pourtant, la narratrice n'est peut-être pas sujette du roi de France, qu'elle n'appelle jamais « le roi notre sire » comme ne manquerait pas de l'écrire une Française (la seule exception est justement quand elle cite les propos d'un tiers, l'avocat du roi à Saint-Quentin). Elle n'appelle jamais Anne de Bretagne « madame », mais seulement « la royne ». Inversement, le récit désigne parfois l'archiduc sous le seul titre de « monseigneur » ou « monsieur » sans autre précision.

1. Monique Chatenet, « *Architecture et diplomatie : rencontre au sommet de Louis XII et Philippe le Beau à Blois en décembre* 1501 », communication inédite lors du colloque *Repenser les limites : l'architecture à travers l'espace, le temps et les disciplines* (31 août-4 septembre 2005), co-organisé par l'Institut national d'histoire de l'art (Paris) et la Society of Architectural Historians (Chicago).

En réalité, c'est surtout à l'archiduchesse qu'elle s'attache : ce sont les vêtements de Jeanne de Castille et le harnachement de sa monture qui sont décrits chaque jour. L'archiduchesse est citée presque aussi souvent que l'archiduc (cent trente fois contre cent quarante-neuf) ce qui paraît exceptionnel dans une relation diplomatique[2]. La narratrice paraît présente, on l'a vu, non seulement à la réception de l'archiduchesse par la reine, mais aussi à la collation du soir prise dans ses appartements. De même, ce sont les appartements de Jeanne qu'elle décrit minutieusement, sans même omettre la pièce de retrait où se trouve sa « selle d'argent », alors qu'elle élude la description des appartements des hommes, qu'il s'agisse de l'archiduc ou de ses proches conseillers. Mieux encore, elle paraît avoir eu accès à « la chambre où ladite archiduchesse se retiroit pour soy déshabiller », et si elle renonce à préciser le contenu d'un coffre faute de l'avoir vu, elle estime qu'il « estoit bien garny, en la sorte de quoy estoyent ceulx qui furent portez aux femmes », comme si elle faisait justement partie des femmes de la suite archiducale destinataires de ces coffrets.

Si la narratrice est attachée à Jeanne, on peut supposer qu'elle a été envoyée au-devant de celle-ci à Saint-Quentin afin de préparer la rencontre entre le couple archiducal et la délégation française. Il fallait pour cela qu'elle fût, comme en témoigne justement le texte, très au fait des usages de la cour de France. Qui était cette mystérieuse accompagnatrice qui suivit les archiducs depuis Saint-Quentin jusqu'à Blois ?

Une femme paraît remplir à merveille l'ensemble des conditions requises Sous le prénom traditionnel (mais anachronique au XV^e^ siècle) d'Aliénor, Éléonore de Poitiers, vicomtesse de Furnes et dame de Stavele († 1509), plus tard « dame d'honneur » de Jeanne de Castille comme l'atteste son épitaphe[3], est connue comme l'auteur du célèbre traité des *Honneurs de la cour*, rédigé entre 1484 et 1487 mais publié seulement au XVIII^e^ siècle par La Curne de Sainte-Palaye et réédité récemment par Jacques Paviot sous le titre des *États de France*[4]. La comparaison des textes montre des similitudes frappantes entre le traité et notre récit. Le ton de notre texte, la manière dont sont minutieusement décrits les « honneurs » et le mobilier des chambres de Jeanne de Castille rappellent plusieurs passages du traité.

2. À titre de comparaison, la reine est mentionnée moitié moins souvent que son royal époux (quarante fois *royne* contre quatre-vingt-huit fois *roy*).
3. Jan Van Acker, « De familie van Stavele (1298-1603) in de kasselrijen van Veurne en Kortrijk. Bijdrage tot de studie van de Vlaamse adel na 1300 », *Koninklijke Geschied- en Oudheidkundige Kring van Kortrijk, Handelingen, Nieuwe Reeks*, LIV, 1988, p. 5-242, ici p. 81. Cf. Jacques Paviot, « Les *Honneurs de la cour* d'Éléonore de Poitiers », *in* Geneviève et Philippe Contamine (dir.), *Autour de Marguerite d'Écosse. Reines, princesses et dames du XV^e^ siècle*, Paris, Champion, 1999. Article édité en ligne sur Cour de France.fr (http://cour-de-france.fr/article961.html). La fonction de dame d'honneur est définie dans une ordonnance de l'hôtel de Jeanne de Castille de 1500-1501 par « son auctorité et preminence… en ceste maison ». Durant le voyage de 1501 toutefois, la charge est encore détenue par Jeanne de Commines, dame de Halewijn (Hallewin).
4. Éléonore de Poitiers 1759-1781 et 1996.

Citons, parmi d'autres chapitres, « l'honneur que la Royne fit à la duchesse Isabelle », lors de la visite que la duchesse de Bourgogne Isabelle de Portugal rendit en 1445 à Châlons à la reine de France Marie d'Anjou, femme de Charles VII. De façon générale, les descriptions des usages, le rapport aux personnes et aux parentés, mais aussi le rythme des phrases sont décidément très proches.

Il est difficile d'être affirmatif sur cette attribution, faute de pouvoir établir une analyse comparée de la langue puisqu'on ne connaît pas non plus l'original des *Honneurs de la cour*, dont le texte a été transmis par deux copies du XVIIe siècle. Il n'en demeure pas moins que l'hypothèse paraît séduisante. Si l'on peut hésiter à accepter cette attribution, il faudra à tout le moins admettre l'étroite parenté des deux textes qui apparaissent alors comme constitutifs d'un genre littéraire initié au XIVe siècle par Christine de Pizan : la description du cérémonial de cour au féminin [5].

## La cour au féminin

Le récit Dupuy-Godefroy présente la cour de France à l'aube du XVIe siècle à travers le regard d'une femme, et ce point de vue inhabituel élargit considérablement notre champ de vision. Il est étrange qu'aucun des nombreux historiens ayant consulté un texte publié dès 1649 ne se soit aperçu d'une réalité qui pourtant saute aux yeux. La narratrice nous dévoile un univers hors de portée des chroniqueurs habituels de la cour de Bruxelles : une cour au féminin. Elle décrypte avec une acuité sans équivalent dans les relations masculines la signification des usages, des gestes, des rares paroles. Elle met magistralement en scène le cadre architectural, les espaces intérieurs, le mobilier, les objets et autres expressions de la magnificence princière. La reine et l'archiduchesse, si effacées, si anodines sous la plume des indiciaires de Philippe le Beau, retrouvent dans son récit leur statut et leur personnalité. La *dignité* que la reine partage avec le roi est minutieusement déchiffrée lors de la présentation des archiducs aux deux souverains. La prééminence de l'héritière des Rois catholiques sur son époux, qui n'apparaît nulle part dans les récits bourguignons (et pour cause), est décodée par quelques observations limpides pour tout lecteur averti. Les caractères affirmés des principales protagonistes – Anne de Bretagne, Jeanne de Castille, Anne de France – sont subtilement évoqués entre les lignes par des notations aussi discrètes que révélatrices. L'époque abonde, il est vrai, en fortes personnalités féminines, et si Louise de Savoie reste à l'arrière-plan, c'est qu'elle attend encore son heure.

La présentation de Claude de France à sa future belle-mère fournit un épisode d'un naturel étonnant, qui contraste avec le texte convenu de

5. PIZAN 1997.

Molinet[6]. Le chroniqueur, qui écrit pour la postérité, relate le comportement adéquat d'une jeune princesse le jour de ses fiançailles. Le fait que cette jeune personne, âgée de deux ans seulement, n'ait pas joué le rôle prévu par le scénario est sans intérêt dans cette perspective, et donc passé sous silence. Notre narratrice, qui s'attache, quant à elle, à fixer sur le papier le déroulement réel des cérémonies, évoque au contraire avec amusement le poupon braillard qu'on remet au plus vite dans les bras de sa gouvernante afin d'éviter pire offense, égayant d'une note pleine de vivacité une atmosphère par ailleurs si codifiée.

Certes, les femmes décrites dans ce récit ont un rôle limité dans le domaine diplomatique[7]. Elles peuvent signaler leur désaccord par quelques entorses volontaires au cérémonial (qui risquent de passer pour des caprices) ; elles peuvent aussi exercer un combat d'arrière-garde auprès de leur époux ou faire jouer l'influence de leur entourage. Mais les décisions se prennent le plus souvent sans elles[8]. L'attitude de Louis XII, qui trouve aimable de proposer à Jeanne de Castille d'aller rejoindre les femmes et de laisser les hommes entre-eux[9], est à cet égard symptomatique. Le silence assourdissant des indiciaires bourguignons devant l'opposition manifeste de Jeanne à la politique « francophile » de son époux, l'est encore plus. On comprend aisément qu'en 1892, René de Maulde La Clavière soit passé à côté de ces subtilités et ait vu dans les relations diplomatiques une affaire purement masculine. Il est plus attristant que certains biographes de Jeanne de Castille, dans leur ardeur à défendre leur héroïne si longtemps qualifiée de folle, se soient précipités tête baissée dans des interprétations partisanes, sans peur d'accumuler les jugements anachroniques. Le féminisme est sans doute plus sympathique que le nationalisme ou le machisme, mais il fait parfois, lui aussi, des ravages. C'est néanmoins – il faut le reconnaître, et même le souligner – grâce à l'impulsion donnée par les *gender studies* que l'étude de la société de cour renoue peu à peu avec sa composante féminine. Il n'est pas toujours aisé de sortir de l'ombre celles qui, à l'aube des Temps modernes, se tiennent encore si discrètement à l'écart[10]. Leur rôle dans le rayonnement de la culture de cour de la Renaissance est pourtant primordial, « comme de vray [qu'] une cour sans dames c'est un jardin sans aucunes belles fleurs[11] » écrit un connaisseur en la matière, qui ajoute à propos d'Anne de Bretagne :

> « Ce fut la première qui commença à dresser la grant cour des dames, que nous avons vue depuis elle jusques à cest'heure ; car elle en avait une très

6. Molinet 1935, p. 502. Voir *supra*, p. 46-47.
7. Wim P. Blockmans, « Women and Diplomacy », *in* Eichberger 2005, p. 97-101.
8. Pour le cas particulier des veuves régentes ou tutrices de leurs enfants, voir Cosandey 2000.
9. « Madame, je say bien que vous ne demandez qu'à estre entre vous femmes, allez vous en veoir ma femme, et nous laissez icy entre nous hommes. » Voir *supra*, p. 43.
10. Contamine 2000.
11. Brantôme 1864-1882, t. III, p. 127.

> grande suitte, et de dames et de filles, et n'en refusa jamais aucune ; tant s'en faut qu'elle s'enquerroit des gentilzhommes leurs pères qui estoient à la cour, s'ilz avoient des filles, et quelles elles estoient, et les leur demandoit [12]. »

Les « belles fleurs » devaient se multiplier au cours du XVI^e^ siècle et la « grande cour des dames » acquérir l'éclat que l'on sait. Mais c'est à la reine Anne que revient l'impulsion première « car sans elle, le roy son mary ne s'en fust guère soucié », remarque encore Brantôme [13]. C'est donc aussi grâce à elle qu'à Blois, en décembre 1501, le rideau du théâtre s'est levé sur la première grande fête de la cour de France au siècle de la Renaissance.

12. Brantôme 1864-1882, t. VII, p. 314.
13. *Ibid.*, t. III, p. 127 : « Il est vray que la reine Anne commença à faire sa court des dames plus grande que les autres reynes précédentes ; et sans elle, le roy son mary ne s'en fust guère soucié. »

# Pièces justificatives

## 1. Voyage en France et réception à Blois de Philippe le Beau et de Jeanne de Castille (Ms. Dupuy 325)

La relation féminine du voyage de 1501 a été publiée par Godefroy en 1649 [1], mais cette édition est bien imparfaite et manifestement modernisée dans sa forme. La difficulté de l'établissement du texte tient à l'absence de manuscrit original, et même de copie du XVIe siècle. La relation nous est en effet connue par trois transcriptions d'érudits. La plus ancienne est conservée dans la collection Dupuy de la Bibliothèque nationale de France [2]. Ce fonds comprend les manuscrits réunis par Pierre Dupuy (1582-1651) et son frère Jacques (1591-1656). Leur père, Claude Dupuy († 1594), avait été avocat (1566) puis conseiller (1576) au Parlement de Paris. Très proches de l'élite parlementaire, et tout particulièrement du président Jacques-Auguste de Thou, Pierre et Jacques invitaient chez eux leurs amis érudits lors de réunions appelées *l'académie* puis *le cabinet des frères Dupuy*. Dès 1615, Pierre fut chargé avec Théodore Godefroy de procéder à l'inventaire des titres du Trésor des Chartes conservés à la Sainte-Chapelle de Paris. Établis comme gardes de la bibliothèque du président de Thou dans son hôtel de la rue des Poictevins, les deux frères furent ensuite pourvus de la charge de gardes de la Bibliothèque royale en 1645. Après leur mort, une partie de leur collection rejoignit la bibliothèque royale [3].

Le volume 325 de la collection, intitulé *Cérémonies observées aux entrées des rois et des princes*, porte la signature P. Dupuy, et la date M VC XXIX (1629). Comme beaucoup des manuscrits de la collection, c'est un recueil factice d'originaux, de copies anciennes et de transcriptions dues à l'érudit lui-même. C'est de cette dernière catégorie que relève le texte du voyage de 1501.

1. Godefroy 1649, t. II, p. 713-735.
2. BnF, ms. Dupuy 325, P. Dupuy, *Cérémonies observées aux entrées des rois et des princes*, M VC XXIX, fol. 19-40.
3. S. Solente, « Introduction », dans Léon Dorez, *Catalogue de la collection Dupuy*, Paris, Leroux, t. III, 1928, p. I-XXIV. Jérôme Delatour, *Les frères Dupuy, thèse pour le diplôme d'archiviste paléographe*, 1996. *Id.*, *Sciences et Techniques en Perspective, vol. 9, n. 1, 2005, Actes du Colloque Peiresc 1604-2004*, Turnhout, Brepols, 2006. Voir le blog de l'auteur : http://cabinet.dupuy.over-blog.com.

Le manuscrit français 4318 est une copie mise au net du précédent. Le volume provient de la collection de Jean-Jacques de Mesmes (1640-1688), président à mortier au Parlement de Paris en 1672, élu à l'Académie française en 1676. C'est probablement dans le cadre de ses attributions de prévôt et maître des cérémonies des ordres du roi qu'il a fait copier les documents réunis par Pierre Dupuy. Le récit de la réception de Philippe le Beau et de Jeanne de Castille reproduit le texte de Dupuy, mais élude de nombreuses répétitions (comme les mentions « ledit » ou « ladite » constamment répétés par Pierre Dupuy devant les titres d'archiduc et d'archiduchesse) tout en présentant plusieurs variantes orthographiques [4].

Le troisième manuscrit, qui paraît dater des premières années du XVIII^e^ siècle, est conservé aux archives du ministère des Affaires étrangères parmi les trente et un volumes de papiers réunis par les Sainctot : Nicolas de Sainctot († ap. 1716), seigneur de Vemars, successivement maître des cérémonies (1655-1691), puis introducteur des ambassadeurs (1691-1709) de Louis XIV, et son fils Nicolas-Sixte de Sainctot (1674-1753), qui lui succéda dans sa charge en 1709 [5]. Le fonds Sainctot faisait à l'origine partie des archives anciennes du cérémonial, ancêtre de l'actuel service du protocole du ministère, mais la date et le mode de son entrée ne sont pas connus. C'est seulement au XIX^e^ siècle qu'il a été reclassé dans la série composite des *Mémoires et documents* [6]. Comme il apparaît dans la table, le volume 1822 s'intitulait à l'origine *Premier volume des réceptions et entrées et triomphes de roy[s], reynes, d'ambassadeurs et autre[s] seigneurs*. À la différence du volume du président de Mesmes, il ne s'agit pas ici d'une copie servile du recueil de Dupuy. Toutefois, pour le récit de 1501, le manuscrit comporte les mêmes mots en blanc ou lectures aberrantes que les versions antérieures, bien que certains noms propres semblent mieux déchiffrés. Il s'agit donc sans doute d'une copie du texte de Dupuy, à moins que les deux textes ne dérivent d'un même modèle. Quoi qu'il en soit, l'orthographe y paraît souvent modernisée et des paragraphes entiers font défaut, ce qui nous a dissuadé de le prendre comme manuscrit de référence.

Si ces documents n'ont guère, croyons-nous, été exploités par les historiens, le texte qui nous occupe est connu depuis longtemps par l'édition qu'en a donnée Denis Godefroy en 1649.

4. BnF, ms. fr. 4318, *Cérémonies observées en l'entrée des rois et des princes,* fol. 21 v-54 v°.

5. Archives du ministère des Affaires étrangères, mémoires et documents, ms. 1822, *Entrées et réceptions, tant en France qu'à l'étranger, de rois, de reines, princes, princesses, archiducs, empereurs, gouverneurs, lieutenants, légats, présidents, cardinaux, ducs, électeurs, ambassadeurs, etc. (1350-1531),* ancienne coll. Sainctot, in-fol., copie du XVIII^e^ siècle. Voir Auguste BOPPE, *Les introducteurs des ambassadeurs (1589-1900),* Paris, 1901, p. 51-52. Sylvia BROUILLET, « De Versailles à Paris : Nicolas de Sainctot, chorégraphe de la monarchie en representation (1711-1716) », dans Marie-France AUZÉPY et Joël CORNETTE (éd.), *Palais et pouvoir de Constantinople à Versailles,* Saint-Denis, 2003.

6. Nous remercions chaleureusement Alexandre Cojannot, conservateur aux archives du ministère, pour ces précieuses indications. Voir aussi *Les archives du ministère des Relations extérieures depuis les origines. Histoire et guide,* Paris, 1984, t. I, p. 132-133.

En 1619, après trente ans de travaux, est achevée d'imprimer la première édition du *Cérémonial de France* de Théodore Godefroy, qui reproduit de nombreux textes tirés de la bibliothèque du roi et de celle des frères Dupuy. Théodore (1580-1649), né à Genève en 1580, abjura la religion réformée. Avocat au Parlement, il fut nommé historiographe de France en 1617 et participa à la négociation du traité de Westphalie [7]. Très vite, Théodore Godefroy souhaita donner une nouvelle édition enrichie de son *Cérémonial*. Retenu par ses travaux sur la généalogie des Habsbourg puis sur la maison de Lorraine, entrepris pour soutenir les prétentions territoriales du roi, il remit en chantier la nouvelle édition du *Cérémonial* seulement après 1629, comme l'atteste un projet de contrat passé avec le libraire Sébastien Cramoisy en janvier de cette année [8]. La publication fut menée à bien par son fils, Denis Godefroy (1615-1681), qui lui succéda comme historiographe de France, avant d'être nommé par Colbert garde des archives de la Chambre des comptes de Lille (1668), ville où il mourut en 1681 [9]. Dans le prologue de la nouvelle édition du *Cérémonial* publiée en 1649, Denis annonce une suite qui n'a jamais paru.

Comme il n'existe aucun exemplaire de la relation de la visite de Philippe le Beau dans les papiers Godefroy conservés à la bibliothèque de l'Institut, il ne fait guère de doute que l'édition de 1649 n'a pas d'autre fondement que la copie de Pierre Dupuy. En effet, Théodore Godefroy avait fait la connaissance de l'érudit dès 1610, lors de son arrivée à Paris. Ils étaient d'ailleurs apparentés par les De Thou. Ils collaborèrent à plusieurs reprises : en 1615, ils furent chargés d'inventorier le Trésor des Chartes, entreprise qui dura près de quinze ans. En 1629, ils presentèrent ensemble à Richelieu le plan de leurs recherches sur les droits du roi. Enfin, en 1636, ils furent désignés pour assister à la conférence sur la paix de Cologne. Il est donc probable que les différences entre le texte publié par les Godefroy père et fils et le manuscrit Dupuy n'ont pas d'autre origine que l'intervention des savants éditeurs : ils ont – toute proportion gardée – modernisé l'orthographe, remplacé certaines expressions (les « gens de bien » du manuscrit deviennent des « gens de qualité » ou « de condition ») et corrigé les noms de personnes en fonction des personnages dont ils connaissaient la présence à la cour de Louis XII [10]. Ce sont probablement eux aussi qui ont complété la fin du récit pour en atténuer le caractère abrupt.

7. Nicole Jordan, *Théodore Godefroy, Historiographe de France (1580-1649)*, thèse manuscrite de l'École des Chartes, Paris, 1949.
8. Michèle Fogel, *Les cérémonies de l'information dans la France du XVIe au milieu du XVIIIe siècle*, Paris, 1989 (Les Nouvelles Études historiques), p. 162.
9. Philippe Rosset, *Les officiers du bureau des finances de Lille (1691-1790)*, Paris, Genève, Droz, 1991, p. 196.
10. N'oublions pas que Théodore Godefroy est le premier éditeur des sources relatives à ce règne, dont les chroniques de Jean d'Auton (Godefroy 1615).

Plus grave sans doute : les Godefroy ont tronqué le texte, supprimant les noms des personnages qu'ils ne parvenaient pas à identifier et biffant quelques phrases au ton très personnel, par exemple lorsque l'auteur avoue son impuissance à reconnaître le sujet d'une tapisserie, à décrire une pièce à laquelle il n'a pas eu accès ou le contenu d'un coffre qu'il n'a pas vu. Ces omissions ont transformé en relation officielle ce qui, dans la version manuscrite, apparaît avant tout comme un témoignage de première main – l'auteur parle à plusieurs reprises à la première personne – riche de notations personnelles. C'est pourquoi, afin de préserver au mieux l'authenticité du récit, nous avons préféré suivre le manuscrit Dupuy 325 dont la foliotation est indiquée entre crochets [...], en relevant toutefois les variantes significatives fournies par les autres copies et l'édition Godefroy.

Pour désigner les textes, nous avons adopté les conventions suivantes :

*D* : BnF, ms. Dupuy 325, P. Dupuy, Cérémonies observées aux entrées des rois et des princes, M VC XXIX, fol. 19-40.

*G* : Théodore et Denis Godefroy, *Le Cérémonial François*, Paris, Cramoisy, 1649, t. II, p. 713-735.

*M* : BnF, ms. fr. 4318, Cérémonies observées en l'entrée des rois et des princes, fol. 21 v°-54 v° (fonds du Président de Mesmes, copié d'après Dupuy 325).

*S* : Archives du Ministère des Affaires étrangères, et européennes, Mémoires et documents, France, vol. 1822, Triomphes et entrées, fol. 115-151 v° (fonds Sainctot).

Afin d'alléger l'appareil critique, seules sont relevées en note les variantes significatives ou de noms propres. Pour la même raison, les personnages sont identifiés dans les notices réunies dans l'index à la fin de l'ouvrage (p. 161-172). Pour faciliter la lecture, toutes les abréviations ont été résolues. L'accentuation d'origine du manuscrit Dupuy 325 a été conservée, mais nous nous sommes conformés aux usages actuels pour les i longs, les majuscules et la ponctuation.

## < *Voyage en France et réception à Blois de Philippe le Beau et de Jeanne de Castille*[11] >

[19] L'an mil cinq cens un, au mois de novembre, vint en France monsieur Philippes d'Autriche, filz du roy des Romains, archiduc d'Autriche, et madame Jeanne de Castille, fille heritiere apparante du roy et de la royne

11. Titre de l'éditeur. *D.* pas de titre ; *G. Reception de la part du Roy Louys XII. de Philippes archiduc d'Austriche, seigneur de Pays-Bas, fils de l'empereur Maximilian I et père des empereurs Charles V et Ferdinand I, passant par la France avec sa femme Jeanne de Castille pour aller en Espaigne, ès mois de novembre et de décembre de l'année 1501. Et l'entreveue faite à Bloys desdits roy et archiduc ; M. L'ordre des ceremonies observees en la reception et conduitte de l'archiduc Philippes fils du Roy des Romains et Madame Jeanne de Castille, fille et heritiere du Roy et de la Reine d'Espagne, passans par ce Royaume depuis St Quentin jusques à Blois en novembre et decembre 1501.*

d'Espaigne. Et partirent de Brusselles et prindrent leur chemin par Mons [12], Vallenciennes et Cambray [13], et leur fut envoyé de par le roy [14] et la royne jusques audit lieu de Vallenciennes au devant d'eux monsieur de Belleville, qui leur declara le bon voulloir que le roy et la royne avoient de les bien traicter en leur royaume.

De Cambray, partirent le xv^e^ jour dudit mois de novembre, et vindrent à petite compagnie coucher à l'abbaye du Mont Saint Martin [15], et ce firent parce que la journée eust esté trop grande à venir dudit Cambray à Saint Quentin [16]. Audit lieu de Saint Quentin estoient monsieur le comte de Ligny accompagné de tous les nobles de Picardie estans pensionnaires, ordonnez de par le roy à recueillir ledit archiduc à l'entrée du royaume, et fussent allez jusques audit lieu du Mont Saint Martin, n'eust esté la presse du logis qui leur eust plustost tourné à peine que à honneur. Et de la part de la royne estoit audit lieu de Saint Quentin madame la comtesse de Vandosme et de Saint Paul [17], accompagnée de monsieur le conte de Brayne et de Roussy, monsieur l'evesque de Meaux et de messieurs de Moi [18] et de Geulx [19], aveq plusieurs autres gens de bien, serviteurs et subjets de madite dame.

Le lendemain, qui fut le XVI^e^ jour dudit mois, arriva mondict seigneur l'archiduc et madite dame l'archiduchesse ensemble en ladite ville [19v°] de Saint Quentin, accompagnée de douze cens chevaux [20] ou environ, esquelz avoit de bons et grands personnages, comme l'ung des filz du comte Pallatin [21], le jeune comte de Nassau, le filz du marquis de Baulde [22], monsieur l'archevesque de Bezançon, monsieur Baudouyn et monsieur Philippes bastard de Bourgongne, monsieur de Ville, monsieur de Chievres, monsieur de Bergues, monsieur l'evesque de Cambray, monsieur Hugues de Melun [23] et plusieurs autres gens de son pais [24]. Et aveq eux estoient ambassadeurs, deux evesques d'Espaigne [25] qui avoient la charge de les conduire de par le roy d'Espaigne jusques vers luy.

12. *G.* Mons *en Hainaut*. Lalaing et la relation de Viennent signalent avant Mons, une étape à Soignies, (à 18 km de Mons et 32 km de Bruxelles) que ne mentionne pas la relation Dupuy-Godefroy.
13. Valenciennes (Nord), à 34 km de Mons et 32 km de Cambrai (Nord).
14. *G. de la part du* roy.
15. Mont-Saint-Martin, abbaye de prémontrés fondée en 1136 à Gouy (Aisne).
16. Saint-Quentin (Aisne) situé à 39 km de Cambrai et 17 km de Mont-Saint-Martin.
17. *M. Saint-Pol*; *S.* (fautif) *madame de Saint Paul.*
18. *G.-M. Mouy*; S. *Moy*. Moüy ou Moÿ en Beauvaisis.
19. *G. Genlis, M. Genly*; *S. Greulx.*
20. *G. hommes à cheval.*
21. « Frédéricque de Bavière, secondt filz du comte palatin », selon Lalaing, p. 127.
22. *G. Baden; M.-S. Bade.*
23. *M. Melin; S. Mellin.*
24. Voir l'état de la maison de l'archiduc dans Gachard, *op. cit.*, t. I, p. 343-372, appendice B.
25. Juan Rodriguez de Fonseca, évêque de Cordoue, et Diego Ramirez de Villaescusa de Haro, évêque de Málaga.

Et marchoient devant luy ses archers au nombre de quarante, puis les gentilz<hommes>[26], après ses trouppes[27] et devant luy ses officiers d'armes ayans leurs cottes d'armes vestues. Ladite archiduchesse avoit pour femmes madame de Haluvin[28], dame d'honneur, donna Anna d'Arragon, qui estoient les principalles femmes de nom, la fille au comte d'Aiguemont[29], la fille au comte de Tingues[30] et treize autres gentilzfemmes, comprins deux meres des filles, l'une de Flandres, l'autre d'Espaigne, et y avoit à la bande sept filles d'Espaigne.

Le roy escrivit lettres aux villes par où ilz passeroient, qu'ils recueillissent l'archiduc et archiduchesse et leur fissent honneur comme à sa personne. De quoy fut grande question pour savoir quel honneur on luy debvoit faire, et fut conclud qu'on tendroit les rues, qu'on feroit les feux, qu'on sonneroit les cloches et que ceux de l'eglise iroient à processions au devant de luy; et du palle[31] et des clefs fut advisé que cela seroit reservé à la personne du roy et que à autre ne se debvoit faire, et ainsi fut fet. [20] Pareillement fut question sy le peuple crieroit à sa venue et fut advisé du commencement qu'ils crieroyent « Vive le roy! »; et toutesfois par bon advis fut deliberé despuis qu'il ne s'en feroit rien et ne crieroient cela ni autre chose.

Ledit jour alla ledit seigneur de Ligny au devant de luy, accompagné des nobles dessusdits, avec des gens d'armes et archers de la compagnie de monsieur des Cordes qui pour lors tenoient garnison audit Saint Quentin et estoient en nombre de cinq à six cens chevaux; et trouva ledit archiduc à deux lieues de la ville, lequel luy dit à l'arrivée : « Monseigneur, le roy est très joyeux de vostre venue en son royaume et m'envoye vers vous pour vous guider et accompagner en sondit royaume, et vous faire tout le service qu'il vous plaira me commander. » A quoy ledit archiduc dict : « Je remercye le roy de l'honneur qu'il me fet, l'une des choses que je desire le plus est me trouver devers luy. » Et fit très bonne mine audit seigneur de Ligny en luy donnant à entendre qu'il estoit joyeux de sa venue. Ledit comte de Ligny passa outre et alla dire le Dieu-gard à ladite archiduchesse, laquelle il trouva un trait d'arc derriere ledit archiduc. Ne baiza ledit comte de Ligny, mais fut adverti qu'avant entrer au royaume, la coustume d'Espaigne n'estoyt point de baizer nulz hommes et qu'elle ne baiseroit que le roy. Par quoy ledit seigneur de Ligny ne s'advança point, et non[32] firent les autres de ce royaume

26. *D.* mot omis; *G.* gentils-*hommes* (préférable).
27. *D.-M. trouppes. G.-S. trompettes* (préférable). L'ordonnance sur la maison de l'archiduc mentionne *neuf trompettes à XII sols* (Gachard 1876, t. I, p. 366) qui justifient la correction de Godefroy et Sainctot.
28. *G. Halluyn*; *S. Haluin.*
29. *G.-S. d'Egmont.*
30. *G. une autre fille d'un comte*; *M. Tingri*; *S. Thungues.* Godefroy n'a pu identifier ce nom. Lalaing mentionne dans la suite de l'archiduchesse « la fille au comte d'Uthinghe » que Gachard n'identifie pas davantage (Lalaing, p. 128). Il s'agit d'Élisabeth, fille du comte Jean II d'Öttingen.
31. *G. poisle.*
32. *G. ainsi que* à la place de *et non.*

dont cy-après sera parlé. Puis retourna ledit comte de Ligny accompagner ledit archiduc, et tantost à près d'un quart de lieue ou environ de ladite ville, alla monsieur de Moÿ[33], cappitaine d'icelle, accompagné des officiers du roy et gens de la justice, au devant dudit archiduc. Et lors fut question [20v°] quel titre on luy bailleroit en faisant les harangues. Il fut donc advisé qu'on le nommeroit « Très haut, Très puissant, Très noble prince et seigneur », et que on ne luy debvoit dire « Très redoubté » et que ce mot devoit demeurer au roy, veu encore que c'estoient les villes de frontieres et prochaines voisines de ses païs, par quoy en nulle maniere ne debvoit estre nommé « Très redoubté ». Et en suivant ladite conclusion, luy fut dit par l'advocat du roy audit Sainct Quentin, « Très haut, Très puissant, Très noble prince et seigneur, voicy les officiers du roy et ceux de la justice de la ville de Saint Quentin qui, par l'ordonnance et commandement du roy nostre souverain seigneur, vous viennent faire la reverence et vous dire que soyez le très bien venu, et davantage vous offrir leurs corps et leurs biens à vous faire service, vous suppliant les avoir en vostre bonne grâce », et autant en firent à l'archiduchesse. Cedit jour, environ trois heures après disner, arriva ledit archiduc à Saint Quentin par la porte nommée Belle Porte[34], monté sur un cheval gris harnaché de velours noir, et avoit ledit archiduc vestu une robbe de velours cramoisy bordée d'ouvrages sur le mestier d'or trié[35]. Et l'archiduchesse <estoit>[36] quand et luy, monté sur une haquenée blanche harnaschée de velours noir, et avoit vestu une robbe de velours cramoisy doublée de drap, et les manches fourrées[37] de martres, et quatorze femmes après[38] elle sur haquenées accoustrées de mesme celle de madame, aveq robbes de velours noir doublées de taffetas cramoisy. Lesquelz trouverent les rues tendues et des grandz feux allumez, et vindrent jusques au bout de la grande rue qui vient sur le marché où ilz trouverent la procession de l'eglise Saint Quentin; et de là tourna ledit [21] archiduc et s'en alla à pied aveq ladite procession jusques à l'eglise. Et ladite archiduchesse tourna sur le marché et s'en vint tout droit à son logis qui estoit au Chine[39]. Et à la dessente de sa haquenée, trouva madame de Vendosme, accompagnée des dessus nommez qui la recuillirent. Ladite archiduchesse baiza ladite dame de Vendosme, laquelle s'offrit à luy porter sa robbe, laquelle[40] ne voulut souffrir; et ce fet, la conduisirent jusques dans sa chambre. Et lors ladite dame de Vendosme luy dict en la presence des dessus nommez : « Madame

33. *G. Mouy.*
34. Le souvenir en est conservé par l'actuelle rue de la Croix-Belle-Porte, touchant la place de l'Hôtel-de-Ville.
35. *G.* d'or *fin trait*; *M.* d'or *traict* (préférable); *S.* d'or *trait.*
36. Texte *G. D.* mot omis.
37. G. *estoient* fourrées.
38. *G. venoient* après.
39. *D.-M.* Chine *G. Cigne*; *S. disner.* Un hôtel du Cygne existait encore en 1936 à Saint-Quentin, au 4, avenue Émile-Zola, près de la place de l'Hôtel-de-Ville.
40. *G. ce qu'elle* (préférable).

la royne a commandé à monsieur de Brayne, à monsieur de Meaux, à monsieur de Mouy[41], de Genlis et à moy, nous trouver icy vers vous pour vous dire que soyez la très bien venue en son royaume ; et de la joye qu'elle a de vostre venue, ne vous en disons rien, car par effet le connoistrez quand serez vers elle. Elle nous a commandé vous accompagner, servir et obeir comme à sa propre personne. Par quoy, madame, toute la compagnye vous supplye qu'il vous plaise leur commander ce qu'il vous plaira qu'il soit fet, et vous serez obeye. » Et en disant cela, luy firent tout l'honneur jusques en terre.

Lors ladite archiduchesse respondict qu'elle en mercieroit la royne de l'honneur qu'elle luy faisoit et la compagnye de la peine qu'elles prenoient. Et sur ce, prindrent congé d'elle et se retirerent hors la chambre, où ils rencontrerent ledit archiduc qui arrivoit et venoit de l'eglise, lequel baiza ladite dame de Vendosme et toutes sesdites femmes, et de là entra en sa chambre. Ladite dame se retira [21v°] en son logis qui estoit au Grand Griffon[42] où elle souppa. Ledit seigneur de Ligny laissa pareillement ledit archiduc en sa chambre et s'en revint en son logis qui estoit à l'hostel de Premonstré[43] où il souppa[44].

Après soupper, ladite dame de Vendosme envoya vers madame de Halluvin[45], dame d'honneur de ladite archiduchesse, savoir ce que l'on faisoit leans, qui luy manda que ladite archiduchesse s'estoit trouvée lasse, pourquoi n'estoyt deliberée de veoir pour ce jour personne. Et fut pareillement mandé au comte de Ligny que ledit archiduc s'estoyt retiré. Pourquoy chacun demeura en son logis pour ce soir, et fut tout ce qui fut fait ceste journée, reservé que après leur arrivée, ceux de la ville furent vers eux leur presenter, et pareillement ceux de l'eglise leur presenterent du vin et du pain de chappitre, et autant firent le lendemain au disner.

Ledit jour de lendemain, XVII^e jour dudit mois de novembre, ledit archiduc ouyt la messe audit Saint Quentin, accompagné de monsieur de Ligny et de tous gens de bien[46] qui estoient en la ville. Et après ladite messe, luy fut par les chanoines de ladite eglise presenté un Saint Quentin d'or pezant six escuz, en luy recommandant ladite eglise. Et luy retourné en son logis, luy fut par mondit seigneur de Ligny presenté une lettre du roy qui contenoit que, sachant sa venue en son royaume, avoit envoyé ledit comte de Ligny vers luy pour l'accompagner et obeir comme à sa propre personne, et luy declara que l'une des plus grandes joyes qu'il avoit de long temps eue, estoyt qu'il avoit pris son chemin par son royaume, et qu'il desiroit le veoir autant que personne du monde, luy offrant tout ce qui estoit en sondit royaume. Après lesdites lettres leues, ledit comte de

41. *S. Moy.*
42. L'Hôtellerie du Grand Griffon (actuel n° 21 de la Grand'Place).
43. *S. Prémonstrez.* Désigne la résidence urbaine des abbés de Prémontré.
44. *S.* ces trois mots omis.
45. *G. Halluyn.*
46. *G.* gens de *condition.*

Ligny [22] <dict >[47] qu'il avoit quelque petite harangue à luy faire s'il luy plaisoit donner audience. A quoy ledit archiduc respondict, quand il luy plairoit. Et alors s'advança monsieur l'evesque de Lodeve[48]. Et de la part de mondit sieur archiduc, respondict le prevost d'Aras ; et fut à la mesme heure reprins et raisonné[49] par luy tous les poinctz et articles proposez par ledit evesque de Lodeve, et response sur un chacun fete de sy bonne sorte, que les escouttans et consistans[50] en firent bonne et grande estime. Et de là toute la compagnye se departit, et alla ledit archiduc disner.

Il avoit esté conclud[51], pour ce que ladite archiduchesse n'estoyt allée à la grande esglize, que tous les chanoines aveq la croix viendroient en procession pour la racuillir à l'huis[52] de l'eglize. Mais le temps fut si laid de pluye et de neige qu'il ne fut possible y aller, et demeura à ouir la messe en son logis. Et incontinant sa messe dite, envoya querir ladite dame de Vendosme pour disner aveq elle, laquelle y alla accompagnée des dessus nommez, et trouverent ladite archiduchesse en sa chambre. Et après le bonjour donné, luy dist ladite dame de Vendosme : « Madame, l'evesque de Meaux a quelque chose à vous dire, si c'est vostre plaisir de l'ouir. » A quoy respondict, quand il voudroit. Et adonc commança ledit evesque de Meaux à dire sa harangue en françoiz. A quoy respondict l'evesque d'Espaigne : « Pource que nous sommes estrangers et que j'ay peur que mon langage ne fust pas bien entendu, je parleray en lattin, et vous, monsieur l'evesque, entendez ce que je diray pour le dire à madame de Vendosme et les autres. » Et fut la responce telle que ladite archiduchesse mercioit le roy et la royne de l'honneur qu'ils [22v°] luy faisoient, et qu'elle avoit aussy grand envye de soy trouver vers eux, comme ils avoient de la veoir. Et puisqu'ils voulloient prendre ceste peine que d'envoyer au devant d'eux, qu'il n'y avoit compagnie à eux plus agreable que celle qu'on leur avoit envoyée, et qu'elle en merciroit le roy et la royne. Et sur ce point[53] la compagnie se departit, reservé[54] ladite dame de Vendosme qui demeura à disner aveq ladite archiduchesse. Et ne disna à sa table que ladite dame de Vendosme. Et la compagnie departye, fut apporté[55] à laver à ladite archiduchesse comme à telle dame appartient[56], laquelle, après avoir lavé, envoya son assancion[57] aveq deux bassins porter l'eaue à ladite dame de Vendosme, ce qu'elle refuza et fit prendre une aiguiere, et ainsy lava et se mit à table.

47. *D.* mot omis ; *G.-M. luy dit* qu'il *y* ; *S. luy dit* qu'il.
48. *G. monsieur* l'evesque de Lodève *qui fit une harangue*; *M. Monsieur* ; *S. Mr… et fit sa harangue.*
49. *G. réassumez* ; *S. repondu.*
50. *G.-S. assistans.*
51. *S. resolu.*
52. *G. la porte.*
53. *S.* Texte depuis *Et fut la responce* omis et remplacé par : *La réponse finie par ledit evesque d'Espagne.*
54. *S. à la réserve de.*
55. *G. on apporta.*
56. *G.* omis : *comme à telle dame appartient.*
57. *G. eschançon.*

Au disner ne fut servy que le plat de l'archiduchesse couvert, et après qu'elle avoit tasté des viandes ou n'en voulloit point, estoit baillé à ladite dame de Vendosme, et ainsy se passa le disner. Cedit jour, en l'après disnée, partirent lesdits archiduc et archiduchesse dudit lieu de Saint Quentin ensemble, et estoit ladite dame sur une haquenée blanche houssée de drap d'or, laquelle avoit vestue une robbe de sattin broché violet, fourrée de lubervié[58]. Et sy avoit quatorze femmes après elle sur haquenées houssées de velours noir, lesdites femmes habillées comme le jour preceddent. *Item,* une litiere dorée[59] couverte de sattin cramoisy, doublée de drap d'or, deux chariots dorez couverts d'escarlate, doublez de drap d'or et ung autre chariot couvert de cuir. Après ladite archiduchesse estoit madame de Vendosme, vestue de velours noir, et après elle les autres femmes de ladite archiduchesse qui estoient à haquenées. Après icelles, quatre[60] femmes à ladite [23] dame de Vendosme, sur quatre[61] haquenées houssées de velours noir, et après toutes les haquenées venoit la litiere de ladite archiduchesse, après laquelle estoit celle de ladite dame de Vendosme couverte de velours noir ; et après les litieres, les trois chariots susdits, et pareillement un autre couvert de cuir appartenant à ladite dame de Vendosme. Il y avoit grande abondance de charrois et estoient estimez en nombre, tant pour ledit archiduc et archiduchesse que pour leur train, à cent chariots de bagage. Auprès de mondit seigneur l'archiduc à main gauche estoit monsieur de Ligny, et ainsi a tousjours esté par toutes les villes où ledit archiduc a passé, reservé en celle dont sera fet mention.

En cest estat que dessus, arriverent en la ville de Ham[62] où ils furent recuillis à processions, feux, rues tendues et cloches sonnantes comme audit Saint Quentin, reservé qu'en parlant « De par le roy », fut parlé « De par ladite dame de Vendosme » à qui appartient ladite ville de Ham. Ou[63] chasteau fut tiré largement artillerie à leur venue et à leur dessente parce qu'ils venoient ensemble. Se trouva madame la comtesse Portian[64], tante de ladite dame de Vendosme et sœur dudit comte de Ligny, madame de Renty sa belle-fille, madamoiselle de Roeux, madamoiselle de Varennes, madame de Belle et plusieurs autres damoiselles qui estoient tant à ladite dame de Vendosme que aux autres dames dessus dites, aveq deux des filz de ladite dame de Vendosme, c'est assavoir François monsieur et Louis monsieur, et les presenta audit archiduc monsieur de Chievres[65], et pareillement ladite dame de Portian qu'estoyt sa mere. Ledit archiduc baiza les dames, et ladite archiduchesse les dames de Portian et de Renty et la damoiselle de Roeux.

---

58. *G. loups cerviers ; M. lubervier*
59. *G.* Item, *venoient après* une litière dorée.
60. *G. quatorze.*
61. *G. quatorze.*
62. Ham (Somme), à 21 km au sud-ouest de Saint-Quentin.
63. *Ou* : au.
64. *G.-M. de* Portian.
65. *G.*archiduc *ainsi que fit* monsieur de Chievres.

Et de là s'en alla en sa chambre où elle fut conduicte par ladite dame de Vendosme et les autres dames dessus dites [23v°], lesquelles s'en retirerent en leurs chambres audit chasteau ; et pour ce soir ledit archiduc mangea seul en sa chambre en la tour de Savoye[66] et ladite archiduchesse en sa chambre. Monsieur de Ligny mangea en la tour du Roy[67], où il festoya de la part de madite dame de Vendosme le comte Pallatin, monsieur de Chievres, monsieur de Melun, monsieur Droeulx[68] et plusieurs autres gens de bien[69] ; monsieur de Bezançon, monsieur de Bergues et monsieur de Cambray soupperent en leurs chambres parce qu'ils mangeoient du poisson ; messire Philippes le bastard, monsieur de Belle[70], le grand escuyer[71] et les sommeliers de corps[72] soupperent en une autre chambre.

Ladite dame de Vendosme suppa en son logis cuidant festoyer les femmes de ladite archiduchesse, lesquelles furent excusées parce qu'elles estoient fort lasses à cause du mauvais temps qu'il avoit fet ce jour. Madame de Hallubin fut servye en sa chambre, parce que ce jour ne mangeoit que poisson. Après le soupper, l'archiduchesse se trouva en sa salle où avoit souppé l'archiduc et toutes les dames, et là furent dancées trois ou quatre dances d'Allemaigne, et dansa ledit archiduc. Ce fet, chacun se retira. Il fut leans audit chasteau logé ledit archiduc et archiduchesse, leurs femmes et vallets de chambre, monsieur de Ligny, monsieur de Bezançon, monsieur de Cambray, monsieur de Bergues, monsieur de Chievres, messire Philippes le bastard, monsieur de Billy[73], monsieur[74] de Melun, le grand escuyer et toutes les dames dessus nommées.

La porte demeura tousjours ouverte jusques[75] qu'on se retirast, et fut dellivré vin et viande à tous ceux qui en voulloient avoir. Par l'advis du sieur de Ligny et autres gens de bien estans là de par le roy, <il fut advisé>[76]

66. La tour de Savoie du château de Ham tirait sans doute son nom du premier époux de Marie de Luxembourg, Jacques de Savoie, comte de Romont et seigneur de Vaud, qui y mourut en 1486. Voir Blanche Bauchau, « Jacques de Savoie (1450-1486) : histoire d'un portrait et portrait historique », *Actes du colloque international L'Ordre de la Toison d'Or à Malines en 1491 (Malines, 7 septembre 1991)*, Malines, 1992, p. 117-147. Il est possible qu'il s'agisse de la tour d'entrée dont le premier étage possédait une salle remarquable.

67. Il est probable que la « tour du roy » désigne le donjon, construit dans la deuxième moitié du xve siècle par le connétable Louis de Luxembourg, qui abritait au second étage une chambre appelée « chambre du roy » où Louis XI aurait séjourné à plusieurs reprises (communication de M. Éric Salandre, vice-président des Amis du château de Ham).

68. *G. de Reux.*

69. *G.* gens de *condition.*

70. *G. Ville.* Lalaing (p. 130) confirme *D* contre la correction des Godefroy en mentionnant « Monsieur de Belle, bastardt de Sainct-Paul, capitaine du chasteau ».

71. « Claude Bonnard, grant et premier escuier d'escuirie » selon l'ordonnance citée (Gachard 1876, t. I, p. 351).

72. L'ordonnance mentionne deux « sommeliers à XII sols, soit Josse de la Driessche et Denis Baudequin » (Gachard 1876, t. I, p. 353).

73. Texte *D.-M. G. Ville.*

74. *G.* mot omis.

75. *M. Tant.*

76. Texte *G.* ; *D.* mots omis.

que les soudoyers estans pour la garde dudit chasteau ne bougeroient de la porte avec [24] leurs bastons comme ils ont accoustumé, et si se fist le guet de nuict, reservé qu'ils ne vindrent point en la gallerye et au quartier où monsieur l'archiduc estoit logé, et si ne sonna-on point les cloches dont l'on a accoustumé recuillir[77] le guet. La porte fut fermée et le lendemain ouverte par le cappitaine dudit lieu, qui lors estoyt le bastard de Saint Paul[78], sieur de Belle[79].

Le lendemain, XVIII^e jour du mois de novembre, ledit archiduc ouyt sa messe bien mattin et alla veoir le chasteau, et fut mené par monsieur de Ligny et monsieur de Belle[80] par tout, et fit tirer largement artillerie.

Cependant ladite archiduchesse ouit sa messe en la chappelle où l'accompagnerent madame de Vendosme et les autres dames dessus nommées, et entrerent lesdites dame de Vendosme et Portian[81] en son oratoire, et non plus. Au partir de la messe, elle alla disner en sa chambre, et disnerent aveq elle lesdites dames de Portian et de Renty. Ladite dame de Vendosme n'y disna point, parce que ce jour alla en littiere et se partit incontinent après ladite messe. Ledit archiduc disna en sa salle et fit disner ledit comte de Ligny avec luy. Le demeurant des gens de bien[82] disnerent où ils avoient souppé le jour préceddant. Ce fait, la compagnie partit, et s'en allerent au giste à Noyon[83]. Entre Magny[84] et Noyon monta ladite dame de Vendosme sur une haquenée pour accompagner l'archiduchesse à entrer dedans la ville, et vindrent au devant d'eux, un quart de lieue de la ville, monsieur de Morel, bailly de Vermandoys[85], monsieur de Cauny et plusieurs autres gens de bien[86] du païs jusques au nombre de dix ou douze bons personnages; et aveq eux les officiers du roy venoient au devant de luy luy[87] offrir tout service avec autres bonnes parolles qui seroient longues[88] à reciter; et ainsy fut fait par toutes les [24v°] villes du royaume jusques à leur[89] arrivée à Bloys. L'archiduchesse avoit pour ce jour vestue une robbe de sattin noir fourrée de martres, et ses femmes toutes robbes de drap gris.

77. *G. réveiller*
78. *M. Sainct Pol.*
79. *G. Ville.*
80. *G. Ville.*
81. Texte D.; *G.-M.* de Vendosme, *de Portian et de Renty.*
82. *G.* gens de *condition.*
83. Noyon (Oise) est situé à 20 km au sud de Ham.
84. Magny, aujourd'hui Guiscard (Oise).
85. *G.* (fautif) le sieur de Morel, *le* bailly de Vermandois.
86. *G.* gens de *condition.*
87. *G. d'eux leur.*
88. *M. trop longues.*
89. *M. son.*

Eux arrivez en la ville, alla mondit seigneur l'archiduc à l'evesque[90] et l'archiduchesse chez un chanoine prets[91] dudit evesque[92]. Ladite dame de Vendosme conduict l'archiduchesse[93] jusques à son logis et puis s'en vint au sien qui estoyt à l'Escu de France. Et de là en avant pour la journée ne se veirent les dames. Et ainsy fut faict tout le long du voyage, reservé les lieux dont sera fet mention[94]. L'archiduc joua après souppé, et se trouverent vers luy lesdits sieur de Ligny et autres bons[95] personnages. Et ainsy fut fet tout au long du voyage, sinon es lieux dont sera fet mention[96].

Le XIX^e^ jour dudit moys de novembre mil cinq cens un, lesdits archiduc et archiduchesse disnerent avant que partir de Noyon. Ledit seigneur ouyt la messe en l'eglise Nostre-Dame, laquelle fut chantée par ses chantres. Avant que ledit seigneur entrast dans l'eglise, les chanoines d'icelle tous revestuz de chappes aveq la croix et le presbtre qui debvoit dire la grande messe, les diacre et sous-diacre, attendirent ledit seigneur à la porte de l'eglise du costé de l'evesché et le menerent jusque devant le grand autel où son siege estoyt preparé. Et fut ce fet parceque le jour preceddent, ils ne l'avoient recueilly aveq la procession, qui est la coustume dudit lieu, parce qu'autres fois s'est trouvé grande confusion entre le clergé et la presse des chevaux, par quoy a esté de longtemps accoustumé en ladite esglise de non [25] aller recuillir le roy ny autres princes au dehors d'icelle, mais seullement jusques au portail de leur dite eglise quand ilz[97] veullent entrer. Ladite archiduchesse ouyt messe en son logis et après disner s'en allerent au giste à Compiegne[98] où ils furent recuilliz en la maniere accoustumée, où ils furent logez en la Maison du roy[99], et aussy ladite dame de Vendosme; monsieur de Ligny et les autres mangerent[100] en la ville. Ce dit jour, chacun souppa en son estat[101]; et après souppé on ne dança point, mais ledit archiduc alla veoir ladite dame de Vendosme en sa chambre avec grande compagnye de ses gens, et dança ledit seigneur et ladite dame environ une heure, et aveq eux deux monsieur de Chievres, grand bailly de Haynaud. Après ces dances, ledit seigneur se retira, et pour ce soir ne fut fet autre chose. Cedit jour l'archiduchesse avoit une robbe de velours noir doublée de sattin.

90. *G. evesché.*
91. *M. proche.*
92. *G. evesché.*
93. *M. ladicte dame.*
94. *G.* phrase omise.
95. *G. principaux.*
96. *G.* phrase omise.
97. *M.* ils *y*.
98. Compiègne (Oise), à 25 km au sud-ouest de Noyon.
99. Ce que confirme la *Relation de Vienne* (p. 558) : « vint mondit seigneur en la maison du Roy qui est bien belle ».
100. *G. logèrent.*
101. *G. hostel.*

Le xx^e jour dudit mois de novembre, qui fut un sabmedy, et le dimanche ensuivant, sejourna la seigneurie[102] audit lieu de Compiegne. L'archiduc ouit la grand messe ce jour à la chappelle dudit lieu et madame l'archiduchesse en sa chambre, et ne fut veue de personne jusques sur l'heure d'aller aux vespres qu'elle manda madame de Vendosme pour l'aller accompagner, ce qu'elle fist, et mena ladite dame de Vendosme avec elle madame de Moÿ[103] et madame la baillifve de Senlis qui estoyent là venues pour veoir ladite archiduchesse, qui les baiza toutes deux ; sy fist-elle madame de Contay, qui ce jour estoit arrivée[104]. Les vespres dites en la chappelle, s'en retourna en sa chambre où elle souppa, et aveq elle madame de Vendosme. Et [25v°] ne se fit autre chose pour ce jour, et estoyt l'archiduchesse vestue d'une robbe de velours cramoisy fourrée de martres.

Ledit jour dimanche xxɪ^e jour du mois de novembre mil cinq cens un, l'archiduc et archiduchesse allerent ouir la messe à Sainte Corneille, laquelle messe fut chantée de ses chantres ; et estoyt ledit seigneur accompagné de monsieur de Ligny et des nobles dessus dits qui de jour en jour croissoyent pour ce qu'en chacune ville s'en trouvoit de nouveaux. Et estoyt l'archiduchesse sur sa haquenée houssée de drap d'or et avoit ladite dame une robbe de sattin viollet fourrée de martres. Et après estoyt madame de Vendosme et toutes les autres femmes accoustumées d'aller à haquenées, aveq les deux chariots dessus dits, et estoient les dites femmes habillées de diverses sortes, les unes de velours tanné, les autres de sattin et damas gris, et les autres de velours noir accoustumé. Après la messe, toute la compagnie retourna disner en leurs logis ; et disna avec mondit seigneur[105] monsieur de Ligny et l'evesque de Lodesve, et aveq ladite archiduchesse disna madame de Vendosme et madame de Hallubin, dame d'honneur de l'archiduchesse. Après les disners ne se fit chose digne de memoire, sinon que les dames allerent aux vespres comme le jour preceddant, et après vespres chacun se retira en son quartier où ils soupperent. Après soupper les dames allerent à la salle où estoyt l'archiduc, où l'on dança, et après les dances chacun se retira.

Le xxɪɪ^e dudit mois de novembre se partist l'archiduc bien mattin de Compiegne pour s'en aller à Senlis[106], et entra en la forest dudit Compiegne pour tirer[107] aux bestes. Et madame l'archiduchesse se partist tantost après pour aller [26] audit lieu de Senlis, où leur fut fet par les nobles et ceux de Senlis le receuil qui leur avoit esté faict aux autres villes cy-devant declarées. Et furent logez assavoir ledit archiduc en la Maison du roy audit lieu,

102. *G. compagnie.*
103. *G. Mouy.*
104. *G.* arrivée *vers elle.*
105. *M. mondict sieur.*
106. Senlis (Oise), à 32 km au sud-ouest de Compiègne.
107. Texte *D.-M. G. pour chasser.*

et l'archiduchesse au Pot d'Estain [108] tout joignant ladite maison. Ce jour ladite archiduchesse avoit une robbe fourrée de martres de satin noir, et entra dedans l'un de ses chariots couvert de drap noir.

Le lendemain, xxiii$^{e}$ jour dudict mois de novembre, partirent lesdits seigneur et dame [109] de Senlis après disner et allerent au giste au Louvre [110]. Et hors du village vint au devant d'eux monsieur le prince d'Orange <accompagné> [111] de beaux et de gens de bien [112]. Ce jour chacun soupa en son logis, et ne fut fet chose digne de memoire, sinon que mondit sieur alla jouer au logis de monsieur le prince d'Orange. Ledit jour madame l'archiduchesse estoyt vestue d'une robbe de velours cramoisy fourrée de martres.

Le xxiv$^{e}$ jour dudit mois de novembre, ledit archiduc et archiduchesse partirent de bon mattin dudit lieu de Louvres [113] et allerent ouir la messe à Saint Denis [114], deliberez aller au giste à Paris ; mais ceux de la ville n'estoyent pas prestz, parquoy demourerent audit lieu de Saint Denis en visitant les reliques et sainctz lieux de ladite abaye. Ilz furent recuillis audit lieu de Saint Denis comme es autres villes cy-devant et furent logez en ladite abaye [115], et pareillement ladite dame de Vendosme. Ledit jour, l'archiduchesse avoit une robbe de velours cramoisy doublée de sattin jaune.

Le xxv$^{e}$ jour du mesme mois de novembre, l'archiduc et l'archiduchesse ouirent la messe audit lieu de Saint Denis, ainsy que le jour preceddant, puis allerent disner où, environ une heure après disner, partirent dudit lieu de Saint Denis [116] pour aller au giste à Paris où, environ [26v°] une lieue prez dudit Paris, se trouva au devant dudit archiduc monsieur de Nevers, monsieur de la Brutuze [117], monsieur le grand prieur de France et plusieurs des chambellans et gentilzhommes de la maison du roy.

Tost après se trouva au devant de l'archiduc une autre bande où estoyt monsieur de Clerieux, gouverneur de Paris, devant lequel alloit le cappitaine des archers de ladite ville, accompagné de six-vingts archers à hoquetons argentez et livrées, après lesquels estoyt le cappitaine des arballestriers en hoquetons argentez et portans leurs livrées. En ladite bande suivoyent [118] les sergens de ladite ville, vestuz de robbes my-partyes à tout [119] les armes

108. Est citée à Senlis une maison « où pend pour enseigne le Pot-d'Estain ». Voir *Mémoires de la Société de l'Histoire de Paris et de l'Île-de-France*, t. 32, 1905, p. 114.

109. *G. tous les dessus dits.*

110. *G. à Louvre en Parisis; M. à Louvre.* Louvres (Val-d'Oise), à 19 km au sud-ouest de Senlis.

111. Texte *G.* ; *D.- M.* mot omis.

112. *G.* le prince d'Orange *de la part du roy pour le bienvenier. Ce prince était* accompagné *de gens de condition.*

113. *G. Louvre en Parisis.*

114. Saint-Denis (Seine-Saint-Denis), à 18 km au sud de Louvres.

115. Au logis de l'abbé, Antoine de la Haye (1499-1504), abbé de Saint-Corneille de Compiègne et de Fécamp (1492), élu en 1499 abbé de Saint-Denis, où il fit construire la chapelle de Saint-Louis.

116. *G.* mots omis.

117. *G-M.* La *Gruthuse.* Probablement Jean de La Gruthuse, capitaine du Louvre.

118. *G. En suite de ladite bande estoient.*

119. *G. avec.*

de ladite ville sur la manche, et après eux ledit gouverneur. Puis après marchoit le prevost des marchans [120], les eschevins et autres officiers de ladite ville. Encores après se trouva la troisieme bande, le chevalier du guet [121] accompagné des gens du guet tant à pied qu'à cheval, vestuz de hoquetons couverts d'argent à leurs livrées. Après lesquels venoit le prevost de Paris [122], accompagné des lieutenans tant civil que criminel [123], conseillers, procureurs et advocats du Chastelet [124]. Et estoient devant le prevost douze sergeans vestuz de robbes my-partyes et rayées à l'un des costez, et douze autres sergens à hoquetons couverts d'argent pour la livrée dudit prevost. Et allerent les bandes dessusdites au devant dudit archiduc jusques à La Chappelle ou environ, reservé ledit sire de Nevers et les premiers nommez, qui passerent outre. Et n'y eut aucune desdites bandes par qui ne fut fet quelque harangue audit seigneur archiduc. Et hors les fauxbourgs de ladite ville vindrent en procession [27] audit [125] archiduc les quatre ordres mendians, lesquels incontinant eux [126] arrivez vers luy tournerent leur chemin par une autre porte, pour eschever [127] la presse des chevaux et du peuple qui y estoyt en sy grand nombre que jamais on n'en vid tant en entrée de roy ny autre prince. Car aveq ce qui estoyt sur le chemin dudict Saint Denis, les rues en estoient si plaines que à grand peine y pouvoit-on passer.

La Cour de Parlement n'y fut point, cela fut reservé au roy. La compagnie qui estoyt venue au devant dudit archiduc s'en retourna comme ilz estoyent venuz, reservé les bons [128] personnages qui y estoient venuz qui demeurerent auprès de la personne dudit archiduc. Après lesquelz marcherent premierement ses postes et messagers, maistres d'hostel avec les officiers de sa maison en grand nombre. Après marchoient ses gardes, et devant eux leur cappitaine, et estoient quarente archers marchans trois à trois, vestus de hoquetons fort chargez d'orphevrerie, lesquels portoient esdits hoquetons pour livrées un fuzil d'or dedans lequel estoit annexé une croix Saint

120. Le prévôt des marchands de Paris, assisté de quatre échevins, supervisait l'approvisionnement de la ville, les travaux publics, l'assiette des impôts et avait juridiction sur le commerce fluvial. Nicolas Potier, général des monnaies, seigneur de Blancmesnil, fut élu en 1500 prévôt des marchands à la place de Jacques Piedefer, destitué à la suite de l'effondrement du pont Notre-Dame (octobre 1499).

121. Le guet royal est une unité de sécurité créée à Paris en 1254 par saint Louis, chargée de la police de la ville.

122. Le prévôt de Paris, créé dès le XII^e^ siècle, intervenait dans les actes où le roi avait des intérêts à défendre et le representait aux audiences du Châtelet.

123. Entre 1497 et 1501, le lieutenant civil était maître Jehan Aligret (ou Allégret) et le lieutenant criminel maître Jehan Papillon (*Gallia regia*, IV, p. 326, 329, n° 16540, 16559).

124. Le Châtelet était le siège de la juridiction du prévôt de Paris. D'abord, seul, le prévôt fut ensuite assisté par un procureur du roi, un lieutenant civil, deux avocats du roi, huit conseillers et un lieutenant criminel. Le lieutenant civil, adjoint du prévôt de Paris pour le civil, traitait les affaires chez lui, en son hôtel. Les appels des sentences rendues par le Châtelet étaient portés au Parlement de Paris. Parmi les avocats du roi vers 1500, on connaît François Goyet et Nicole Quatrelivres (*Gallia regia*, IV, p. 362, n° 16886-16887).

125. *G. au devant dudit.*

126. *G. après estre.*

127. *G. esviter*; *M. eschiver.*

128. *G. principaux.*

André d'orphevrerie dorez, laquelle croix estoyt à la façon d'etoc [129], et sur icelle un chappeau d'archiduc, et chacun desdits archers avoit son arc et sa trousse de fleches. Après ladite garde marchoient douze grandz chevaux, tous harnachez de velours cramoisy, et sur lesdits chevaux douze pages, lesquelz estoyent habillez de robbes de velours cramoisy, leurs pourpoins de sattin broché noir, et n'y avoit celuy qui ne <portast> [130] quelque chose, ou arballestes, espieux, ou epées gravées. Il fut offert par ledit sieur de Ligny audit archiduc comme ayant charge de par le roy de ce faire, à savoir de faire porter son espée nue dès l'entrée du royaume, et faire sonner ses trompettes par les entrées des rues, et mesmement à Paris, ce que ledit archiduc ne voulloit faire. Après les pages [27v°] alloit le maistre palfrenier sur un geneton, en pareil habillement que lesdits pages. Il y avoit deux escuyers d'escurye semblablement habillez comme lesdits pages, qui estoient auprès de la personne dudit archiduc. Après iceux pages marchoient neuf trompettes vestuz de robbes de camelot rouge, ayant chacun sa trompette sur son espaulle sans sonner. Puis marchoient les gentilzommes trois à trois, et les plus gens de bien [131] auprès dudit archiduc, et aveq eux ceux du roy qui estoyent venuz au devant; pareillement aucuns des heraux du roy aveq les siens, ayans leurs cottes d'armes vêtues; et après eux, deux messagers [132] et devant [133] luy. Après lesquels marchoit ledit archiduc, et auprès de luy au costé droit, monsieur de Nevers, et à l'autre costé monsieur de la Grutuze, et y avoit autour dudit archiduc quatre ou cinq laquais vestuz de la mesme parure des pages. Et avoit ledit archiduc vestu une robbe de sattin broché cramoisy, et après luy estoient quatre ou cinq chevalliers de son ordre.

Après marchoit l'archiduchesse montée sur une haquenée blanche houssée de drap d'or, laquelle avoit vestue une robbe de drap d'or cramoisy frizé doublée de velours noir, et quand à elle estoyt ledit comte de Ligny à main droite, et à senestre l'evesque de Cordes [134] ambassadeur d'Espaigne. Après ladite archiduchesse marchoit madame de Vendosme vestue de velours noir fourrée d'hermines, et sa haquenée accoustrée de velours noir. Puis après madame de Hallubin, aussy vestue de velours noir, et douze autres filles sur haquenées accoustrées de velours cramoisy bourdées [135] de drap d'or, et estoient lesdictes filles vestues de velours noir fourrées de letisses [136]; et quatre femmes [137] à madame de Vendosme [28] vestues de velours noir, et les littieres et chariots en la maniere que dessus.

129. Les bâtons écotés de la maison de Bourgogne.
130. texte *G.-M.*; *D.* (fautif) *perdist.*
131. *G. conditionnez.*
132. *Sic* pour : massiers ?
133. *M. comme devant.*
134. *G. Cordoue.*
135. *G. brodé. M. bordées.*
136. *Letisse* : fourrure blanche, peut-être hermine.
137. *G.* femmes *appartenantes.*

A l'entrée de la porte avoit un eschaffaut, lequel estoyt bien accoustré, et au haut d'icelluy avoit un escu de France couronné de [138] l'ordre du roy, et au-dessoubz avoit [139] un grand cheval, sur lequel estoyt Paris armé en blanc et très richement accoustré et avoit ledit cheval [140] deux resnes, l'une à dextre et l'autre à senestre ; à la droite estoit Justice qui conduisoit ledit cheval, et à la senestre estoit Minerve déesse de sapiance [141], lequel cheval [142] frapoit d'un pied sur une roche dont sortoit sur une fontaine, au devant de laquelle fontaine estoyt escript : *Fluminus impetus letificat civitatem Dei* [Ps. 45. 5]. Ce cheval s'appelloit *Pegagius*, ou bonne Renommée, sur lequel Pegagius le hardy [143] monta, duquel la renommée volla par tout le monde et par le moyen de ladite Minerve, déesse de Prudence. Sur lequel cheval Paris est monté, car sa [144] renommée vole, qui est figurée par Pegagius cheval vollant ; car il entretient Sapience et Justice. Au bout duquel eschaffaut avoit un acteur honnestement acoustré qui disoit ce qui s'ensuict :

« A vostre honneur, prince de grand renom,
Sur le cheval de bonne renommée,
Paris portant de la cité le nom
Sur les citez du monde bien famée
Pour recevoir vostre venue aimée,
C'est icy mis, et vous monstre en presence
Que par Justice et haute Sapience
Volle son bruict en terre et mer parfonde,
Plus que autre qui soyt [145] en tout le monde. »

Dedans ladite ville de Paris et en plusieurs endroictz, [28v°] y avoit [146] autres eschaffauts aveq personnages parlans, comme dessus, d'autres mattieres bien belles et bien dites. Ladite ville estoit toute tendue comme l'on fet à l'entrée du roy, les cloches sonnoyent par toutes les esglises. Et à l'endroit de toutes les esglises où monsieur l'archiduc [147] passoyt, estoyent les presbtres desdites esglises tout revestuz en chappes aveq croix et eaue beniste, et reliques en leurs mains, ou devant des portaux desdites esglises sans bouger ; et lesdits archiduc et archiduchesse en passant leur faisoient la reverence tout à cheval, sans baizer lesdites reliques ny faire autre semblant. Ilz allerent jusques à Nostre Dame. Et en la grand rue Nostre Dame se trouverent au devant desdits archiduc et archiduchesse ceux de l'Université en leurs

138. *G.* couronné, *et autour.*
139. *G.* et au-dessous *estoit representé.*
140. *G.* très richement *accommodé, lequel* cheval *avoit.*
141. *G.* deesse de *Sagesse.*
142. *G. or ce* cheval.
143. Texte G. sur lequel Pegase *Persée autrefois.*
144. *G. dont la.*
145. *G.* Plus *qu'autre ville estant* ; M. Plus *de tout autre* qui soit.
146. *G. estoient dressez.*
147. *G.* de toutes *celles par où ledit archiduc.*

habillemens[148], qui venoient au devant d'eux les recuillir, deliberez leur faire une harangue. Mais l'heure estoyt si tardive qu'ilz furent remis à un autre jour, et pour ceste heure ne luy firent sinon la reverance ; et alla ledit archiduc jusques à l'eglize, là où estoyt l'evesque dudit lieu et tout le college[149] en procession jusques à l'huis[150] de l'eglise, là où ilz dessendirent tous deux. Et après y avoir fet leurs oraisons devant le grand autel, leur fut fet de la part dudit evesque et dudit college une harangue par un docteur en theologie. Avant qu'ilz partissent de ladite esglise il fut nuict ; à grande quantité[151] de torches furent menez[152] en la maison de monsieur de Clerieux[153] où leur logis estoyt preparé. Et tost après on leur fist tout plain de presens de par la ville, comme de vin, succades, espices, cirops et ypocras, et furent fourniz des choses dessus dites autant qu'ils sejournerent en ladite ville de Paris. Ledit archiduc souppa en sa salle et plusieurs bons personnages[154] [29] aveq luy, et ladite archiduchesse en sa chambre et aveq elle ladite dame de Vendosme. Après soupper, ledit archiduc se print à jouer et les dames dancerent quelque peu, puis chacun se retira.

Le XXVI^e^ jour dudit mois de novembre au mattin, ledit archiduc s'en alla au Pallais pour veoir plaider les causes, et fut assiz comme pair de France au costé dextre du president[155] auprès de la place du roy. Et à l'entrée de la chambre fut recueilly par messieurs les presidens et tous ceux de la Cour, qui le menerent jusques audit siege ; et en sa presence fut plaidé la cause du differend de la terre de Partenay d'entre madame de Vendosme et monsieur de Dunoys[156]. Après toutes ces choses, ledit seigneur ouyt sa messe en la Sainte Chappelle, et de là retourna en son logis disner. Ladite archiduchesse oyt la messe en sa chambre bien tard, et pour ce mattin ne fut personne vers elle. L'après disnée, ledit archiduc s'en alla jouer à la paume aux Halles et ne retourna en son logis qu'il ne fut nuict. Et après que l'archiduchesse eut disné, la dame de Vendosme alla vers elle, et y mena plusieurs femmes de Paris ; et s'y trouva[157] madame la provoste, laquelle fit porter sa robbe par un gentilhomme jusques à l'huis[158] de la chambre de l'archiduchesse,

148. *M. habits.*
149. *G.* en note : *Alias : chapitre.*
150. *G. la porte.*
151. *G. par quoy* à grande quantité.
152. *M. allumées* et menées.
153. Selon la *Relation de Vienne* (p. 561), le logis de l'archiduc était « belle maison hostel du Roy et assis sur l'auvve qui passe par devant ».
154. *G.* plusieurs personnages *de qualité.*
155. *G. Premier* Président. Pierre de Courthardy (dit Couthardy), premier président au Parlement de Paris à la mort de Jean de la Vaquerie (1497).
156. Le comte de Dunois, François II d'Orléans-Longueville (1478-1512). Marie de Luxembourg prétendait à l'héritage d'Arthur de Richemont, qui s'était vu attribuer la seigneurie de Parthenay en 1415, et avait épousé en troisièmes noces Catherine de Luxembourg, grand-tante de la comtesse de Vendôme.
157. *G.* s'y trouva *entre autres.*
158. *G. la porte.*

de quoy fut beaucoup murmuré. Ladite archiduchesse baiza ladite prevoste et non plus; et s'en alla passer l'eaue et entra par derriere au Pallais aveq grand compagnie de dames, et vit les reliques de la Sainte Chappelle. Puis s'en retourna par la Galerye des Merciers en la grand salle [159] où elle fist un tour; et ce fet, s'en retourna en son logis par eaue, comme elle estoyt venue. Un peu avant soupper, ceux de la ville, aveq monsieur de [29v°] Clerieux, gouverneur dudict lieu, allerent vers ledit archiduc faire une harangue tendant affin de luy donner louange et offrir leur service, comme ayant charge de par le roy de se faire. Et après vindrent à l'archiduchesse en faire autant et, entre autres choses et titres qu'ils luy donnerent, la nommerent Très religieuse dame, et declarant merveilleusement bien les causes pourquoy luy donnoient ce tiltre qui furent bien prinses en gré de tous les escoutans. Depuis soupper vindrent encor d'aucunes dames vers ladite archiduchesse, dont entre les autres y furent mesdames de Mailly, de Bagaume [160], lesquelles elle baiza. Ce jour, ladite archiduchesse avoit une robbe de velours viollet tirant sur le bleu, doublée de drap d'or blanc [161].

Le XXVII^e^ jour dudict mois de novembre au mattin, alla le recteur de l'Université de Paris, accompagné de plusieurs docteurs et grand nombre d'escoliers, vers ledit archiduc faire une harangue qu'ils eussent fet à son arrivée n'eust esté la tardiveté du jour, laquelle fut fort excellente, et la fist un docteur, et dura bien une demye heure. Après laquelle harangue, ledit archiduc s'en alla ouir la messe à la Sainte Chappelle, après la messe retourna disner [162]. L'archiduchesse ouit la messe en son logis où elle disna, et cedit jour partist et alla coucher à Longjumeau [163]. Ledit archiduc demeura à Paris tout ce jour; après son disner, il passa la riviere et alla veoir le chasteau du Louvre, et de là s'en alla le long de la ville veoir la Bastille, et au retour [164] s'en alla à l'hostel du prevost de Paris [165] où estoit le banquet appresté et grande compagnie de dames de la ville. Au partir de là, s'en alla soupper sus [30] monsieur de Nevers [166] où il fut fort festoyé. Après le

159. La Galerie mercière (ou des Merciers) était située à droite de la grande cour du palais (cour de Mai). Appelée plus tard galerie Dauphine, elle abritait de nombreuses échoppes. Déjà en 1378, lors de la réception donnée par Charles V à l'empereur Charles IV, les chroniques mentionnent le passage des deux souverains par cette galerie pour aller de la Sainte-Chapelle à la grande salle du Palais.

160. *D.* Lecture incertaine. *M. de Banames* [?] ; *G. de Piennes.* Si la lecture de Godefroy est la bonne, il s'agit de Jeanne de Ghistelles, épouse de Louis de Halwijn, seigneur de Piennes. Voir Auton, II, p. 146, n.

161. *G. à fonds* blanc.

162. *G.* Saincte Chapelle, *et de là retouna en son logis* disner. Lalaing (p. 133) situe ici une visite à la chambre des comptes.

163. Longjumeau (Essonne), à 20 km au sud de Paris.

164. *G.* retour *de la Bastille.*

165. L'hôtel d'Estouteville, rue Saint-Dominique.

166. L'hôtel de Nevers était situé à côté de la tour de Nesle, près des fossés et de l'ancienne enceinte. Il avait succédé à l'hôtel de Nesle et fut remplacé en 1652 par l'hôtel de Guénégaud qui devint l'hôtel de Conti en 1670.

soupper s'en alla sus le President Thibaut où se faisoyent quelques nopces, et y avoit grande assemblée de dames.

Le lendemain, xxviiie jour dudit mois, partist de Paris l'archiduc, et alla coucher à Montlehery [167], auquel lieu se trouva l'archiduchesse, qui avoit couché à Longjumeau [168]. Cedit jour et le jour de devant, avoit vestue une robbe de sattin cramoisy broché doublé de velours noir.

Le xxixe jour dudict mois, veille de Saint André, l'archiduc et archiduchesse partirent de Montlehery bien mattin aveq toute la bande, reservé monsieur de Nevers et monsieur le prince d'Orange qui estoient demourez à Paris, qui venoient toujours une journée derriere pour la presse des logis; et allerent lesdits archiducs disner à Estampes [169]; et pour ce jour ny le jour de Saint André, ne bougerent de ce lieu d'Estampes et furent lesdits archiduc et archiduchesse logez aux Trois roys [170] et allerent ce jour aux vespres en la grande eglise.

Le lendemain, dernier jour de novembre, jour Saint André, l'archiduc et archiduchesse allerent ouir la messe en l'eglise où ils avoient ouy vespres le jour preceddant, et fut chanté la messe par les chantres dudit archiduc et son organiste. Ce jour se faisoit grande feste, pour ce que c'est le jour qu'ils tiennent leur feste de la Toison. Et alla cedit jour ledit seigneur à l'offrande, qui fut portée par monsieur Droeux [171], et pareillement y allerent ceux qui estoient là portans ladite Toison, dont pour lors n'y avoit que quatre, lesquels alloient en ordre selon ce qu'ils estoyent anciens receuz. Et pour le premier y alla le seigneur [30v°] de Bergues, messire Hugues de Melun, messire Philippes, bastard de Bourgongne, admiral et grand maistre, et après Luxembourg [172], sieur de Ville [173]. L'archiduchesse ny autres n'y allerent, sinon les dessus nommez. Après ladite offrande fete, y eut predication par un jacobin confesseur dudit archiduc [174] et la messe dite, chacun s'en retourna disner. Et pour ce jour disnerent lesdits seigneurs portans la Toison aveq monseigneur l'archiduc [175], et après le disner ledit seigneur alla aux champs, et l'archiduchesse ouit vespres comme le jour preceddant. Et à son retour elle vint veoir madame de Vendosme qui estoyt mallade en son logis,

167. Montlhéry (Essonne), à 26 km au sud de Paris.

168. Monthléry n'est qu'à 7,5 km de Longjumeau.

169. Étampes (Essonne), à 25 km de Monthléry.

170. L'hôtel des Trois Rois, située rue Saint-Jacques à Étampes, reçut encore en 1722 l'Infante promise au jeune Louis XV. Voir Maxime de Montrond, *Essais historiques sur la ville d'Estampes*, Étampes, 1836, t. I, p. 134; Julia Fritsch et Dominique Hervier (dir.), *Étampes, un canton entre Beauce et Hurepoix*, Paris, Éditions du Patrimoine, 1999, p. 209-213.

171. *G. de Roeux*; *M. Droeulx*.

172. *G.-M. monsieur de* Luxembourg.

173. Jean de Berghes avait été admis chevalier de la Toison d'Or en 1481; Hugues de Melun, en 1491; Philippe de Bourgogne et Jean de Luxembourg en 1501.

174. Il apparaît sous le nom de « Frère Jehan de Noyelles, jacobin » ou de « frère Jehan son confesseur », à 16 sols de gages par jour, dans l'ordonnance de la maison de l'archiduc (Gachard 1876, t. I, p. 345).

175. *M. monseigneur* l'archiduc.

qui estoyt sus le grenetier de la ville[176], et le demeurant du jour ne fut fet autre chose digne de memoire. L'archiduchesse avoit vestue pour ce jour une robbe de velours noir fourrée d'aigneaux noirs.

Le premier jour de decembre partist la compagnye, et s'en allerent disner à Angerville[177], et landemain après allerent à Arthenay au giste[178]. Cesdits deux jours ne fut fait autre chose digne de memoire, ny ne se trouva les compagnyes ensemble pour les mauvais logis. Car, comme dessus est dict, ledit sieur de Nevers et ledit prince d'Orange estoient demeurez derriere; monsieur de la Brutuze[179] et plusieurs gens de bien[180] qui s'estoyent trouvez à Paris estoient deux journées devant; monsieur de Ligny s'y tiroit à l'escart, combien qu'il n'estoyt jour qu'il ne se trouvast vers ledit archiduc au partement de son logis et le conduisoyt jusques au giste, et de là se tiroit à l'escart. [31] Et pareillement estoyt madame de Vendosme logée d'un autre costé; et du train de monsieur l'archiduc estoyent plusieurs bandes, dont monsieur de Bezançon, monsieur de Chievres aveq ceux du conseil, alloyent une journée devant; messire Philippes le bastard aveq une bande de gentilzhommes; les comtes Pallatin et de Nassau une autre bande, tellement que toute la Beausse estoyt environnée de gens.

Le troisieme jour dudit mois de decembre, partirent dudit lieu d'Artenay et allerent au giste à Orleans[181] où ilz arriverent de bonne heure. Et furent ce dict jour accompagnez de monsieur de Ligny et de madame de Vendosme du costé du roy, et nulz des autres. Ceux de la bande dudit archiduc, qui le jour preceddant s'estoyent ecartez par le païs, se trouverent ce dit jour à leur entrée à Orleans. Et environ un quart de lieue hors de la ville, vindrent au devant desdits sieur et dame de par le roy, pour leur faire raceuil et bienvenue, monsieur de Foix[182] accompagné de dix ou douze petitz enfans de grandz maisons, enfans d'honneur de la royne, aveq monsieur de Montmorency pour conduicte de la bande, merveilleusement honnestes, principallement ledit seigneur de Foix qui estoit fort gorgias.

Et un petit[183] après vint au devant desdits sieur et dame de par la royne, monsieur d'Avaugour, frere bastard de la royne, monsieur de Guinin[184], seigneur de Montmor, grand escuyer de la royne[185], aveq grand nombre de gentilzhommes, autant ou plus que à la premiere bande. Après lesquels vindrent

176. Le grenetier est l'officier du grenier à sel. Le grenier à sel d'Étampes était situé à l'emplacement de l'actuel hôtel de ville. Voir Julia Fritsch et Dominique Hervier (dir.), *op. cit.*

177. Angerville (Essonne), à 20 km d'Étampes.

178. Artenay (Loiret), à 28 km d'Angerville.

179. *G.-M.* La *Grutuze*.

180. *G.* gens de *qualité*.

181. Orléans (Loiret), à 28 km d'Artenay.

182. Gaston de Foix est alors âgé de douze ans.

183. *G.* Un *peu*.

184. *G. Janlis*.

185. Les deux titres ne désignent qu'une seule personne, Louis de Hangest, seigneur de Montmor et grand écuyer de Bretagne. À ces noms, Lalaing (p. 134) ajoute « monsieur de Candale », c'est-à-dire Gaston III de Foix, captal de Buch et comte de Candale.

ceux de la ville d'Orleans en grand nombre, où il y avoit grand nombre [186] de sergens à pied habillez de [31v°] drap jaune, et en cet estat entrerent en ladite ville, où ils furent receuz en la sorte et maniere qu'ilz avoient esté es autres villes du royaume, et furent menez jusques à Saint Aignan [187], et dessendict ledit archiduc à l'esglise où il fist son oraison, et de là alla à pied jusques à son logis qui estoyt audit hostel du roy [188], et en venant le long de la ville, monsieur de Foix marchoit, quand et ledit sieur, du costé gauche.

Ladite archiduchesse entra en la ville sur une haquenée harnachée de velours cramoisy et madame de Vendosme en sa littiere couverte de velours noir après, parce qu'elle estoyt malade. Après suivoyt les litieres [189] et chariots accoustumés. Cedit jour, l'archiduchesse avoit vestue une robbe de [...] [190] et ses femmes avoient des robbes de drap gris bazanné et les manches doublées de velours. L'après soupper, l'on ne fist rien, sinon le jeu qui estoit en la chambre de monsieur l'archiduc où se trouverent beaucoup de gens de bien [191]. Toutesfois les grands seigneurs ne bougerent de leur logis, fors monsieur de Ligny qui tousjours l'accompagnoyt. Monsieur d'Avaugour et les dessus nommez de sa bande avoient lettres de la royne addressantes à ladite archiduchesse, lesquelles ils ne baillerent pour ce soir, parce que depuis son arrivée nully ne se trouva vers elle.

Le IIII^e^ jour dudit mois de decembre, ledit archiduc ouyt la messe en sa chambre, parce que tout le mattin tint conseil et fit prier à tous les sieurs qu'ils ne venissent point vers luy qu'il ne fust sur l'heure de vespres. L'archiduchesse ouyt la messe en sa chambre et alla à vespres à Saint Aignan [192], et monsieur se mit à jouer. Au retour de vespres vint [32] le seigneur d'Avaugour et les ambassadeurs de la royne en la chambre de l'archiduchesse luy presenter les lettres dont cy-dessus est fet mention, qui contenoient en substance la joye qu'avoit la royne de sa venue, et qu'elle trouvoit le chemin bien long pour la grande envye qu'elle avoit de la veoir. Pareillement la creance desdits sieurs estoyt aussy de ceste substance. A quoy ladite archiduchesse respondit en remerciant toujours la royne et luy escrivit. Car les dessusdits avoient charge de la royne de l'accompagner s'il luy plaisoit, ou sinon de retourner luy dire de ses nouvelles. Après cela vindrent monsieur de Montmorency, gouverneur d'Orleans, et ceux de la ville, vers ledit archiduc, et luy presenterent vingt pieces de vin en luy faisant une terriblement belle [193] harangue ; et pareillement en vindrent faire

186. *G. grande quantité.*
187. *G. Anian.* Il s'agit de la collégiale Saint-Aignan d'Orléans.
188. Il s'agit de la « maison du roi » que Louis XI avait fait construire près de Saint-Aignan. Elle subsisterait sur le côté est de la place où se voit une grande bâtisse brique et pierre très remaniée et partiellement transformée en usine (communication de Françoise Michaud).
189. *G. haquenées*, litières.
190. *D.-M.* blanc ; *G. avoit vestue une robbe de* omis
191. *G.* gens de *qualité.*
192. *G. Anian.*
193. *M. parfaictement* belle ; G. deux mots omis.

autant à ladite archiduchesse et pareillement un [194] presant. Après soupper ledit archiduc et archiduchesse tindrent salle où l'on dança quelque peu, et s'y trouverent monsieur de Nevers et monsieur le prince et monsieur de Ligny [195]. Et avoit ladite archiduchesse cedit jour vestue une robbe de velours cramoisy. Ce soyr fut tué en ladite ville un des charretiers de ladite archiduchesse par le vallet du logis où il estoyt logé [196].

Le lendemain, cinquiesme dudit mois, lesdits archiduc et archiduchesse ouirent la messe à Saint Aignan [197], qui fut chantée par ses chantres. Ledit archiduc avoit deliberé d'ouir messe à Sainte Croix [198] et pour ceste cause n'avoit point esté tendu son oratoire. Mais celle de l'archiduchesse estoyt tendue où il ne se mit point, et n'y fut que l'archiduchesse, laquelle fist trousser ses courtines à l'entour, mais elle demoura dessoubz et avoit son siege devant elle. Après la messe se retira chacun en son logis pour disner. L'après disner, l'archiduc [32v°] tint conseil et alla chacun sus l'archiduchesse, et y dança [199] monsieur de Foix et plusieurs autres des petitz seigneurs de sa bande. Et après les dances, chanterent vespres en une salle pour le mauvais temps, et n'y fut point ledit archiduc. Monsieur de Foix et plusieurs gens de bien [200] soupperent aveq luy. Après soupper, monsieur et madame tindrent salle, et y dança monsieur de Foix et les petits seigneurs de sa bande. Sur la fin de la dance, monsieur de Nevers mena danser ladite archiduchesse. Cela fet, chacun se retira. Ce dit jour, ladite archiduchesse avoit vestue une robbe de sattin violet fourrée de martres.

Le sixieme jour dudit mois de decembre, toute la compagnye delogea d'Orleans et alla ledit archiduc ouir messe à Clery [201], où ilz disnerent, et allerent au giste à Saint Laurens des Eaues [202]. Et ne fut aveq eux que monsieur de Ligny et madame de Vendosme, et tout le demeurant alla par Baugency [203] pour la presse des logis, et tous les seigneurs qui estoyent de la part du roy tirerent dudit Baugency tout droit à Bloys.

Le lendemain, qui fut le VII$^{e}$ jour dudit mois, veille de Nostre Dame des Avants [204], partirent lesdits seigneur et dame dudit Saint Laurens et allerent disner à Saint Dyé, un village à trois lieues de Bloys [205], et de là coucher audit lieu de Bloys où ilz trouverent le roy et la royne. Au partir de Saint

194. *G.* archiduchesse *avec aussi un.*
195. *G. les sieurs de Nevers et de* Ligny.
196. *G.* phrase omise.
197. *G. Anian.*
198. La cathédrale Sainte-Croix.
199. *M. y* dansa ; *G. où dansèrent.*
200. *G.* gens de *condition.*
201. La collégiale Notre-Dame de Cléry, bâtie par Louis XI, à Cléry-Saint-André (Loiret), à 15 km au sud-ouest d'Orléans.
202. Saint-Laurent-des-Eaux, aujourd'hui Saint-Laurent-Nouan (Loir-et-Cher), à 16 km de Cléry.
203. Beaugency (Loiret), alors possession de François II d'Orléans-Longueville, comte de Dunois.
204. Le 8 décembre, fête de Notre-Dame des Avents, dite aussi Notre-Dame de Sainte-Espérance, remplacée depuis 1854 par la fête de l'Immaculée Conception.
205. Saint-Dyé-sur-Loire (Loir-et-Cher), à 12 km de Saint-Laurent et à 15 km de Blois.

Dyé, trouva[206] le grand fauconnier du roy[207] et les autres fauconniers à tous[208] leurs oiseaux que ledit roy[209] avoit envoyé pour prendre quelque plaisir. Parquoy ledit archiduc se retira à l'escart, et fut cela cause de le faire arriver un petit tard audit lieu de Bloys. Au partir de ladite disnée et avant que se tirer à l'escart, [33] vindrent à la sortye du village de Saint Dyé au devant desdits archiduc et archiduchesse l'archevesque de Sens, monsieur de Rohan, monsieur de [...][210] aveq grande compagnye de gentilzhommes pour faire raceuil ausdits sieur et dame. Environ my-chemin trouverent monsieur de Laval[211], monsieur d'Avaugour, monsieur le marechal de Rieux, monsieur de Quintin et grand nombre de gentilzhommes, qui pareillement firent comme les autres[212].

Au bout du fauxbourg de la ville estoyent messieurs les ducs d'Allençon et de Bourbon aveq Saint Georges cardinal, monsieur de Montpensier, monsieur de Vendosme sieur de Champigny, et grand nombre de gens de bien[213], tant[214] prelatz comme[215] secculliers, qui estoient bien en nombre de cinq à six cens chevaux, et d'aussy loing qu'ils apperceurent ledit archiduc, marcherent au-devant de luy pour se rencontrer au my-chemin de la veue d'eux deux, et s'en allerent tous ensemble vers ledit archiduc. Et à l'approcher, se firent de grandz[216] Dieu-gard et assez loin[217]. Et parce que comme dessus est dit, elle[218] ne baizoit personne, parquoy ne s'advancerent point, et s'en retournerent lesdit seigneur de Bourbon et cardinal de Luxembourg audict archiduc, et se mict ledit archiduc auprès de luy du costé droit[219], et ledit cardinal au costé gauche, et monsieur d'Allençon et le cardinal Saint Georges demeurerent aveq l'archiduchesse.

Et estoit monsieur d'Allençon devant elle, et le marquis de Montferrant[220] auprès de luy du costé gauche. Auprès de l'archiduchesse à main droite,

206. *G. l'archiduc* trouva.

207. Dans sa lettre du 10 décembre, l'archiduc mentionne « Renty de Cossey, premier panetier, acompaignié de plusieurs gentilzhomme de la fauconnerie. » Il s'agit de René de Cossé, seigneur de Brissac, premier panetier du roi et grand fauconnier de France.

208. *G. avec.*

209. *G. Sa Majesté.*

210. *D.*-M. Blanc ; G. Rohan *et autres seigneurs.*

211. Guy XVI de Laval. L'anonyme de Vienne le décrit comme « ung beau gentilhomme qui a espousé la fille du roy de Naples et fut par l'aide du roy et a nom ledit seigneur monseigneur de Laval ».

212. C'est donc une avant-garde « bretonne » qui accueille l'archiduc à mi-chemin.

213. *G.* de *haute condition.*

214. *G.* tant *princes du sang.*

215. *M. que.*

216. *G.* grandz *salutations et.*

217. *M. long.*

218. *G. l'archiduchesse.*

219. Texte *D.-M.* ; *G.* et s'en retournèrent *ledit* seigneur de Bourbon *avec* le cardinal de Luxembourg *vers l'*archiduc, *qui se mit auprès de luy* du costé droit (préférable : la suite du texte montre que le duc de Bourbon adextrait l'archiduc).

220. *G. Montferrat.* Guillaume IX Paléologue, marquis de Montferrat. Lalaing (p. 139) l'appelle le « jeune marquis de Montferare âgé de 15 ans ».

estoyt l'archevesque de Cordes[221] ambassadeur d'Espaigne, et à gauche le cardinal Saint Georges. Ladite archiduchesse estoyt sur une haquenée harnachée de velours cramoisy, ladite dame de Vendosme après elle et ses femmes estoient [33v°] pareillement harnachées leurs haquenées de velours noir, et les litieres et chariots en la maniere accoustumée.

En cet estat s'en alla la compagnye le long de la ville de Bloys où ils trouverent grand nombre de torches parce qu'il estoyt quasy nuict. Et est à notter qu'en ladite ville ne leur fut fete quelque[222] entrée comme es autres villes, parce que le roy et la royne y estoyent. Et ainsi allerent jusques au chasteau, et depuis l'entrée de la basse cour jusques à la porte du logis neuf[223] avoit un[224] nombre des archers de la garde à deux rangs; depuis ladite porte du logis neuf jusques à la grande veys[225], estoient les Suisses pareillement à deux rangs. Et depuis ladite veys jusques au long de la grand salle et jusques à la salle où estoyt[226] le roy, estoyt le demeurant des quatre cens archers pareillement en deux rangs, lesquels avoient leurs hoquetons d'orphevrerie, leurs hallebardes en leurs mains, et tenoient grand nombre de torches, tellement qu'il y faisoyt aussi clair que le jour.

Et au derriere desdits archers y avoit sy grand nombre de gens qu'il n'estoyt possible d'y passer sinon par le chemin fet par eux. Ledit archiduc accompagné comme dessus est dict entra dedans la porte dudit logis neuf, et dessendict soubz ladite porte, et fut mené tout au long de la grand salle jusques à la salle où estoyt le roy. Et estoyt tousjours monsieur de Bourbon auprès dudit archiduc qui luy bailloit l'honneur.

La salle qui estoyt richement tendue et avoit sur la cheminée un beau ciel de drap d'or frizé, et devant la cheminée estoyt un grand tapis velu, sur quoy estoyt la chaire du roy où il estoyt [34] assiz, et auprès de luy estoyt monsieur d'Angoulesme, monsieur le legat et monsieur de Brienne. Et la salle estoyt si plaine qu'à grande peine y pouvoit-on entrer. Et à l'entrée de ladite salle, ledit archiduc osta son bonnet, et dist monsieur de Brienne au roy : « Sire, voillà monsieur l'archiduc. » Et le roy souriant dist : « Voilà un beau prince. » Ledict archiduc fist jusques à trois honneurs avant qu'arriver au roy. Et au commencement que ledit archiduc entra dedans la salle, le roy se leva et commança à marcher vers ledit archiduc en petitz pas. Et au second honneur que fist ledit archiduc[227], s'advança le roy et osta son bonnet. Et au troisieme honneur le roy l'embrassa, et parlerent quelques mots assez bas. Puis le roy remist son bonnet, et ledit archiduc estoyt toujours la

221. G. *l'evesque de Cordoue.*

222. G. *aucune.*

223. C'est-à-dire depuis le passage voûté du pavillon adossé à la salle des États qui donnait accès à l'avant-cour et dont l'actuelle rue de la Voûte conserve le souvenir, jusqu'au portail de l'aile de Louis XII.

224. G. *estoit grand.*

225. *grande veys* : grand escalier en vis.

226. G. *attendoit.*

227. G. *ce prince.*

teste nue, dont le roy le pressa moult de couvrir [228]. Mais il respondict qu'il estoyt en son debvoir. Ils se remirent encores à parler ensemble.

L'archiduchesse suivoit l'archiduc le long de la ville jusques au chasteau, mais la presse fut sy grande qu'elle ne put entrer quant et luy. Elle dessendit au lieu où l'archiduc estoyt descendu et trouva la dame de Nevers, madamoiselle de Montpensier, madame de Rohan, madamoiselle de Candalle et grand nombre des femmes de la royne qui la recuillirent à la dessente de sa haquenée. Elle passa outre tout le chemin qu'avoit fet ledit archiduc jusques à l'huis de la salle où estoyt le roy. A ladite entrée luy fut demandé à haute voix sy elle baizeroit le roy, dont elle demanda congé à l'evesque de Cordes, qui luy respondict qu'ouy; et respondit audit personnage ouy. Elle entra en la salle, où dès que le roy sçut qu'elle venoit, [34v°] laissa l'archiduc aux autres seigneurs qui estoient là, et s'en vint au devant d'elle jusques à l'huis, tellement qu'elle n'eust loisir que luy faire deux honneurs qu'elle fist bien bas, et la baiza le roy la teste nue, puis la prist par le braz, la mit au-dessus de luy et la mena le long de la salle jusques au lieu où estoit sa chaire, où il trouva ledit archiduc et monsieur d'Angoulesme, lequel ladite archiduchesse baiza. Et puis luy dist le roy : « Madame, je say bien que vous ne demandez qu'à estre entre vous femmes, allez vous en veoir ma femme, et nous laissez icy entre nous hommes. » Cela dict, elle luy fist l'honneur et passa outre et entra en une autre chambre, où à l'huis de ladite [229] chambre trouva madite dame la duchesse de Bourbon accompagnée de madamoiselle sa fille, de madamoiselle d'Alençon, madamoiselle de Raymond et la plus jeune de Rohan. Et là se firent lesdites deux dames bien grand honneur et plus qu'à demy et se firent une terriblement belle chere [230]. Ce fet, elle baiza lesdites damoiselles dessus nommées, et puis se mit madame de Bourbon au dessoubz d'elle, ce que l'archiduchesse ne voulloit souffrir, et presenterent plusieurs fois l'honneur l'une à l'autre, mais madame de Bourbon demeura tousjours au dessoubz; et en cest estat prindrent [231] l'une l'autre, et cheminerent pour entrer dans la salle où estoyt la royne. Mais ilz furent long temps dans la chambre pour la grand presse qu'ils ne savoient marcher [232].

Et cependant passa l'archiduc, qui venoit de devers le roy, par la chambre où estoient les deux dames, et là dit le Dieu-gard à ladite dame de Bourbon; puis passa outre et entra en la chambre de la royne, à laquelle il fit la reverance comme il debvoit. [35] Et parce que l'archiduc passa le premier, fut la presse sy grande qu'il fallut que l'archiduchesse demeurast en la chambre de madame Claude [233] jusques au retour dudit archiduc, lequel fut mené par monsieur de

228. *M.* de *se* couvrir.

229. *G.* à *l'huys d'icelle.*

230. Texte *D.-M.*; *G. bien grand honneur et* belle chère.

231. *G. s'entreprirent.*

232. *G.* la gran presse *qui y estoit, ne pouvans quasi marcher ny avancer; M.* la grand presse *qu'ils ne purent marcher.*

233. Claude de France, fille de Louis XII et d'Anne de Bretagne était alors âgée de deux ans.

Bryenne et monsieur de Ligny en sa chambre. Ce faict, marcherent les dames et entrerent en ladite salle, à l'entrée de laquelle ne se firent nulz honneurs, pource que la presse y estoyt sy grande que l'on ne savoit choisir la royne, et ne la virent qu'ils ne fussent auprès d'elle de quelque quatre enjambées. Et estoyt lors la royne[234] assise en sa chaire devant la cheminée soubz le dosselet, et auprès d'elle monsieur le prince d'Orange et autres grandz personnages qui seroient longz à raconter. Et dès que la royne apperceut l'archiduchesse, se leva debout, et madite dame luy fit l'honneur seullement en ployant le genouil, et madame de Bourbon, qui la tenoit par le bras, le fist jusques à terre et acheva ces deux honneurs un petit plus bas. La royne ne marcha au devant d'elle que deux ou trois pas, puis la baiza en luy faisant très bonne chere et grand racueil, en luy donnant à entendre qu'elle estoyt très aise de sa venue. Les parolles ne furent <gueres>[235] longues entre elles. Puis l'archiduchesse print congé de la royne et se retira en sa chambre.

Au bout du tapis sur quoy estoit la chaire de la royne, environ à deux enjambées près elle, estoyt madame la duchesse d'Alençon et madame la comtesse d'Angoulesme, et un petit plus derriere estoit madamoiselle de Foix et madame la comtesse de Dunoys ; et tout au long de la parroy de la salle estoyent toutes femmes. Ladite archiduchesse baiza les quatre dames dessus nommées, et non pas les autres femmes parce que [35v°] madame de Bourbon l'en empescha, car elle n'eust jamais faict. Et de là passa par devant la royne en luy faisant l'honneur, et s'en retira en son logis, là où madite dame de Bourbon la conduict. Après que l'archiduchesse fut passée, la royne se remist en sa chaire, et par madame de Vendosme fist amener vers elle madame de Hallubin, laquelle elle baiza en luy faisant très bonne chere. Les damoiselles d'Alençon, de Bourbon, les dames de Vendosme, de Nevers, et autres qui estoient venues jusques au racueil de l'archiduchesse la suivoient jusques en sa chambre. A l'huis de la salle devant sa chambre, trouva madame Claude que portoyt la fille de madame de Tournon, pource que ladite dame de Tournon sa mere, qui gouverne ladite dame Claude, portoit le grand deuil. Ladite dame Claude estoyt accompagnée de madame d'Angoulesme, madamoiselle Anne d'Alençon et de la duchesse de Vallentinois, et après cela madame de Tournon, aveq quatre ou cinq femmes de bonne[236] apparence. Et après ce y avoit vingt ou vingt-quatre filles petites, dont la plus vieille[237] n'avoit pas treize ans, aveq une damoiselle qui les gouvernoit. La petite madame Claude se print sy fort à crier que l'on ne luy dist point Dieu-gard, et ne fut fet là aucun honneur, mais fut portée la petite dame en sa chambre. Les dames passerent au long de la salle, et entrerent en la chambre de l'archiduchesse, où elle et madame de Bourbon s'assirent chacune tout bas sur des careaux,

234. *G. Elle estoit.*
235. Texte *G.-M.* ; *D.* (fautif) *que.*
236. *G. grande.*
237. *G. âgée.*

et deviserent quelque peu de temps. Et puis se leva ladite dame de Bourbon, et appella madame de Vendosme et luy dist : « Ma tante[238], pource que je say bien que madame ma niepce[239] a besoing de soy reposer, j'ay peur de luy donner [36] empeschement, vous estes plus privée d'elle que je ne suys, vous acheverez de luy montrer son logis, et s'il luy faut rien[240], vous le ferez savoir. » Ces parolles dictes, ladite dame de Bourbon et toutes les autres dames se partirent, et ne demeura aveq ladite archiduchesse que madicte dame de Vendosme, laquelle l'accompagna et servit tant que ladicte dame fut à Bloys, car ainsi luy commanda[241] la royne de ce faire.

Et pour dire[242] l'accoustrement du chasteau de Bloys, la grande salle par où entrerent lesdits archiduc et archiduchesse estoyt fort grande, et estoyt tendue[243] de la destruction de Troye, et pareillement une chappelle qui estoyt au bout de ladicte salle. La salle où mangeoit le roy et où l'archiduc[244] se trouva estoit tendue d'une tappisserye que l'on appelle la tappisserye de Fromigny tout allentour et par en haut de mesme tappisserye. Sur la cheminée avoit un dosselet de drap d'or frisé bien riche. La chambre de madame Claude[245], qui estoyt suivant la salle du roy, estoyt tendue d'une bergerye qui tous avoient escriteaux, et estoyent tous petitz personnages, qui estoit tappisserye fort belle.

Et sur le bers[246] de madicte dame Claude avoit un pavillon de damas vert, à l'autre bout de la chambre avoit un lict de camp tendu de soyette noire où couchoit madite dame de Tournon[247], qui estoyt nouvellement vefve ; et autre lict n'y avoit en ladicte chambre.

Après estoyt la salle de la royne qui estoit tendue d'une tappisserye d'une bataille[248] qui estoyt une histoire que je ne sauroys nommer[249], et sur la cheminée un dosselet aussy de drap d'or frizé. En la chambre de la royne avoit une tappisserye de bestes [36v°] et oiseaux estranges, aveq personnages d'estrange païs, et avoit en ladite chambre un lict de camp tout accoustré de drap d'or frizé bien riche. Sur la couche un pavillon de damas cramoisy.

238. Marie de Luxembourg était la tante par alliance d'Anne de France, puisque la comtesse de Vendôme avait d'abord épousé Jacques de Savoie, comte de Romont, frère de la reine Charlotte, mère de la dame de Beaujeu.

239. *G.* en note : *alias* : *Madame ladite archiduchesse.* Jeanne de Castille n'est en fait qu'une lointaine cousine par alliance : par son défunt frère Charles VIII, Anne de France est la belle-sœur d'Anne de Bretagne, qui par sa mère Marguerite de Foix et sa grand-mère Éléonore de Navarre, est une arrière-petite-fille de Jean II d'Aragon, lui-même père de Ferdinand d'Aragon et donc aïeul de Jeanne.

240. *G. aucune chose.*

241. *G. avoit commandé.*

242. *G. parler de.*

243. *G.* tendue *d'une tapisserie.*

244. *G. ladite archiduchesse.*

245. *G. la jeune* madame Claude.

246. Texte *D.-M.* ; *G. berceau.*

247. *G.* madite dame de Tournon, *sa gouvernante.*

248. *G.* d'une tapisserie *d'histoires et bataille.*

249. *G.* 9 mots omis.

Au logis dudict archiduc avoit une gallerye tendue des fetz[250] des Troyens. Après une grand salle tendue de[251] Alexandre le Grand, et un cosselet sur la cheminée de drap d'or frizé bien riche, et au plancher de ladite salle pendoient deux grands chandeliers merveilleusement gros qui estoyent d'argent et en croix, pour mettre à chacun quatre flambeaux, lesquels chandeliers pendoient à de grosses chesnes d'argent. Devant le buffet avoit un grand banquet[252] d'argent qui estoyt aussy long que ledit buffet et[253] au bout de ladicte salle estoyt une chambre où ledict archiduc[254] se retiroit et tenoit tout le jour, laquelle estoyt[255] d'une tapisserye de personnages, le tour du lict[256] de drap d'or trec[257] et les rideaux de mesme, doublez de damas blanc. Derriere ladicte chambre en y avoit deux ou trois petites bien accoustrées, mais pour ce que ledict archiduc en faisoyt ses garderobbes et retraictz[258] nul n'y alloit, par quoy je ne sçaurois deviser des tappisseryes[259].

A l'autre bout de ladite salle estoit la chambre de madame l'archiduchesse où lesdits seigneur et dame couchoient, laquelle estoit tendue de drap d'or retz rouge et noir, aveq deux licts de camp, dont celluy où ilz couchoient estoit d'or trec[260], les rideaux de mesme doublés de drap damas blanc, et par dessus le lict de camp avoit[261] tendu un grand ciel de drap d'or frizé, les rideaux de taffetas jaune et rouge. A l'autre bout de la chambre avoit un autre lict de [37] camp de drap d'or frizé, les rideaux de mesme, doublez aussy de damas blanc. Sur les deux licts avoit couvertures de mesme, et par dessous les draps de toille de Hollande. Tout à l'entour desdicts licts de camp estoient bordez de drap d'or de mesme lesdits lictz de camp, et sur le buffet estoyt un tapis de drap d'or de mesme de[262] ladicte chambre[263]. Au coin du lict avoit une chaire dorée, forte menuisée et ouvrée, venant d'Italye, et le fons[264] de drap d'or frangée tout à l'entour de grandes franges d'or et d'argent. Devant le feu avoit une autre chaire couverte de drap d'or, et un grand tapiz de drap d'or[265] par dessus de mesme la chambre, et largement de carreaux de même[266].

250. *G. des faicts*; *M. de la deffaicte.*
251. *G. des gestes d'.*
252. *M.-S. bacquet.*
253. *G.* ces 16 mots omis.
254. *G.* (fautif) *ladite archiduchesse.*
255. *G.* estoit *tendue.*
256. *G.* le tour du lict *qui estoit dedans estoit.*
257. *G. d'or trait*; *M. d'or traict* (préférable).
258. *G.* ces deux mots omis.
259. *G.* ces 8 mots omis.
260. *G. d'or trait*; *M. d'or traict* (préférable).
261. *G. estoit.*
262. *G. que.*
263. *G.-S.* Tout à l'entour desdits licts de camp, *et sur le buffet, estoient des tapis de drap d'or de mesme que ladicte chambre.*
264. *G. dont* le fonds *estoit couvert.*
265. *G.* de *pareille étoffe.*
266. *G.* de même *pour se seoir.*

Oultre y avoit une autre chambre derriere tendue de velours cramoisy, brodez de K et de A couronnez, pareillement le tour du chaslit de la couchette, le tappis sur le buffet de mesme. Parmy ladite chambre avoit largement des tabouretz couvertz de velours vert. Et sur la couchette avoit un pavillon merveilleusement beau et bien fet, et estoyt de soye et estoyt en la maniere qu'on fet les bourses sur les planchettes et fut l'une des pieces que ladicte archiduchesse estima autant que toutes les aultres accoustremens de son logis[267].

Outre ladite chambre en y avoit une tendue de sattin cramoisy brodé de cordelieres et orangé, aux armes de Bretaigne.

*Item*, oultre ceste chambre en y avoit une aultre tendue de velours blanc et violet semé de A D d'or brodez dessus. Et en ceste chambre[268] faisoit l'archiduchesse sa chambre de retraite, et estoit sa selle perchée[269] soubz un pavillon carré de damas blanc et violet, et estoit ladicte selle d'argent et le bassin y servant.

En haut ou[270] galletas estoyt logée madame de Hallubin[271], et en [37v°] sa chambre estoyt tendue une tappisserye de damas gris et jaune semée de S de velours noir brodeez. Après ladicte chambre y en avoit deux autres, dont l'une estoyt tendue de personnages, et l'autre de verdure, et en celle de verdure y avoit deux litz de camp tendus de taffetas.

Au logis de monsieur de Bourbon, qui estoit soubz cestuy de l'archiduc, avoit une salle tendue <de> bien fort belle[272] tappisserye à personnages, et pareillement la chambre de monsieur de Bourbon, mais[273] le tour du lict estoyt de sattin cramoisy broché d'or fet au brodeur comme[274] langue de feu, et au millieu[275] et quatre coins avoit en un rondeau un lion heaumé tout couvert de perles qui estoit fort riche[276], et dit-on qu'il a bien cousté quarante ou cinquante mille ducats.

*Item*, y avoit une autre chambre derriere où estoyt logée madame de Bourbon, qui estoyt tendue pareillement de personnages, et le tour du lit de sattin cramoisy et blanc fort richement brodé, et estoit[277] une volerye sur un ruisseau qui estoyt fort estimée, et derriere où estoit madite dame de Bourbon logée, avoit deux ou trois chambres tendues de tappisseryes bien fort belles. Et leans estoit logé monsieur[278] de Bezançon, monsieur de Ville,

267. *G.* de son logis *non tant pour la richesse, que pour la rareté et délicatesse de son ouvrage.*
268. *G. En ce lieu.*
269. *G.* selle *d'argent*; *S.* selle *percée*
270. *Ou* : au, dans le.
271. G. *Halluyin.*
272. *D-M.* tendue *et* bien fort belle (mauvaise lecture vraisemblable de *de*). *G.* tendue *de belle*; *S.* tendue *de fort belle.*
273. *G. dont.*
274. *G. par brodeur en forme* de; *M. en brodeure* comme.
275. *G.* au milieu *duquel lict.*
276. *G.* riche *à veoir.*
277. *G. representant.*
278. *G.* belles, *où estoient logez les sieurs.*

monsieur de Chievres, monsieur Philippes le bastard, monsieur de Bergues, et encore d'aultres dont je ne say les noms, et ne faut pas demander si les logis desdits personnages estoient bien accoustrez[279].

Pareillement estoient logées toutes les dames, qui avoient chambres bien accoustrées, et de belles tapisseryes. Et faut notter que la pluspart des tappisseryes dessus dites estoyent [38] aussy fraisches que toutes neufves. Et celles qui estoient tendues, tant au logis du roy que de la royne, comme desdits archiduc et archiduchesse, estoient toutes plaines d'or. Et sy faut entendre que toutes celles qui estoyent estendues de draps d'or et de draps de soye, en avoient d'aultres dessoubz à personnages et histoires, aussy[280] riches et plus que celles qui estoient dessus. Et sy fault savoir que tout le logis dudit archiduc, la salle de devant et quatre chambres seullement à ladite[281] archiduchesse estoyent toutes tappissées par bas de tappis veluz, tellement qu'il n'apparoissoyt rien du plancher.

Et sy me fut dict que la pluspart <des chambres>[282] des gens de bien logez ceans estant à monsieur ledit archiduc[283] estoient toutes tappissées par terre. Et à la verité il y avoit sy grand nombre de tapis veluz et riches tappisseryes, et lictz de camp de drap d'or et de drap de soye qu'il n'y avoit chambre ny garderobbe qui n'en fust plaine.

Ledict archiduc venu en sa chambre[284], tantost après alla soupper, et aveq luy monsieur de Nevers, monsieur de Ligny et le comte Pallatin. Et ce jour estoyt veille Nostre-Dame des Avants, et pour ceste cause le roy jeusnoit en pain et en eaue[285], parquoy se retira de bonne heure et ne vid[286] pour ce jour ledit archiduc. Madame l'archiduchesse se tint en sa chambre, et pour ce soir ne vid personne. Environ les sept heures, on luy envoya des confitures en la maniere qui ensuict.

Premierement y avoit un des maistres d'hostel du roy, qui alloit devant. Après six bien petitz pages vestuz de damas jaune bandez de velours cramoisy[287], qui tenoient chacun un chandelier d'or aveq un flambeau de [38v°] cire vierge, et après eux madame de Bourbon portant une grande boiste d'or plaine de diverses boistes de [...][288]; et puis madame d'Angoulesme, portant une autre boiste d'or plaine de serviettes; après madame de Nevers, portant une autre boiste d'or pleine de cousteaux et fourchettes, a tout[289] les manches

279. *G.* passage omis à partir de *dont je ne say.*

280. *G. presque aussi.*

281. *G. semblablement à l'.*

282. Texte *G.-M.*; *D.* mots omis.

283. *G. Avec ce,* la pluspart des chambres des gens *de qualité appartenans* à l'archiduc *logez dedans le chasteau.*

284. *G. L'archiduc estant arrivée en la* chambre *qui luy estoit préparée.*

285. *G. au pain et à l'eaue.*

286. *G.* et ne veid *davantage.*

287. Le jaune et le rouge sont les couleurs du roi; les pages sont vêtus de livrées à ses couleurs.

288. *D.-M.* blanc; *G.* boittes *de confitures.*

289. *G. qui avoient.*

d'or. Puis venoient après madame la duchesse de Vallentinoys et madamoiselle de Foix, tenant chacune un drageoir en leurs mains plains de diverses dragées, dont l'un estoyt d'or merveilleusement beau, l'autre estoit d'argent doré, qui estoyt si grand que, quand on le tenoit à la main, il touchoit presque jusques en terre. Et après ces choses vindrent cinq ou six gentilzhommes, chacun tenant deux pots d'or plains de toutes sortes de confitures. Et puis marchoient[290] l'appotiquaire de la royne[291] qui tenoit en ses mains des bougies de cire vierge aveq un chandelier d'or. Mais il n'entra en la chambre de ladite archiduchesse que les dames[292], le maître d'hostel, les six petitz pages et l'appotiquaire[293], et ce qu'apportoient les gentilzhommes fut pris à l'huis par aucunes dames servans les dames susdites, comme la femme du bastard de Bourbon, madamoiselle de Montbazon, et autres qui estoient aveq la compagnye. Et quand madame de Bourbon arriva, dès que ladite archiduchesse la vit entrer, elle marcha au devant d'elle jusques au plus près de l'huis.

L'entrée des dames fete en la maniere que dessus est dicte, elles se dechargerent de ce qu'ilz apportoient, et fut le tout mis [39] tant sur le buffet que sur les licts. Et se assirent[294] l'archiduchesse et dame de Bourbon, qui deviserent quelque quart d'heure ensemble. Puis donna[295] à l'archiduchesse la bonne nuict, sans essayer desdites confitures qui demeurerent en ladite chambre. Et en sortant d'illec, ladite archiduchesse baiza les femmes de la royne et celles de madame de Bourbon qui estoient venues en ladite chambre. Ce soir mesme furent aussi envoyé[296] des confitures à l'archiduc, mais ce ne fut pas en celle maniere ni estat que l'on avoit fait à l'archiduchesse.

En la chambre où l'archiduchesse se retiroit pour soy deshabiller, qui estoit derriere sa chambre, avoit une petite table qui se ployoit couverte de velours vert. Et sur icelle fut apporté[297] un coffre pareillement couvert de velours vert et garny d'argent, dedans lequel y avoit des couvrechefs et autres choses servans de nuict. Et pour ce que je ne vis point ce qui estoit dedans, je ne le devise, mais il faut estimer et croire qu'il estoit bien garny, en la sorte de quoy estoyent[298] ceulx qui furent portez aux[299] femmes. Cependant qu'on portoit les confitures à l'archiduchesse, estoyent madame de Handricour[300], mada-

290. *M. estoit.*
291. Sans doute Michel Carré, apothicaire de la reine en 1492 et 1498. Voir Le Roux de Lincy 1860-1861, t. IV p. 9. Minois 1999, p. 440.
292. *G.* dames *dessus dites.*
293. *G.* les six petitz pages et et l'appotiquaire *demeurèrent.* ici *G* modifie du tout au tout le sens du texte *D.*
294. *G. Puis* s'assirent.
295. *G. ; après elle* donna.
296. *G. portées.*
297. *G. on apperçoit.*
298. *Et pour ce que... estoyent* : *G.* membre de phrase remplacé par : *lequel coffre* estoit bien garny *comme sera dit cy-après, ainsi que.*
299. *G. à ses.*
300. *G. Sandricour.*

moiselle d'Homme[301], madame de Bourg, madamoiselle de Montraut[302] et une aultre damoiselle appellée Lancommaigne aveq deux ou trois aultres dont je ne say les noms, et[303] le concierge dudit chasteau[304] aveq quatre ou cinq vallets de chambre et huissiers de la royne, et deux pages aveq[305] deux torches, porterent les coffres susdicts, et le linge aveq les reschauffouers de licts, bachines[306] et aultres choses servans à ladite chambre, le tout d'argent; et aveq [39v°] ce tous les linges et couvertures des lictz, tant pour la chambre de l'archiduchesse que pour les aultres chambres, et aveq ce de grandz potz et boistes d'argent doré. Et par le concierge et tappissiers furent portez le linge esdites chambres, et un coffre couvert de velours vert, où estoyt dedans ce qui ensuit : premierement, quatre mirouers enchassez en argent doré, trois pots où estoient les [...][307] et la lessive, trois chandeliers à queue à mettre des bougies, trois paires de verges[308] dont les manches estoient de velours cramoisy, trois plottons de sattin cramoisy, et largement papier plain d'espingles. *Item*, trois estuis couverts de velours cramoisy à mettre tous plain de peignes, une grande poignée de bougies et un drap pour servir de drap de pied de toillettes de Hollande et largement de couvrechefz de toillettes. Et faut notter que tous les jours au soir autant que ladite archiduchesse fut[309] à Bloys, luy[310] fut apporté les confitures, mais madame de Bourbon n'y vint que la premiere nuict, et madame de Vendosme paracheva jusques au depart desdits archiduc et archiduchesse, encore que ladicte dame de Vendosme se trouvast mal il y avoit quelques journées[311].

Le VIII<sup>e</sup> jour de decembre, jour de Saint Andrieu[312], ne se fist chose de memoire. La matinée ladite archiduchesse ouit messe en sa chambre, et ledit archiduc y fut fort tard, et tant que le roy en fust revenu, et fut chantée par

---

301. Lecture incertaine. G. *d'Hone*. Peut-être Jeanne de Montberon, dame de Hommes, qualifiée de demoiselle de la reine Anne et gouvernante de ses filles en 1498 (Leroux de Lincy 1860-1861 t. IV, p. 16).

302. Texte *D.-M.* ; *G. Monthuaux;* Peut-être Anne de Montlaur, dame de Vielprat, épouse de Charles de Poitiers, seigneur de Saint-Vallier, ou Isabeau de Sastre, dame de Montceaulx, gagée à 200 l.t. parmi les demoiselles de la reine en 1496-1498?

303. *Une aultre demoiselle... je ne say les noms et* : *G.* passage remplacé par : *quelques autres damoiselles, avec.*

304. Geoffroy Cotereau fut nommé concierge de Blois par lettres du 14 octobre 1484 (Maulde La Clavière 1890, p. 67); nous ignorons s'il était encore en fonction en 1501. Odin de Montdoucet, valet de chambre du roi en 1512, est dit concierge du château de Blois en 1514.

305. *G. tenans.*

306. *G. bassinoires.*

307. *D.-M.* blanc; *G.* les *éponges.*

308. *G. vergettes.*

309. G. *les archiducs furent.*

310. *G. leur.*

311. *G.* toute la fin du paragraphe à partir de *madame de Vendosme* remplacée par : *les dames de Vendosme et de Nevers, avec la damoiselle d'Alençon, et autres grandes dames et damoiselles, parachevèrent et eurent ceste charge durant cinq jours que les archiducs furent à Blois, jusques à leur départ; lesquelles journées se passèrent aveq grands et magnifiques festins, de quoy chacun estoit émerveillé.*

312. *D.-M.*; *G. la Nostre-Dame.* La lecture apparemment fautive de *D.* et *M.* doit désigner l'octave de la Saint-André.

son chantre. L'après disnée [40] il fut trouver le roy et ladite archiduchesse fut trouver la royne, ils furent plus d'une heure ensemblement. Et pour le mauvais temps qu'il faisoit fut chanté vespres audict chasteau.

Le IX^e^ jour du mois de decembre ce fut quasy la mesme chose, sinon qu'après soupper il fut faict une dance, où le roy, la royne, l'archiduc et l'archiduchesse, les seigneurs et dames cy-devant nommez se trouverent, et dura plus de trois heures; puis chacun prist congé aveq fort grand adieu et de reverances.

Le X^e^ jour dudict mois de decembre fut presque la mesme chose, car il faisoyt un sy mauvais temps qu'il n'y avoit moyen d'aller, et cinq journées se passerent en tels accomplimens[313].

313. *G.* ajout n'apparaissant ni dans *D* ni dans *M.* : *Le roy, et ledit archiduc furent par deux diverses journées veoir voler l'oiseau, où il n'y eut pas grand plaisir, d'autant que le temps estoit mauvais, au lieu de quoy se passoit le temps à s'entrevoir. Sa Majesté prenoit grand plaisir à veoir ledit archiduc, et à l'entretenir de discours beaux et grands; et ledit archiduc de sa part estant fort gracieux, ne manquoit en rien de son devoir. La royne et ladite archiduchesse s'entrevirent souvent, ainsi que leurs dames et damoiselles tant le long du jour que aux soirs ès danses ordinaires qui se faisoient, puis estans retirées estoient servies de confitures très excellentes et magnifiques, et en grande largesse. Ledit archiduc et ladite archiduchesse partirent enfin de Bloys le douzième jour dudit mois de décembre, après avoir esté à la messe, laquelle fut chantée par ses chantres; puis ayans disné, et pris congé du roy aveq de grands honneurs partirent, estans accompagnez de cinq à six cens chevaux des nobles, que le roy avoit commandé y aller, et ne furent pour ce jour que jusques à deux lieues de ladite ville de Bloys, où ils gistèrent. Madame de Vendosme demeura à Bloys, et en sa place fut mise une autre dame, qui conduisit ladite archiduchesse jusques à Bordeaux. Par toutes les villes où ils passèrent il leur fut fait honneur, le roy ayant envoyé hommes exprès ainsi le commander.*

## 2. Lettre de Pierre Anchemant[314] à Thomas de Plaines, chancelier de Philippe le Beau[315]

10 décembre 1501, Blois.
Lille, A. D. Nord, B 17791 (copie).

Coppie

Mons^r^ je ne vous ay encores escript pour ce que je n'ay eu poste ne aussi messagier car les postes n'ont point passé Mons^r^, mais l'ont seullement su[iv]y es lieux ou il est venu sans en envoier aucun devers le Roy ou je me suis tenu jusques maintenant, combien que se j'eusse sceu chose pour vous envoyer propre homme n'y eust voulu plaindre aucuns despens. Et combien, Mons^r^, que je ne fait doubte que par la plus grande partie de Mess^rs^ estant avec Mond^t^ S^r^ vous ne soiez adverti de touttes nouvelles, touteffois affin que vous congnoissiés de plus en plus le desir que j'ay de vous complaire et faire chose agreable, je vous ay bien voulu avertir des nouvelles de par deça. Estant de ma cognoissance que sont telles que M^d^ S^r^ avec Madame sa compaigne arriverent en ceste ville de Bloiz mardi passé environ cincq heures du soir.

Le Roy einvoya au devant hors de lad. ville Mess^rs^ les cardinaulx du Mans et de Saint Jeorge, Mess^rs^ les duc de Bourbon[316], prelatz, princes, seigneurs, chevaliers, escuiers et autres gens de bien de sa maison en tel nombre que de prime face nul ne les eust peu bonnement compter sinon par extimacion de gens et de chevaulx.

Aux champs, mesd. S^r^ et dame les receurent benignement, doulcement et joyeusement et après les reverences et bien venues faictes, aprocherent et vindrent en la ville où gens de estaz estoient tant dessus les maisons comme aux fenestres et sur les rues qui disoient haultement et franchement : « Vela beaulx Sr et dame, vela les miroirs des gentilz hommes et gentilz felmes et gens plus tost dieux que hommes. » Aucuns disoient « Je loue Dieu de cest assemblee », autres : « Pour riens je ne vouldroys que je ne les eusse veu. » Autres en une façon, autres en autre maniere et tout en bien et a la louenge et honneur de mesd. S^r^, dame et de leur compaignie.

314. Pierre Anchemant († 1506), chevalier, conseiller de l'archiduc Maximilien (1488), diplomate et secrétaire ordinaire de Maximilien et Philippe le Beau, négocie le mariage de Marguerite avec le duc Philibert de Savoie et meurt à Bourg-en-Bresse. Cf. *Biographie nationale*, t. XXXIX, 1976, 36-40 et Cauchies 2003, p. 145.

315. Thomas de Plaines (v. 1440/45-1507), seigneur de Maigny (Magny-sur-Tille), licencié en droit, conseiller maître des requêtes au parlement de Malines sous Charles le Téméraire, président du grand conseil (de justice), puis chancelier de 1496 à sa mort. Cf. *Biographie nationale*, t. XVII, 1903, 703-706 et Cauchies 2003, p. 66-67.

316. On retrouve les cardinaux Philippe de Luxembourg et Raffaele Sansoni Riario, ainsi que le duc Pierre de Bourbon.

Mesd. S^r^ et dame et ceulx qui les convoioient viendrent en court logier qui est le chastel de ced. lieu, lequel les Roy et Royne avoient faict acoutrer le plus richement que jamais maison n'a esté.

Ils ont baillé le meilleur, le plus bel et plus aisé quartier a mesd. S^r^ et dame, tout tandu de belles et riches tapisseries d'or et de soye, les litz de camp parez et acoustrez ainsi que litz de Roix doivent estre, item toutes les chambres et aussi les sales garnies de tapiz de Turquie sur lesquelz l'on marche ainsi que l'on feroit sur les rues et tout ainsi comme se lesd. tapiz estoient attelles[317], ou bricques sans que l'on ayt regard a temps sale ne pluvieux, ne a fanges ne boues estans aux piés des gens qui marchent esd. chambres et sales.

[1 v°] Ainsi que Monseigneur fut descendu de son cheval, il monta en hault et, tout houzé, vint faire la reverence au Roy, lequel il trouva en une grand sale adextré de Mons^r^ le legat cardinal d'Amboise[318] et du costé senestre de Monseigneur le chancelier[319], et au surplus accompaigné de grand nombre de gens de bien.

A l'entree de lad. sale, mond. S^r^ osta son bonet et feit une grande reverence, et quant le Roy l'aperceut, il osta le sien. Encorres en aprochant, mond. S^r^ en feit une autre, et a la tierche, le Roy s'aprocha a grand pas et ne toucha pas mond. S^r^ mais l'ambrassa de telle vigueur qu'il ne le povoit, au moins sembloit qu'il ne le vouloit oster de ses bras et lui feit en oultre une tres cordiale bien venue.

Incontinent après entra mad. dame, mais quant elle eut fait la premiere reverence, le roy courut au devant d'elle et la baisa et ambrassa d'une bonne et honneste façon, disant qu'il avoit long temps desir de veoir chacun d'eulx et qu'il louoit Dieu que son desir estoit venu et sorti effect avec autres les plus gracieulx langaiges qu'il savoit dire selon sa façon et coustume.

Ces biens venues faictes, mond. S^r^ se retira en sa chambre ou il trouva Madame Claude sa belle fille, acompaignee de Madame de Bourbon[320], qui actendoit mond. S^r^ son beau père pour les recevoir et bien viengner, ce que Mond. S^r^ print fort bien et se tint en tout termes si honnestes et gracieux que chacun s'en esmerveilloit, non pas que l'on ne congnoisse assez ses vertuz, mais pour ce qu'il le savoit faire comme se a tousjours il y eust esté aprins et introduit.

Appres vint devers la Royne et s'il feit bien en ung lieu enconbré feit-il mieulx icele part. Et tost apres vint semblablement Madame, laquelle

---

317. Planchettes ou lames de bois selon le dictionnaire de Godefroy, désignant ici le plancher comme les briques désignent un sol pavé en terre cuite.
318. Le cardinal Georges d'Amboise, archevêque de Rouen.
319. Guy de Rochefort († 1507), chancelier de France de 1497 à sa mort. Frère puîné de Guillaume de Rochefort, il eut plusieurs charges en Bourgogne puis en France. Il créa le Grand Conseil et reçut en 1499 l'hommage de Philippe le Beau.
320. Anne de France, duchesse de Bourbon.

aussi s'est conduite et fait en touttes choses comme princesse vertueuse et magnagnime.

Incontinent après l'arrivee, maistres d'ostel furent encores de tous costez, assavoir vers Messires de Bezançon[321], de Cambray[322], d'Arras[323], de la chapelle, premier chambellan, chambellans, conseillers, secretaires et autres pour savoir leur logis et quels gens ilz ont affin de les festoier et recevoir le plus opulamment que faire se pourroit.

Et a l'on ordonné a Mesd. S^rs^ de Bezançon et de Cambray ung maistre d'ostel qui feit apourter brandes et fournir de vins blanc et vermeilz, espices, ypocras, et touttes autres choses dont l'on peult boire et user. Aux chambellans semblablement, aux gentilz hommes semblablement, aux sommeliers, gens de la chambre, conseillers, secretaires, argenteur, archiers et a tous autres depuis le moindre jusques au plus grand, a chacun selon son estat, et croy que chacun est semblable et esgal en viande car en notre estat, je ne viz onques bancquet mieulx fourny aussi bien au disner que au soupper.

[2] Le Roy et mondit S^r^ oyrent la messe ensemble le jour de Notre Dame et a l'offertoire, mond. S^r^ porta et bailla le denier au Roy en la manière acoustumee dont l'on dit que aucuns de Messires d'Espaigne n'ont esté contens, mais je ne l'ay oy dire pour vray, bien scay et je le viz que mond. S^r^ bailla led. denier au Roy de grande humilité et le baisa premierement tout ainsi que s'il eust esté beaucoup moindre.

A l'appres disner, le Roy mena mond. Seigneur jouer a la palme et furent ensemble a l'encontre de La Rochepot[324] et de Monseigneur de Laval[325], et gaignerent la partie.

Huy au matin ilz ont esté vosler et environ XII heures sont retournez.

Apres disner, les joustes belles et solempnelles ont esté tenues et dimence se feront tournois et autres actes nobiliaires et tant que l'on ne peust sinon de trouver chose en quoy mesd. S^r^ et dame puissent prendre plaisir et merite car ilz et chacun d'eulx se conduisent en touttes choses de telle et si bonne sorte que l'on ne les scet assez louer et prisier, et non seullement eulx mais tous leurs gens qui tous sont si gracieulx, honnestes et paisibles qu'ilz semblent estre venuz de bien salutaire plans de paix et de verité.

Des honneurs de la Royne, de madame de Bourbon et des autres S^rs^, dames et damoiselles, Mons^r^, je ne le vous sauroye assez exprimer et declarer, et pour la conclusion l'on dit en ceste court, mesmement les sages, que Mons^r^ de Luxembourg et Madame Glaude sont de bonne heure nez et que a leur cause l'eglise doit bien chanter le jour de Noël « *Gloria in altissimus*

321. François de Busleyden, archevêque de Besançon.
322. Henri de Berghes, évêque de Cambrai.
323. Le prévost d'Arras, Charles de Ranchicourt.
324. François de Montmorency, seigneur de La Rochepot (v. 1496-1551).
325. Guy XVI, comte de Laval.

*deo et in terram pax hominibus bone voluntatis* » et je prie a Notre S[r] qu'il doint bonne vie a noz princes et les continue en ces [termes].

Je n'ay pas sceu que Mons[r] ayt encorres parlé au Roy sinon de joyeuseté. Messrs de Bezançon, de Cambray et de Berghes[326] ont huy eu beaucoup de bonnes devises avec Monseigneur le cardinal.

Du Roy des Romains, Mond. S[r] le cardinal tient la paix d'entre luy et le Roy son maistre pour faicte et avant l'arrivee de Monseigeur, il avoit envoyé Robertet[327] devers ly et ne croy pas que led. Robertet qui a tel et si grand credit emprez sond. maistre, ayt voulu prendre ceste charge s'il n'est asseuré de lad. paix. Neanmoins j'entens dire de mondit S[r] que le Roy notre dit maistre a donné quelque nouvelle chose plus avant que la conclusion par luy prinse avec mond. S[r] le cardinal, mais a mon oppinion et pour autant que je puis congnoistre le Roy mond. maistre, je croy que le Roy de France est du tout asseuré de ly et je ne scay toutefuoy ce qu'il en est a la verité.

[2v°] Le Roy de Hongrie a envoyé icy un moult grand ambassadeur[328], mais l'on le fait sejourner a Orleans jusques après le partement de Mons[r].

Le Roy d'Engleterre y a son ambassadeur semblablement et aussi ont les Venitiens, tous tendans a faire la guerre contre les Turcqs, en quoy chacun se offre de employer de tout son povoir.

Mons[r], s'il survient autre chose je vous en avertiray. Je vous prie de faire participant Mons[r] de Nassou[329] de ces lettres, auquel et a vous, Mons[r], je me recommande en toutte humilité en priant a Dieu qu'il vous doint bonne vie et longue.

A Bloiz, le Xe de decembre.

Ainsy soubz escript votre tres humble et tres obeissant serviteur P. Anchemant.

Ainsi subscript : a Mons[r] le chancelier.

Mes tres honnorez seigneurs, je me recommande bien affectueusement a vous et pour nouvelles certaines ne vous sauroyes escripre autres que le contenu en ceste coppie et l'avis cy enclos. Et si autre chose survient digne d'escripre, je vous en escrirays volentiers priant a tant au Saint Esprit

326. Outre François de Busleyden et Henri de Berghes, Jean II ou III de Berghes, trésorier des finances.

327. Florimond Robertet (v.1465-1527), notaire et secrétaire du roi, greffier de l'ordre de Saint-Michel, général maître des monnaies en 1496, conseiller et maître clerc des Comptes, visiteur des gabelles en Languedoc en 1500, il est nommé trésorier de France le 11 décembre 1501, durant le séjour à Blois de Philippe le Beau. Membre du conseil du roi, il jouit d'une faveur et d'une influence grandissantes. Il a préparé avec Georges d'Amboise le traité de Trente et est envoyé en décembre à Innsbruck pour porter les lettres de ratification du roi et régler les modalités d'exécution du traité. Nous remercions Bernard Chevalier qui nous a amicalement communiqué la notice inédite qu'il a consacrée à cet important personnage.

328. Ambassade envoyée en vue de négocier le mariage du roi Ladislas II Jagellon avec Anne de Foix-Candale.

329. Engelbert II de Nassau-Dillenbourg, lieutenant général aux Pays-Bas durant le voyage de l'archiduc.

qu'il vous, mes tres honnorez seigneurs, ayt en sa sainte garde. Escript a Brucelles le XIX^e^ jour de decembre l'an XV^c^ ung.

Et sur le cloz est escript : A mons^r^ mons^r^ de Maigny chevalier, chancelier de Bourgogne.

Le tout votre serviteur [... ?]

[Plus bas sur le repli :]

A mes tres honnorez seigneurs et messires les president et gens des comptes de mons^r^ l'archiduc a Lille.

## 3. Lettre de l'ambassadeur de Mantoue

14 décembre 1501, Blois (anonyme[330])

Cérémonies diverses à l'occasion de la réception de l'archiduc. Description d'une colonne portant un enfant, des écus et des devises. Les affaires de Frédéric d'Aragon sont négligées pour celles de l'archiduc.

Mantova, Archivio di Stato, A. G. 629.

Al M$^{co}$ M. Petro Gall$^{to}$[331] et cossí a M. Johanne[332] me ricomandarete caldamente et farete vedere quello che qui desoto ve scrivo de la venuta de l'archiduca de Burghogna cum la archiduchessa qui, ogi è el septimo giorno, cum circa II$^{c}$ cavalli per andare in Spagna, multo bene in punto. Nel venire li andò incontro duy cardinali, Dumans[333] et San Zorzo[334], el duca de Burbon et tuti li altri baroni de Franza che sono a la corte al presente. È alozato nel pallacio del Re et in quella parte ove lozava sua May$^{tà}$. S'è facta una giostra de tri giorni continui. El terzo giorno corse el marchexe de Monferato, quale, in sey botte che corse, rupe tre lanze, signò due volte e l'altra andò vacua, et a lui è dato il palio. Corse meglio che quante Francese che fossero, et cum tanto piacere del Re che non se poteria dire piú. Doppoi che hebbe corso et fo disarmato, el Re lo fece andare a la fenestra del palacio ove lui stava a usare cum l'archiduca et Roano, et lo tene ne le braze piú de una hora, demonstrandoli tanto amore como se li fusse fiolo. Heri poi se fece uno torniamento. A l'Archiduca cum la compagnia hanno facte le spexie. Ogi s'è iurata la pace in capella a la messa tra el Re et l'Archiduca, in nome del padre et suo. Domane parte per andare al camino suo de Spagna et el Re li fa compagnia fin al castello de Chiamont[335], ove ha ordinato multe belle caze. De li capituli de la pace non ne parlo, ché non li intendo. Solo de uno ve so dire, quale è la liberatione de Ascanio, che dico per cossa certissima et de presenti.

Ve dirò una representatione facta in questa venuta de l'Archiduca, digna de qualche consideratione. S'è facta, in mezo del pallacio del Re et ove sono lozati tuti, una colona cum uno fanciullo sopra che tene in la man destra uno grosso bastono cum uno luminare acceso sopra et uno scudo atacato, cum uno moto che dice : *Lumen ad revelationem gentium et gloriam plebis tue*[336]; da la man sinistra un altro scudo nel quale sono depincti uno fan-

330. Nous remercions Marc H. Smith pour avoir vérifié la transcription ainsi que Jean-Michel Gazeau et Gilberto Benedetti pour leur aide à la traduction.
331. Pietro Galletto.
332. Joan Mercurio.
333. Le cardinal Philippe de Luxembourg, évêque du Mans.
334. Rafaele Riario, cardinal de Saint-Georges.
335. Chaumont-sur-Loire.
336. Luc, 2, 32.

ciulino e una fanciulina quali hano la mane in fede, cum un altro moto che dice : *Ex ore infantium et lactentium perfecisti pacem*[337]. Nel mezo de la colonna el scudo del Re, cum questo moto desoto : *Viderunt oculi mei salutare tuum*[338]. Quello de la Regina apresso cum questo altro : *Quod parasti ante faciem omnium populorum*[339].

El re Federico intrò a li 26 del passato, incontrato da po<tt>issimi et ricolto cum pocha demonstratione de amore et poco honore. El Re quello dí andò a la caza et stete absente per sey giorni, ne la quale absentia lui andò a visitare la Regina et Roano lo andò ad visitare luy al lozamento. Ritornato el Re, l'altro dí immediate li dete audientia et lo aspectò in una camera ben ornata in conspecto de Roan et San Zorzo et de Burbon. Parlò longamente cum lui. Lo ha poi audito un'altra volta. Quello che habia facto fina qui non se intende. Le cosse de l'Archiduca ànno facto metere da canto le sue ; pur, partito esso Archiduca, che se parte domane, credo se atenderà a la expeditione sua. Altro non ho digno de l'aviso de sua $M^{tia}$, a la quale me ricomando. Et ad voi cum li amici medesmamente me ricomando. *Ex Blexiis 14 decembris 1501.*

*Au Magnifique maître Petro Galletto et aussi à maître Johanne. Vous me recommanderez chaleureusement et vous ferez voir ce que je vous écris ci-dessous à propos de la venue de l'archiduc de Bourgogne avec l'archiduchesse, qui sont ici depuis sept jours, avec environ 200 chevaux pour aller en Espagne, un séjour très bien organisé. À son arrivée sont allés à sa rencontre les cardinaux du Mans et de Saint-Georges, le duc de Bourbon et tous les autres barons de France qui sont actuellement à la cour. Il est logé dans le palais du roi, dans la partie où logeait Sa Majesté. On a fait une joute de trois jours consécutifs. Le troisième jour le marquis de Montferrat*[340] *a couru et sur les six fois qu'il a couru, il a rompu trois lances, touché deux fois et la dernière il est resté bredouille, et on lui a donné le prix. Il a mieux couru que les Français qui étaient là, et il a fait si plaisir au roi qu'on ne pourrait en dire plus. Après qu'il eut couru et retiré ses armes, le roi l'a fait venir à la fenêtre du palais, où il était installé avec l'archiduc et [le cardinal de] Rouen, et il l'a tenu dans ses bras pendant plus d'une heure, lui manifestant autant d'amour que s'il avait été son fils. Puis hier il s'est fait un tournoi. L'archiduc et sa compagnie en ont fait la dépense. Aujourd'hui à la messe, la paix a été jurée dans la chapelle entre le roi et l'archiduc, ce dernier au nom de son père [l'empereur Maximilien] et au sien. Demain il partira pour reprendre sa route vers l'Espagne et le roi l'accompagnera jusqu'au château de Chaumont où il a ordonné beaucoup de belles chasses. Des articles de la paix, je ne parle pas, parce que je ne les connais pas. Je sais seulement que*

337. Cf. Ps. 8, 3, et Matth. 21, 16. Le texte biblique dit *perfecisti laudem*, « tu as préparé ta louange ».
338. Luc, 2, 30.
339. Luc, 2, 31.
340. Le jeune Guillaume IX Paléologue, marquis de Montferrat.

*l'un d'eux concerne la libération d'Ascanio [Sforza]*[341]*, que je tiens comme chose très certaine et de personnes présentes.*

*Je vous dirai une représentation faite pour la venue de l'archiduc, digne de certaine considération. On a érigé, au milieu du palais du roi et où tous sont logés, une colonne avec au-dessus un enfant tenant dans la main droite un grand bâton surmonté d'une torche ardente avec un écu attaché, accompagné de la sentence : « Lumière pour éclairer les nations et gloire de ton peuple » ; dans la main gauche un autre écu où sont peints un petit garçon et une petite fille qui se donnent la main en signe de foi, avec cette autre sentence : « Par la bouche des enfants et des nourrissons, tu as préparé la paix. » Au milieu de la colonne est placé l'écu du roi, avec cette sentence au-dessous : « Mes yeux ont vu ton salut » ; celui de la reine à côté avec cette autre [sentence] : « [Salut] que tu as préparé devant tous les peuples. »*

*Le roi Frédéric est arrivé le 26 du mois passé, de grands personnages sont venus à sa rencontre et il a été accueilli avec peu de démonstration d'amour et peu d'honneurs. Ce jour là, le roi [Louis XII] était allé à la chasse et est resté absent durant six jours, absence durant laquelle, il [Frédéric] a rendu visite à la reine et [le cardinal de] Rouen est allé lui rendre visite à son logis. Au lendemain de son retour, le roi lui donna immédiatement audience et le reçut dans une chambre bien décorée en présence [des cardinaux de] Rouen et de Saint-Georges et [du duc] de Bourbon. Il a parlé longuement avec lui. Il lui a ensuite donné audience une autre fois. Ce qui s'est fait jusqu'à maintenant, on l'ignore. Les affaires de l'archiduc ont fait mettre de côté les siennes ; une fois parti l'archiduc, qui s'en va demain, je pense que l'on s'occupera de son expédition*[342]*.*

*Je n'ai rien d'autre digne de l'attention de Votre Magnificence, à laquelle je me recommande, et de même je me recommande également à vous, comme aux amis. De Blois, le 14 décembre 1501.*

341. Ascanio Sforza (1455-1505), sixième fils de Francesco Sforza, créé cardinal en 1484. Capturé avec Ludovic le More en mai 1500, il fut conduit en France à Lyon puis à Bourges avant d'être en effet libéré le 3 janvier 1502.

342. Peut-être Frédéric d'Aragon espérait-il repartir rapidement en Italie. Louis XII l'assigna à résidence à Tours (où il mourut en novembre 1504) et lui octroya en apanage le Maine érigé en duché.

## 4. Chronique de Lorenzo de Padilla[343]

Lorenzo de Padilla, « Crónica de Felipe I, llamado el Hermoso », éd. Miguel Salvá et D. Pedro Sainz de Baranda, *Colección de documentos inéditos para la historia de España*, t. VIII, Madrid, 1846, p. 5-267.

Chapitre XIX, p. 80-84.

El Rey y la Reina se fueron para Toledo á celebrar las córtes ya dichas. Aderezando los Archiduques para pasar en España, les pareció que debían venir por mar, para lo cual se comenzaron de proveer de bastimentos, naos y otras cosas necesarias; y como á la sazón el Rey Luís de Francia tuviese paces con el Emperador y con el Rey y la Reyna, envió á rogar á estos Príncipes que se fuesen por tierra y que en Francia seria hecho todo servicio y buen hospedage. Sobre esto hobo diversos paresceres si la venida seria por tierra ó por mar, y acordóse que fuese por tierra. Y aderezado todo lo necesario salieron de la villa de Bruselas por el mes de diciembre del /81/ ano pasado [1501], acompañados del obispo de Cambray, y del arzobispo de Bezanzon, privado del Archiduque, que había sido su maestro, y de D. Diego de Villascusa obispo de Astorga, español, capellán mayor del Archiduquesa, y D. Fadrique de Trebes, conde Palatino, y Don Enrique conde de Nasao, y Musiur de Bergas camarero mayor del Archiduque, que fué su ayo, y Felipo de Borgoña, hijo bastardo del Duque Felipo, mayordomo mayor, y Joan de Lucemburque su segundo camarero y privado, y Micer Flores, y Musiur de Sistan, y Musiur de Mali, y Musiur de Trasimien, y Musiur de Beren, y Musiur de Laxao, y Musiur de Aluyn, y Musiur de Moqueron, y Musiur de Moseon, y Claudio de Bobar su caballerizo mayor, y Felipe de Ala, alcaide de la Esclusa, maestresala, y Diego de Sebaran maestresala, y Felipe de Anfrape maestresala, y Claudio de Buton, segundo caballerizo, y los Viscondes Lelaban, y el de Bruselas, y el de Gante, y otros muchos caballeros y damas que fueron estas : Madama de Aluyn, dueña de honor; Doña María de Aragón, hija del Condestable de Navarra; Doña María Manuel, hija de D. Juan; Doña María Manrique, su prima; Doña Blanca Manrique, sobrina del Duque de Nájara; doña Aldara de Portugal y otras damas españolas, y flamencas que eran una hija de Egemonte, y otra de Musiur de Norcarme, y otra de Misiur de Unsinga y otras.

En el primero lugar de Francia que estos Príncipes entraron, les fué hecho gran rescibimiento, a donde hallaron al Marischal de Logis ó Aposentador mayor del Rey de Francia, y aposentó muy bien toda la córte destes Príncipes, y así lo fizo por todo el camino fasta que /82/ entraron en España. Este lugar se llama Sant Quentin. Y de allí se fueron á Ham que era de Musiur

343. Nous remercions Anne-Marie Lecoq, Adeline Rucquoi et Maria Girault-Chêne pour leur aide à la traduction de ce texte.

de Vandoma, donde les fué hecho gran rescibimiento y muy festejado deste caballero. Y de allí se fueron á una villa llamada Compiena donde fueron muy festejados por Musiur de Larni, hijo del Contestable de Francia. Y de allí se fueron la vuelta de Paris, la cual cibdad les hizo gran rescibimiento, y salió tanta gente el día que entraron, que ahogaron de aprieto algunas personas por las calles. Holgáronse en esta cibdad tres días; fallaron en ella al Conde de Cabra, y á su madre y hermanos que venían de Ingalaterra de acompañar á la Infanta Doña Catalina, los cuales se vinieron con los Archiduques la vuelta de Urlienses [Orléans] donde les fué hecho rescibimiento.

Y de allí se fueron para Buesa [Blois] donde estaba el Rey Luis de Francia y Madama Ana su muger, Duquesa de Bretaña, y hízoles grande rescibimiento. Y el Rey de Francia salíoles á rescebir gran trecho del pueblo, acompañado del cardenal de Ruan que era Legado en Francia, y el Cardenal de Sant Jorge, ginovés, que el Papa había enviado con negocios, y del cardenal de Sanbralon [Luxembourg], y del Rey Fadrique de Nápoles, que despojado de su reino se había acogido á Francia, y del Duque Joan de Borbón y otros muchos grandes y señores de Francia. Y cuando el Rey llegó, quitáronse la gorras[344] el uno a otro y se abrazaron, y después pasó el Rey á la Princesa y le hizo muy grand acatamiento, y no la saludó en el carrillo[345] porque sabia que no lo usaban en España. El /83/ Rey los aposentó en su palacio donde estuvieron algunos días, en los cuales hobo muchas fiestas y torneos y danzas. Y pasada la pascua, el día de la Epifanía, los Reyes y Príncipes fueron á misa á una iglesia que estaba junto á palacio, y fueron a ofrescer la Reina y la Princesa; y una dama se llgó á la Princesa y le dió ciertos dineros para que ofresciese por la Reina. La Princesa sintió el negocio y no los quiso rescibir, y respondió che no ofrescia ella por nadie; y la Reina de Francia lo sintió, y al salir de la misa quiso mostrar alguna preeminencia de no rogar, al salir, a la Princesa, la cual adrede se quedó y se vino después mostrando que salía por sí; y aunque la Reina la esperó un poco en la calle, no hizo caso dello y se fué por si. Y los Príncipes por no dar lugar á alguna pasion, apresuraron su partida la vuelta de España, y en toda Francia les fué hecho muy bien hospedamiento y rescibimiento y servicios.

Pasando por Tures en Torayna, el Príncipe fué á ver un sancto hombre italiano que allí estaba, llamado Francisco de Paula, instituidor de la orden de los mínimos, que después de su muerte fué canonizado por el Papa León X. Y habló con el un rato y rescibió su bendición.

Y llegados a Bayona, vino allí el Rey D. Joan de Navarra, hijo de Musiur de Albret, y marido de la Reina Doña Catalina, hija de D. Gaston conde de Fox y de la Infanta Doña Leonor, hija del Rey D. Joan y de la Reina Doña Blanca de Navarra. Y los Príncipes le hicieron muy buen tratamiento, y concertóse casamiento entre la Infanta Doña Isabel y [sic] su hija, y Enrique

344. Bonnets.

345. La joue.

Príncipe de Viana, hijo deste y de la Reina Doña Catalina de Navarra. Este /84/ casamiento no hobo efecto después. Y el Rey de Navarra se despidió muy contento, y los Príncipes se vinieron la vuelta de Fuenterabía a donde les ficieron muy grande rescibimiento. [...]

*Le roi et la reine s'en allèrent à Tolède pour tenir lesdites Cortes. Les archiducs se préparant à passer en Espagne, il leur parut qu'ils devaient aller par la mer, c'est pourquoi ils commencèrent à préparer des bâtiments, navires et autres choses nécessaires ; et comme le roi Louis de France était alors en paix avec l'empereur et avec le roi et la reine, il envoya aux princes une invitation à aller par voie de terre, et que dans toute la France, on leur donnerait tout service et bonne hospitalité. Il y eut des opinions différentes pour savoir si le voyage se ferait par mer ou par terre, et il fut décidé que ce serait par terre. Et quand fut prêt tout le nécessaire, ils partirent de la ville de Bruxelles au mois de décembre de l'année passée [1501], accompagnés par l'évêque de Cambrai*[346]*, et l'archevêque de Besançon*[347]*, conseiller privé de l'archiduc, qui avait été son précepteur, et Don Diego de Villascusa*[348]*, évêque de Astorga, espagnol, grand chapelain de l'archiduchesse, et D. Fadrique de Trebes*[349]*, comte palatin, et Don Enrique, comte de Nassau*[350]*, et Monsieur de Bergues*[351]*, grand chambellan de l'archiduc, qui fut son tuteur, et Philippe de Bourgogne, fils bâtard du duc Philippe, grand maître de la maison du roi, et de Jean de Luxembourg*[352]*, son second chambellan et conseiller privé et Monsieur Flores*[353] *et Monsieur de Sistan*[354] *et Monsieur de Mali*[355]*, et Monsieur de Trasimen*[356]*, et Monsieur de Beren*[357] *et Monsieur de Laxao*[358]*, et Monsieur de Aluyn*[359] *et Monsieur*

346. Henri de Berghes.
347. François de Busleyden.
348. Diego Ramirez de Villaescusa de Haro. Celui-ci était déjà évêque de Málaga en 1501.
349. Frédéric de Bavière.
350. Henri de Nassau.
351. Jean de Berghes.
352. Jean de Luxembourg, seigneur de Ville.
353. Peut-être Alonso Flores, plus tard attaché à la maison de Charles Quint (Gachard 1876, t. II, p. 516, t. III. p. 312, 394).
354. Florent d'Egmont (*Floris d'Ysseltain*), seigneur d'Ijsselstein (1469-1539), « filz au comte de Burre », chambellan à 36 s. par jour (Lalaing, p. 127. Gachard 1876, t. I, p. 348. Cauchies 2003, p. 65).
355. Antoine, seigneur de Mailly (*le jeusne S^r de Mailly*), chambellan à 30 s. par jour (Lalaing, p. 127. Gachard 1876, t. I, p. 348).
356. Jean, fils aîné du seigneur de Trazegnies (*Jehan de Trasignies*), chambellan à 30 s. par jour (Lalaing, p. 127. Gachard 1876, t. I, p. 348).
357. Frédéric d'Egmont, comte de Buren, chevalier de la Toison d'or, conseiller et chambellan de l'archiduc (Lalaing, p. 127. Gachard 1876, t. I, p. 392, 411).
358. Charles de Poupet (v. 1460-1530), seigneur de La Chaulx *(Charles de Poupettes, signeur de Lassau)*, chevalier, conseiller et chambellan de l'archiduc (Lalaing, p. 127. Gachard 1876, t. I, p. 296. Cauchies 2003, p. 66).
359. Jean de Halewijn (*le Sr de Hallewin*), chambellan à 36 s. par jour (Lalaing, p. 127-128. Gachard 1876, t. I, p. 348).

*de Moqueron*[360] *et Monsieur de Mosen*[361] *et Claudio de Bobar*[362] *son grand écuyer et Philippe de Ala*[363], *gouverneur de l'Écluse, maître d'hôtel, et Diego de Sebaran*[364], *maître d'hôtel, et Philippe de Anfrape*[365], *maître d'hôtel, et Claudio de Buton, second écuyer*[366], *et les vicomtes de Lelaba*[367] *et de Bruxelles*[368] *et de Gand*[369] *et beaucoup d'autres chevaliers et les dames qui ont été les suivantes : Madame de Aluyn*[370], *dame d'honneur, Doña Maria de Aragon*[371], *fille du connétable de Navarre, Doña Maria Manuel*[372], *fille de Don Juan, Doña Maria Manrique*[373], *sa cousine, Doña Blanca Manrique*[374], *nièce du duc de Nájera ; Doña Aldara de Portugal*[375] *et d'autres dames espagnoles et flamandes, qui étaient une fille [du comte] d'Egmont*[376] *et une autre fille de Monsieur de Norcarme*[377], *et une autre de Monsieur de Unsinga*[378] *et d'autres.*

*Dans le premier lieu de France où ces princes entrèrent, il leur fut fait une grande réception, où ils trouvèrent le maréchal des logis ou le maître de l'hôtel du roi de France, et toute la cour de ces princes fut bien logée, et ainsi fut fait tout au long du chemin jusqu'à ce qu'ils entrent en Espagne. Ce lieu est appelé Saint-Quentin. Et de là, ils allèrent à Ham, qui était à Monsieur de Vendôme, où leur fut faite une grande réception et où ils furent très fêtés par ce seigneur. Et de là, ils allèrent à une ville appelée Compiègne, où ils furent fêtés par Monsieur de Larni [Ligny], fils du connétable de France. Et de là, ils se dirigèrent vers*

360. Antoine de La Barre (v. 1477-1532), seigneur de Mouscron (*alias* Mousqueron), pannetier à 18 s. par jour (Lalaing, p. 128. Gachard 1876, t. I, p. 349).
361. Antoine de Quiévrain, seigneur de Monceaux (Lalaing, p. 128, 155 et suiv.) ou Jean de Monceau, écuyer d'écurie (Gachard 1876, t. I, p. 351, II, p. 507).
362. Claude de Bonnard (*alias* Glaude de Boval), seigneur de Gomengies, *grant et premier escuier d'escuirie* (Lalaing, p. 127. Gachard 1876, t. I, p. 351).
363. Philippe Daule, maître d'hôtel à 30 s. par jour (Gachard 1876, t. I, p. 349).
364. Diego de Ghevara († 1521), seigneur de Jouvelle (*alias* de Zonevelle), maître d'hôtel à 30 s. par jour, écuyer, conseiller de l'archiduc et maître d'hôtel de la reine de Castille (Lalaing, p. 127. Gachard 1876, t. I, p. 349).
365. Philippe de Hennin, seigneur d'Anfroipré (*alias* d'Ampfrappé), maître d'hôtel à 30 s. par jour (Lalaing, p. 127. Gachard 1876, t. I, p. 349).
366. Claude Bouton (Gachard 1876, t. I, p. 351, 526).
367. *Non inveni.*
368. Eberhard IV de La Marck († 1531), comte de La Marck et d'Arenberg (1496), vicomte de Bruxelles, seigneur de Bouchout et Neufchâtel, avoué de Liège.
369. Hugues de Melun, vicomte de Gand, chevalier d'honneur de l'archiduchesse (Gachard 1876, t. I, p. 126).
370. Jeanne de La Clyte, dame de Halewijn et de Commines.
371. Maria de Aragon y Biamonte, fille du connétable héréditaire de Navarre, Louis II de Beaumont (1464-1508), et de Jeanne d'Aragon, fille naturelle de Ferdinand d'Aragon.
372. Maria Manuel, fille de Don Juan Manuel. Toutes ces jeunes femmes avaient accompagné Jeanne de Castille lorsqu'elle vint aux Pays-Bas épouser l'archiduc en 1496 (Padilla, p. 35-36. Aram 2005, p. 185, n. 91).
373. Maria Manrique, fille de don Pedro Manrique, seigneur de Bardizcar.
374. Blanca Manrique, fille de Don Juan Manrique de Lara et nièce du duc de Nájera, Pedro Manrique de Lara (1443-1515).
375. Aldara de Portugal, fille de Don Fernando de Portugal, petite-fille de l'Infant Donis de Portugal.
376. Jossine d'Egmont, fille de Jean d'Egmont.
377. Antoinette de Sainte-Aldegonde, fille de Nicolas de Sainte-Aldegonde († 1497), seigneur de Noircarmes, et d'Honorine de Montmorency († 1510), qu'il avait épousée en 1485.
378. Élisabeth d'Öttingen, fille du comte Jean II d'Öttingen.

*Paris, laquelle ville leur fit une grande réception, et une telle foule sortit dans les rues le jour où ils entrèrent, que certaines personnes y furent étouffées. Ils restèrent trois jours dans cette ville ; ils y furent rejoints par le comte de Cabra*[379]*, et par sa mère et ses frères et sœurs, qui revenaient d'Angleterre, où ils avaient accompagné l'infante Doña Catalina*[380]*, lesquels se dirigèrent avec les archiducs vers la ville d'Urlienses [Orléans], où une réception leur fut donnée.*

*Et de là, ils allèrent à Blois, où étaient le Roi de France Louis et Madame Anne sa femme, Duchesse de Bretagne, et on leur fit grande réception. Et le roi de France sortit pour les recevoir à une grande distance du village [sic : pueblo] accompagné du Cardinal de Rouen qui était Légat en France, et du Cardinal de Saint-Georges, Génois*[381]*, que le Pape avait envoyé comme chargé d'affaires, et du cardinal de Sanbralon [Luxembourg] et du Roi Frédéric de Naples qui, dépouillé de son royaume, s'était réfugié en France, et du Duc Jean [sic] de Bourbon, et beaucoup d'autres grands et seigneurs de France. Et à l'arrivée du Roi, ils se saluèrent en ôtant leurs bonnets et ils s'embrassèrent, et ensuite le Roi s'approcha de la Princesse et il lui fit montre d'un très grand respect, et il ne la baisa pas sur la joue parce qu'il savait que ce n'était pas l'usage en Espagne. Le Roi les logea dans son palais, où ils demeurèrent quelques jours durant lesquels il y eut beaucoup de fêtes, de tournois et de bals. Et la fête [de Noël] étant passée, le jour de l'Épiphanie, les Rois et les Princes allèrent à la messe dans une église qui était à côté du palais, et la Reine et la Princesse allèrent faire l'offrande ; et une dame se rendit auprès de la Princesse et lui donna de l'argent pour qu'elle fasse l'offrande pour la Reine. Cette affaire déplut à la Princesse [qui] ne voulut pas recevoir cet argent et répondit qu'elle ne faisait l'offrande pour personne. Cela déplut à la Reine de France et, au sortir de la messe, elle désira montrer quelque prééminence en ne priant pas, pour sortir, la Princesse qui, à dessein, resta et s'en vint ensuite, en montrant qu'elle sortait toute seule ; et bien que la Reine l'eût un peu attendue dans la rue, elle n'en fit aucun cas et s'en alla de son côté. Et les Princes, pour ne pas donner lieu à quelque échauffement, pressèrent leur départ pour retourner en Espagne, et dans toute la France ils reçurent très bons logis et réceptions et services.*

*Lors de son passage à Tours en Touraine, le prince alla voir un saint homme italien qui était là, appelé François de Paule, fondateur de l'ordre des minimes, qui après sa mort fut canonisé par le pape Léon X*[382]*. Et il parla avec lui un certain temps et reçut sa bénédiction.*

379. Diego Fernández de Córdoba y Mendoza (1487-1525), comte de Cabra, futur Grand d'Espagne et chevalier de Santiago, fils de Diego Fernández de Córdoba et de María de Mendoza y Luna.

380. Catherine d'Aragon (1485-1536), infante de Castille et d'Aragon, dont le mariage avec le prince de Galles Arthur Tudor (1486-1502), fils aîné du roi Henry VII, fut célébré à Londres le 14 novembre 1501. Devenue veuve elle épousa le frère du défunt, le roi Henry VIII.

381. Raffaele Sansoni Riario est natif de Savone, en Ligurie à moins de 50 km de Gênes.

382. En 1519.

*Et arrivés à Bayonne, vint là le roi Jean de Navarre*[383]*, fils de Monsieur d'Albret et mari de la reine Catherine, fille de Gaston, comte de Foix et de l'infante Léonore, fille du roi Don Juan et de la reine Blanche de Navarre*[384]*. Et les princes le reçurent très bien, et fut décidé le mariage de l'Infantes Doña Isabelle*[385]*, leur fille, avec le prince Enrique de Viana*[386]*, fils de celui-ci et de la reine Catherine de Navarre. Ce mariage n'a pas été réalisé ensuite. Le roi de Navarre s'en fut très content, et les princes prirent la direction de Fontarrabie, où on leur fit une très grande réception…*

383. Jean III d'Albret (1469-1516), fils d'Alain d'Albret (v. 1440-1522), devint roi de Navarre en 1484 par son mariage avec Catherine de Navarre (1468-1517).
384. Catherine de Foix (1468/1470-1517), reine de Navarre, était en réalité la fille de Gaston de Foix (v. 1443-1470) et de Madeleine de France (sœur de Louis XI). C'est son frère François Phébus (1467-1483) qui hérita en 1479 le royaume de Navarre de leur grand-mère paternelle Éléonore Ire (1425-1479), fille de Blanche Ire (1385-1441), reine de Navarre, et de son second époux Jean II d'Aragon (1398-1479).
385. Isabelle d'Albret († ap. 1555), fille de Jean III d'Albret et de Catherine de Foix, infante de Navarre, épousa finalement René Ier de Rohan († 1552), vicomte de Rohan, comte de Porhoët.
386. Henri d'Albret († 1555), prince de Viane puis roi de Navarre (1517), n'est pourtant né qu'en 1503. Le passage est d'ailleurs peu clair puisqu'il ne peut concerner le mariage du frère et de sa sœur !

## 5. Lettre de Louis XII à la ville de Poitiers

12 décembre 1501, Blois [387]

*Lettre de Louis XII qui enjoint à la municipalité de Poitiers d'accueillir l'archiduc et l'infante selon la qualité de leur rang, et qui informe que le sénéchal de Poitou supervisera lui-même les cérémonies d'entrée.*

Poitiers, Archives communales, registre de délibérations n° 8, p. 9 (copie faite par le secrétaire de la ville de Poitiers).

De par le roy

Tres chiers et bien amez. Noz tres chers et tres amez cousin et cousine, l'archiduc et l'archiduchesse, doivent bien tost passer par notre ville de Poictiers en faisant leur voyage d'Espaigne, et pource que desirons qu'ilz soient bien traictez et recuilliz, nous vous prions et mandons bien expressement que a leur arrivee en nostre dite ville, vous allez au devant d'eulx, faictes tendre les ruhes, ordonnez leurs logeis et leur faictes tout le service, bon recueul, honneur et traictement que possible vous sera et comme ferez a nous, et n'y faictes aucune faulte. En quoy faisant, vous nous feriez tres grant plaisir et service. Donné a Bloys, le XII^e^ jour de decembre.

Ainsi signé Loys. Et au dessoubz : Nous envoyons expressement devers vous notre amé et feal conseiller et chambellan, le senechal de Poictou [388], auquel avons donné charge dire plus au long notre intencion sur ceste matiere, et pour ce croyez le de ce qui vous dira de notre part.

Et au dessoubz est signé Cotereul [389].

387. Nous remercions David Rivaud qui nous a signalé ce document et nous en a libéralement communiqué la transcription qu'il en a faite.
388. André de Vivonne, seigneur de La Châtaigneraie, sénéchal de 1491 à 1532 (*Gallia regia*, t. IV, p. 485).
389. Probablement Jean Cottereau (1458-1530), chevalier, seigneur de Maintenon en 1505, secrétaire du duc d'Orléans puis notaire et secrétaire du roi, maître des comptes et trésorier de France. Cf. A. Duchalais, « Méreau de l'église Saint-Nicolas de Maintenon », *Revue numismatique*, 1851, p. 348-360.

# Annexes

## 1. Itinéraire comparé de Bruxelles à Fontarrabie

| Date | Jour | Journal de Lalaing | Relation de Vienne | Relation Dupuy-Godefroy |
|---|---|---|---|---|
| 03/11/1501 | Mercredi | | Départ de Bruxelles<br>Hal (Haulz) | |
| 04/11/1501 | Jeudi | Départ de Bruxelles<br>Hal (*Haulz*) | Soignies | Bruxelles (s. d.) |
| 05/11/1501 | Vendredi | Soignies | Mons | |
| 06/11/1501 | Samedi | Mons | | Mons (s. d.) |
| 07/11/1501 | Dimanche | Mons | | |
| 08/11/1501 | Lundi | Mons | | |
| 09/11/1501 | Mardi | Mons | Mons<br>Ville | |
| 10/11/1501 | Mercredi | Ville<br>Boussut | Ville<br>Boussu | |
| 11/11/1501 | Jeudi | Valenciennes | Valenciennes | Valenciennes (s. d.) |
| 12/11/1501 | Vendredi | Valenciennes | Cambrai | |
| 13/11/1501 | Samedi | Cambrai | Cambrai | |
| 14/11/1501 | Dimanche | Cambrai | Cambrai | Cambrai |
| 15/11/1501 | Lundi | Mont-Saint-Martin | abbaye de Saint-Martin | Mont-Saint-Martin |
| 16/11/1501 | Mardi | Saint-Quentin | Saint-Quentin | Saint-Quentin |
| 17/11/1501 | Mercredi | Ham (*Hem*) | Ham | Ham |
| 18/11/1501 | Jeudi | Noyon | Noyon | Noyon |
| 19/11/1501 | Vendredi | Compiègne | Compiègne | Compiègne |
| 20/11/1501 | Samedi | Compiègne | Compiègne | Compiègne |
| 21/11/1501 | Dimanche | Compiègne, Saint-Corneille (messe) | Compiègne | Compiègne |
| 22/11/1501 | Lundi | Verberie (*Verbrie*), dîner<br>Senlis | Départ de Compiègne | Départ de Compiègne<br>Senlis |
| 23/11/1501 | Mardi | Louvres (*au Louvre*) | Louvres | Louvres |
| 24/11/1501 | Mercredi | Saint-Denis | Saint-Denis | Saint-Denis |
| 25/11/1501 | Jeudi | Paris | Paris | Paris |
| 26/11/1501 | Vendredi | Paris (palais) | Paris | Paris |
| 27/11/1501 | Samedi | Paris, université | Paris | Paris |
| 28/11/1501 | Dimanche | Départ de Paris<br>Longjumeau<br>Montlhéry<br>(*Mont-le-Herry*) | Départ de Paris<br>Montlhéry<br>(Mont-le-Henry) | Montlhéry |

| | | | | |
|---|---|---|---|---|
| 29/11/1501 | Lundi | Étampes | Étampes | Étampes |
| 30/11/1501 | Mardi | Étampes | Étampes | Étampes |
| 01/12/1501 | Mercredi | Angerville | Gerville | Angerville |
| 02/12/1501 | Jeudi | Artenay | Etrenay | Arthenay |
| 03/12/1501 | Vendredi | Orléans | Orléans | Orléans |
| 04/12/1501 | Samedi | Orléans | Orléans | Orléans |
| 05/12/1501 | Dimanche | Orléans | Orléans | Orléans |
| 06/12/1501 | Lundi | Cléry (messe) Saint-Laurent-des-Eaux (archiduc) Beaugency (la cour) | Cléry (dîner) Saint-Laurent-des-Eaux | Cléry (dîner) Saint-Laurent-des-Eaux |
| 07/12/1501 | Mardi | Blois | Saint-Dyé (dîner) Blois | Saint-Dyé (dîner) Blois |
| 08/12/1501 | Mercredi | Blois (messe à la collégiale, paume) | Blois | Blois |
| 09/12/1501 | Jeudi | Blois (chasse au vol, joutes) | Blois | Blois |
| 10/12/1501 | Vendredi | Blois (chasse au cerf, joutes, danse) | Blois | Blois |
| 11/12/1501 | Samedi | Blois (joutes) | Blois | Blois |
| 12/12/1501 | Dimanche | Blois (messe, tournois, noces) | Blois | Départ de Blois |
| 13/12/1501 | Lundi | Blois (messe basse, grand'messe, paix, chasse au vol, danse) | Blois | |
| 14/12/1501 | Mardi | Blois (joute, danses) | Blois | |
| 15/12/1501 | Mercredi | Départ de Blois Chaumont (roi) Escure (archiduc) | Chaumont (roi) Escure (*Incure*) | |
| 16/12/1501 | Jeudi | Amboise | Amboise | |
| 17/12/1501 | Vendredi | Tours | Tours | |
| 18/12/1501 | Samedi | Le Plessis (messe, paume) Tours | Le Plessis (dîner) | |
| 19/12/1501 | Dimanche | Tours | Tours (Saint-Martin) | |
| 20/12/1501 | Lundi | Montbazon (*Montboison*) dîner Sainte-Catherine-de-Fierbois Sainte-Maure | Sainte-Catherine-de-Fierbois Sainte-Maure-de-Touraine | |
| 21/12/1501 | Mardi | Port-de-Pile (dîner) Passage de la [Creuse] Châtellerault | Châtellerault | |
| 22/12/1501 | Mercredi | Poitiers | Poitiers | |
| 23/12/1501 | Jeudi | Sainte-Maingone (*Manigoul*) | Sainte-Maingone (*Menigoutte* | |
| 24/12/1501 | Vendredi | Melle | Melle | |
| 25/12/1501 | Samedi | Melle | Melle | |
| 26/12/1501 | Dimanche | Melle | Melle | |
| 27/12/1501 | Lundi | Anais (*Annaye*) | Onay | |
| 28/12/1501 | Mardi | Beauvais | Beauvais | |
| 29/12/1501 | Mercredi | Cognac | Cognac | |
| 30/12/1501 | Jeudi | Cognac | Cognac | |

| | | | | |
|---|---|---|---|---|
| 31/12/1501 | Vendredi | Cognac | Cognac | |
| 01/01/1502 | Samedi | Cognac | Cognac | |
| 02/01/1502 | Dimanche | Cognac | Cognac | |
| 03/01/1502 | Lundi | Barbezieu | Barbezieu (*Barbezins*) | |
| 04/01/1502 | Mardi | Montlieu | Monlieu | |
| 05/01/1502 | Mercredi | Guîtres<br>Passage de l'Isle | Guîtres (*Ghystres*) | |
| 06/01/1502 | Jeudi | Castres (*Chastre*) | Guîtres (*Ghystres*) | |
| 07/01/1502 | Vendredi | Saint-Émilion (Sainct-Milion) dîner<br>Castillon (*Chastilion*) | Saint-Émilion (Sainct-Milion) dîner<br>Castillon | |
| 08/01/1502 | Samedi | Cadillac (*Cadiliacque*) | Cadillac (*Cadilya*) | |
| 09/01/1502 | Dimanche | Cadillac | Cadillac | |
| 10/01/1502 | Lundi | Langon<br>Passage de la Gironde | Langon (*Largion*) | |
| 11/01/1502 | Mardi | Langon | Langon | |
| 12/01/1502 | Mercredi | Langon | Langon | |
| 13/01/1502 | Jeudi | Captieux (*Capechieulx*) | Captieux (*Capsien*) | |
| 14/01/1502 | Vendredi | Roquefort<br>Mont-de-Marsan (archiduchesse) | Rochefort | |
| 15/01/1502 | Samedi | Mont-de-Marsan (*Mont-de-Marchant*) | Mont-de-Marsan (*Mont a Marsant*) | |
| 16/01/1502 | Dimanche | Tartas | Mont-de-Marsan | |
| 17/01/1502 | Lundi | Tartas | Tartas | |
| 18/01/1502 | Mardi | Tartas | Tartas | |
| 19/01/1502 | Mercredi | Tartas | Tartas | |
| 20/01/1502 | Jeudi | Tartas | Dax (*Dachs*) | |
| 21/01/1502 | Vendredi | Dax (*Daxe*) | Dax | |
| 22/01/1502 | Samedi | Bayonne | Bayonne (*Baionne*) | |
| 23/01/1502 | Dimanche | Bayonne (messe) | Bayonne | |
| 24/01/1502 | Lundi | Bayonne (messe, cartes) | Bayonne | |
| 25/01/1502 | Mardi | Bayonne (messe, cartes) | Bayonne | |
| 26/01/1502 | Mercredi | Saint-Jean-de-Luz<br>Fuenterrabia/ Hondarribia (*Fontearabie*) | Fontarrabie (*Fontaraby*) | |
| 27/01/1502 | Jeudi | | | |
| 28/01/1502 | Vendredi | | | |
| 29/01/1502 | Samedi | Ernani (*Renay*) | Ernani (*Arnanye*) | |
| 30/01/1502 | Dimanche | Tolosa (*Toulousette*) | Tolosa (*Toulouzette*) | |
| 31/01/1502 | Lundi | Sigura (*Segure*) | Sigura (*Sigoura*) | |

## 2. Itinéraire en Val de Loire et à Blois [1]

Les récits du voyage de Philippe le Beau ne mentionnent entre Orléans, Blois et Tours que quelques grandes étapes : Cléry, Saint-Laurent-des-Eaux, Saint-Dyé-sur-Loire ; et après Blois, Escure et Chaumont, Amboise et enfin Tours.

En amont de Blois, cet itinéraire suit plus ou moins la route antique et principale du bord de Loire [2]. C'est le chemin qu'empruntent (dans l'autre sens) Jérôme Münzer en 1495 et André Navagero en 1528 [3]. La *Guide des chemins de France* de Charles Estienne publiée en 1552 décrit ce même itinéraire d'Orléans à Blois en en précisant le trajet : Saint-Mesmin, Cléry, Les Trois Cheminées, Saint-Laurent-des-Eaux, Nouans, Muides-sur-Loire, Saint-Dyé-sur-Loire, Montlivaut, Nozieux et Blois [4]. Entre Saint-Dyé et Blois, l'itinéraire que décrit la *Guide* ne correspond ni à la levée, ni à la route de Saint-Claude-de-Diray, mais à un chemin passant entre les deux, qui existe toujours aujourd'hui, en partie goudronné [5], en partie empierré, et qui passe en pied de coteau par les lieux-dits les Prés de la Cour, Montigny, La Châtaignière, le hameau de la Place, l'Aumône, puis rejoint la levée à la Bouillie, aux portes de Blois. Nous inclinons à penser que c'est la route suivie par les archiducs car c'est aussi la plus directe.

On ignore d'ailleurs l'état de la levée au XVIe siècle et il n'est pas certain qu'elle ait été complète entre Saint-Dyé et Blois dès 1501. En 1599, Thomas Platter emprunte la levée : « Le 2 juin, je quittai Blois par le pont et par la levée où il y a quelques maisons. Cela peut quand même s'appeler un village que l'on nomme Chaussée. À ce village commence le parc de Chambord [6]. » Mais cette voie sur berge, qui suit vraiment la Loire entre Montlivault et Saint-Laurent était-elle praticable aisément – n'oublions pas que le couple archiducal atteint Blois en décembre ? Ou n'y avait-il là qu'un chemin de halage régulièrement recouvert par les eaux ? Il est probable que pendant de longs mois, on ne pouvait y passer en raison des crues.

Pour l'entrée dans Blois, il suffisait depuis la Bouillie de longer la Loire [7]. En provenance de Saint-Claude, le franchissement du Cosson se faisait

1. Texte rédigé avec l'amicale collaboration de Bruno Guignard. Nous remercions également Jean-Paul Sauvage et Thomas Grappy pour leurs observations.
2. Jacques SOYER, *Les voies antiques de l'Orléanais, Bulletin de la Société archéologique et historique de l'Orléanais*, Hors série, 1971, p. 46-47 et 50 (*via romana ultra Ligerim*, par rapport à Orléans, en 1204).
3. Hieronymus Monetarius (Jérôme MÜNZER), *Voyage à travers la France*, trad. Anne Berthelot, Greifswald, Reineke-Verlag, 1996, p. 54-55. André Navagero cité dans GUIGNARD 1999, p. 129.
4. Éd. 1679, p. 107-108. Également cité dans GUIGNARD 1999, p. 23-24.
5. Cette route porte les noms de Chemin de Blois à Saint-Dié (*sic*), de rue du Chemin-Bas, de rue de Nozieux…
6. Il s'agit de La Chaussée-le-Comte. Cf. Thomas Platter, dans GUIGNARD 1999, p. 143.
7. Néanmoins la voie sur berge proche de la ville devait être parfois peu praticable pour les raisons déjà évoquées, la zone de la Boire étant en outre marécageuse. Le déversoir n'a pas été aménagé avant le XVIe siècle.

par les ponts Chartains, cités dès le début du XIVe siècle[8]. On empruntait ensuite la rue des Ponts-Chartrains pour atteindre le faubourg de Vienne et la rue de la Chaîne, qui permettait de rejoindre le pont sur la Loire. Il est peu probable qu'à l'entrée de celui-ci aient jamais existé les deux tours que figurent les gravures de Belleforest et de Braun. En effet, en dehors de ces témoignages graphiques, sujets à caution, rien n'atteste qu'il y ait eu des fortifications sur la rive sud.

L'itinéraire de traversée de la ville est plus facile à reconstituer. Après avoir franchi le pont et ses différentes fortifications (porte du milieu et porte Saint-Fiacre ou porte du Pont), il y a tout lieu de penser que le cortège a emprunté la Grand rue (c'est-à-dire sur les plans anciens la rue du Vieux pont, la rue des Marchands et la rue du Commerce) puis la rue Porte-Côté. L'entrée au château a dû se faire par la porte des Champs, seule issue carrossable. Le franchissement des fossés s'est donc fait une première fois sur le pont-levis de la porte Côté puis une deuxième fois sur celui de la porte des Champs (actuelle rue de la Voûte). On imagine mal en effet un itinéraire passant par la rue des Orfèvres, la rue Saint-Lubin et les fossés du château ou la poterne des Jacobins. Quoique possible, cet itinéraire impose de mettre pied à terre (pour emprunter la poterne des Jacobins) ou à contourner le château par les arrières (en passant par les fossés), ce qui manque un peu de grandeur. Il convient donc de préférer la première solution, par la grand rue et la rue Porte Côté, laquelle s'est d'ailleurs imposée jusqu'au XIXe siècle pour le passage de la route impériale puis royale n° 157 de Blois à Laval.

À la fin du séjour, les archiducs partent vers l'ouest en direction d'Amboise et de Tours. L'archiduc logeant à Escure, près d'Onzain, ils ont dû suivre la rive nord. En 1599, Thomas Platter, venant de Tours et se rendant à Blois, s'arrête lui aussi à Escure : « après avoir déjeuné dans ce bourg [Escure], nous reprîmes le bateau et passâmes devant les maisons de Chouzy et celles des Grois [les Grouets][9]… »). Le même jour pourtant le roi loge à Chaumont ; où a-t-il franchi la Loire ? Un historien du XIXe siècle mentionne bien un pont sur la Loire à Chouzy-sur-Cisse, mais le texte cité à l'appui de sa thèse ne parle que du « pont de Chouzy » sans préciser s'il est situé sur la Loire ou sur la Cisse[10]. Le même auteur cite un « chemin libre à travers la Loire près de Chouzy » (*liberum iter per Ligerim juxta Chilgiacum*[11]) qu'on pouvait donc franchir à gué, ce qui est également à envisager, mais on ne voit pas trace de la chaussée empierrée dont il prétend avoir reconnu les vestiges. En revanche, il existait des bacs jusqu'à une période récente aux

8. Ils subsistent sur environ deux cents mètres, entre la voie rapide et la Boire.
9. Guignard 1999, p. 138. Le bourg d'Escure, assez important, fut emporté par la grande crue de 1856.
10. Guignard de Butteville, *Histoire de Chouzy*, Orléans, Herluison, 1886, p. 63. Aucun pont ne figure non plus sur la carte de Cassini.
11. *Ibid.*, p. 24.

Grouets, à Chouzy et à Veuves. Il y en eut un également entre Escure et Chaumont avant que le pont ne soit construit (vers 1850).

Au-delà de Chaumont, les voyageurs gagnaient Amboise par l'une ou l'autre rive. Au départ de Blois, la *Guide des chemins* préconise la route nord passant par Chouzy, Escure, Veuves, La Mare, le Haut Chantier et la Pillaudière, et conseille de passer la Loire à Amboise [12]. En 1462, Jean de Neri, venant de Tours, franchit la Loire à Amboise (« sur un grand pont, partie de bois et partie de pierre »), tandis qu'en 1557, Félix Platter – frère de Thomas –, venant également d'Amboise, traverse la Loire seulement à Blois [13]. Il est probable que le cortège archiducal n'a franchi le fleuve qu'à Amboise.

12. Éd. 1679, p. 109-110. Également cité par Guignard 1999, p. 24.
13. Guignard 1999, p. 121 et 134.

# Bibliographie


## Principaux documents et ouvrages consultés

### *Sources manuscrites*

Bruxelles, Bibliothèque royale, ms. 14517, fol. 1-102 : Julien Fossetier, *Voiage que fit l'archiducq Philippe d'Austriche depuis roy des Espaignes par les royaulmes de France et de Navare ausdites Espaignes...*

Lille, Archives départementales du Nord, B. 17791, 10 décembre 1501 : Lettre de Pierre Anchemant au chancelier de Philippe le Beau.

Mantoue, Archivio di Stato, A. G. 283, lettre d'un ambassadeur à Blois, 3 décembre 1501.

Mantoue, Archivio di Stato, A. G. 629, lettre d'un ambassadeur à Blois, 14 décembre 1501.

Paris, Archives du Ministère des Affaires étrangères, et européennes, *Mémoires et documents, France*, vol. 1822, *Triomphes et entrées*, fol. 115-151 v° (fonds Sainctot).

Paris, Archives nationales, KK 332 : Comptes de l'ameublement du château d'Amboise, cf. éd. Grandmaison 1868.

Paris, Archives nationales, O[1] 1324, liasse 11 : plans de l'aile Louis XII.

Paris, Archives nationales, J 951, n° 2 et 2 bis : Lettres de Philippe et Jeanne, archiducs d'Autriche, comtes de Flandre, portant nomination d'ambassadeurs en vue des négociations du mariage de leur fils (27 juin 1501) et acte des ambassadeurs relatant leurs démarches et les engagements pris de part et d'autre (août 1501).

Paris, Bibl. Institut, ms. 1046 : Jacques-François Blondel, description des châteaux de Blois, de Richelieu et de divers monuments. Cf. Blondel 1760.

Paris, Bibl. Institut, ms. Godefroy 476, fol. 166 : *Entrevue du Roy Louys XII et de Philippes archiduc d'Autriche, seigneur des Pays-Bas, fils de l'empereur Maximilien I, père des empereurs Charles V et Ferdinand I à Blois l'an 1501.*

Paris, BnF, ms. Dupuy 325 : P. Dupuy, *Cérémonies observées aux entrées des rois et des princes*, M VC XXIX, fol. 19-40.

Paris, BnF, ms. Dupuy 326 : Récits de l'entrevue blésoise de la main de Godefroy, par Antoine de Lalaing et Jean d'Auton (extraits).

Paris, BnF, ms. Dupuy 503 : Jean Lemaire de Belges, *Recueil de relations historiques.* Fol. 5 : Le premier voyage d'Espagne, 1501-1503; fol. 33 : Voyage de l'archiduc à son retour d'Espagne, de Dôle à Bruxelles, 1503...

Paris, BnF, ms. Dupuy 542 (28), Réception de l'archiduc Philippe d'Autriche en France en 1501, copie du texte Godefroy 1649.

Paris, BnF, ms. Dupuy 744 (15) : *De l'honneur et respect que l'archiduc Philippe... rendit au roy Louis XII à Blois en 1501*, par Pontus Heuterus, prévost d'Arnheim au duché de Gueldres, en l'histoire des Pays-bas du règne de l'empereur Charles V et Philippes II roy d'Espagne, imprimé à Anvers l'an 1598, *anno* 1501, p. 258-259.

Paris, BnF, ms. fr. 10471, fol. 107 v° : *Traité des Rangs et séances de France...* [1610].

Paris, BnF, ms. fr. 18054, fol. 20v°-23 et 34v°-38 : Philipe Haneton, *Recueil en forme d'histoire... contenant les titres, actes et traitez faicts entre le roy Louis XII et ledict roy de Castille depuis l'an 1498 jusques en l'année 1507* (copie).

Paris, BnF, ms. fr. 18526 : *Cérémonial 1501-1543*, extraits copiés d'après les registres de l'hôtel de ville de Paris.

Paris, BnF, ms. fr. 18728, fol. 112-114 : Traités conclu entre Louis XII et Philippe le Beau, texte de Philippe Haneton.

Paris, BnF, ms. fr. 22335, p. 1-252 : *Inventaires des biens d'Anne de Bretagne.*

Paris, BnF, ms. fr. 4318, *Cérémonies observées en l'entrée des rois et des princes,* fol. 21 v°-54 v° (fonds du président de Mesmes).

Paris, BnF, coll. Moreau, vol. 405 et 406 : Inventaires et pièces diverses.

Poitiers, Archives communales, registre de délibérations n° 8, p. 9 : Lettre de Louis XII à la ville de Poitiers.

Vienne, Österreichische Nationabibliothek, Codex 3410 (hist. Prof. 523) : *Relation de Vienne.*

### Sources imprimées et bibliographie

Les sources relatives au voyage de 1501 sont signalées par un astérisque.


Anthenaise Claude d', Chatenet Monique (dir.), *Chasses princières dans l'Europe de la Renaissance* (actes du colloque de Chambord, 1er et 2 octobre 2004), Arles, Actes Sud, 2007.

Aram Bethany, *Juana the Mad : sovereignty and dynasty in Renaissance Europe,* Baltimore, The John Hopkins University Press, 2005.

Arnauldet Paul, [Communication sur les inventaires des tapisseries du château de Blois aux xve et xvie siècles], *Bulletin de la Société nationale des antiquaires de France,* 1905, p. 346-352.

*Auton Jean d', *Chroniques de Louis XII par Jean d'Auton,* édition publiée pour la Société de l'histoire de France par René de Maulde La Clavière, Paris, Librairie Renouard, 1889-1893, 3 vol. (chap. XXI, t. II, p. 205-211).

Babeau A., « Les souverains étrangers en France du xe au xviiie siècles », *Revue des questions historiques,* t. 73, janvier 1903, p 121-157.

Bimbenet Michèle, « L'orfèvrerie de François Ier et de ses successeurs d'après des inventaires inédits de 1537, 1563 et 1584 conservés aux Archives nationales », *Bulletin de la Société de l'Histoire de l'Art français,* 1995 (1996), p. 41-67.

Blondel Jacques François, « La description des châteaux de Blois et Richelieu et de divers monuments du Val de Loire rédigée par Jacques-François Blondel en 1760 », Grégory Vouhé (éd.), *Monuments et mémoires de la fondation Eugène Piot,* t. 85, (1760) 2006, p. 119-122.

Bournon Fernand, « Inventaire des tapisseries emportées du château de Blois en 1533 », *Nouvelles Archives de l'Art français,* 1879, p. 334-339.

Brantôme Pierre de Bourdeille, seigneur de, *Œuvres complètes,* publ. par Ludovic Lalanne, Paris, 1864-1882, 11 volumes.

Carré Yann, *Le baiser sur la bouche au Moyen Âge : rites, symboles, mentalités à travers les textes et les images, xie-xve siècles,* Paris, Le Léopard d'Or, 1992.

Cauchies Jean-Marie, *Philippe le Beau. Le dernier duc de Bourgogne,* Turnhout, Brepols, 2003.

Chatenet Monique, « Les logis royaux : règne de Louis XII », dans *Blois, un amphithéâtre sur la Loire,* cat. exp. Blois, Paris, A. Biro, 1994, p. 82-83.

Chatenet Monique, *La cour de France au xvie siècle. Vie sociale et architecture,* Paris, Picard, coll. De Architectura, 2002.

Chatenet Monique, Girault Pierre-Gilles, « Le mobilier du château de Blois au temps de Louis XII et d'Anne de Bretagne », dans *Cahiers du château et des musées de Blois,* n° 38/39, juin 2007-juin 2009, p. 14-25.

Contamine Philippe, « Espaces féminins, espaces masculins dans quelques demeures aristocratiques françaises, xive-xvie siècle », dans Jan Hirschbiegel et Werner Paravicini (dir.), *Das Frauenzimmer. Die Frau bei Hofe in Spätmittelalter und früher Neuzeit,* 6, Stuttgart, Jan Thorbecke, 2000, p. 79-90.

Cosandey Fanny, *La reine de France. Symbole et pouvoir xve-xviie siècle,* Paris, Gallimard, 2000.

Eichberger Dagmar (dir.), *Women of distinction. Margaret of York, Margaret of Austria,* Leuven, Davidsfonds, 2005.

Éléonore de Poitiers, « Les honneurs de la cour d'Aliénor de Poitiers », éd. Jean-Baptiste de La Curne de Sainte-Palaye, *Mémoires sur l'ancienne chevalerie, consi-*

*dérée comme un établissement politique et militaire*, Paris, N.-B. Duchesne, 1759-1781, t. II, p. 183-257.

Éléonore de Poitiers, « Les États de France (Les Honneurs de la cour) », Nouvelle édition par Jacques Paviot, *Annuaire-bulletin de la Société de l'histoire de France*, année 1996 (paru en 1998), p. 75-137.

**Entrée faicte a Paris : L'entrée faicte a Paris par très puissant prince et seigneur l'archeduc de Austriche, conte de flandres. Et entre ses autres tiltres Prince de Castille et d'Espaigne*, 6 fol., BnF, Rés 4-LB29-24.

*Érasme, *Panegyricus ad Philippum Austriae ducem*, éd. Otto Herding, *Opera omnia Desiderii Erasmi Roterodami*, t. IV/1, Amsterdam, North-Holland Publishing Company, 1974, p. 1-93.

*Fleuranges, *Histoire des choses mémorables advenues du reigne de Louis XII et François I*[er]*... mise par escript par Robert de La Mark, seigneur de* Fleurange, Claude-Bernard Petitot (éd.), *Collection complète des mémoires relatifs à l'histoire de France*, t. XVI, Paris, Foucault, 1820, p. 141-382.

*Fleuranges Robert de La Marck, seigneur de Fleuranges, *Mémoires du maréchal de Florange, dit le Jeune Adventureux*, Robert Goubaux et P. André Lemoisne (éd.), publ. pour la Société de l'histoire de France, Paris, H. Laurens, 1913-1924, 2 vol.

Gachard Louis Prosper (éd.), *Collection des voyages des souverains des Pays-Bas*, t. I, Bruxelles, F. Hayez, Collection de chroniques belges, 1876.

*Gallia regia* : Gustave Dupont-Ferrier, *Gallia Regia ou état des officiers des bailliages et sénéchaussées de 1328 à 1515*, Paris, Impr. Nationale, 1942-1961, 6 vol. (et *Tables*, Paris, 1966).

Girault Pierre-Gilles, « Jean Molinet chroniqueur et la visite de Philippe le Beau au château de Blois en décembre 1501 », colloque *Jean Molinet et son temps* (Dunkerque, Lille, Gand, 8-10 novembre 2007), actes à paraître.

Godefroy Théodore, *Entrevues de Charles IV empereur, de son fils Wenceslaus, roy des Romains et de Charles V, roy de France, à Paris, l'an 1378, et de Louis XII, roy de France et de Ferdinand, roy d'Aragon, à Savonne, l'an 1507...*, Paris, 1614.

Godefroy Théodore, *Histoire de Louys XII roi de France, père du peuple, et des choses memorables advenues en son regne depuis l'an M CCCC XC VIII, jusques à l'an MD XV, par Messire Claude de Seyssel, archevesque de Turin, Jean d'Auton, historiographe du roy et autres, mise en lumière par Théodore Godefroy, advocat au Parlement de Paris*, Paris, chez Abraham, Paris, Paccard, 1615.

Godefroy Théodore et Denis, *Cérémonial français recueilly par Théodore Godefroy et mis en lumière par Denys Godefroy, advocat au Parlement et Historiographe du Roy*, Paris, Cramoisy, 1649, 2 vol.

Grandmaison Charles de (éd.), « Compotus ornamentorum castri Ambasiae », *Bulletin de la Société archéologique de Touraine*, t. I, 1868-1870, p. 253-304.

Guenée Bernard, *Un roi et son historien. Vingt études sur le règne de Charles VI et la chronique du Religieux de Saint-Denis*, Paris, 1999 (Mémoires de l'Académie des Inscriptions et Belles-Lettres, nouvelle série, t. XVII).

Guiffrey Jules (éd.), *Inventaire général du Mobilier de la Couronne*, Paris, Imprimerie nationale, 1886, 2 vol.

Guignard Bruno, *Blois au fil de la plume*, Blois, Hesse, 1999.

*Haneton Philippe, *Recueil en forme d'histoire... contenant les titres, actes et traitez faicts entre le roy Louis XII et ledict roy de Castille depuis l'an 1498 jusques en l'année 1507*, dans Gachard 1876, t. I, Appendice A, p. 341-344.

Jestaz Bertrand, « Étiquette et distribution intérieure dans les Maisons royales de la Renaissance », *Bulletin monumental*, t. 146-II, 1988, p. 108-120.

*Lalaing Antoine, sieur de Montigny, « Voyage de Philippe le Beau en Espagne en 1501 », éd. Gachard 1876, t. I, p. 121-155.

La Saussaye Louis de, *Histoire du château de Blois*, 3e éd., Blois, Paris, Dumoulin, 1850.

Le Glay Edward, *Négociations diplomatiques entre la France et l'Autriche durant les trente premières années du XVI*[e] *siècle*, Paris, Imprimerie royale, 1845, 2 vol.

Le Fur Didier, *Louis XII, un autre César*, Paris, Perrin, 2001.

LE ROUX DE LINCY Antoine, « Détails sur la vie privée d'Anne de Bretagne, femme de Charles VIII et de Louis XII, suivis d'extraits des inventaires des meubles ayant appartenu à cette princesse », *Bibliothèque de l'École des chartes*, t. XI, 1850, 1re livraison, p. 148-171.

LE ROUX DE LINCY Antoine, *Vie de la reine Anne de Bretagne, femme des rois Charles VIII et Louis XII*, Paris, Curmer, 1860-1861, 4 vol.

LESUEUR Frédéric et Pierre, *Le château de Blois. Notice historique et archéologique*, Paris, A. Longuet, 1922.

LESUEUR Frédéric, *Le château de Blois tel qu'il fut, tel qu'il est, tel qu'il aurait pu être*, Paris, Picard, 1970.

MAULDE LA CLAVIÈRE René de, *Histoire de Louis XII*, Paris, 1890.

MAULDE LA CLAVIÈRE René de, *La diplomatie au temps de Machiavel*, Paris, Ernest Leroux, 1892-1893, 3 vol.

MILLER Townsend, *Reines de Castille*, Paris, Arthaud, 1966.

MINOIS Georges, *Anne de Bretagne*, Paris, Fayard, 1999.

*MOLINET Jean, *Chroniques de...*, Jean Alexandre C. BUCHON (éd.), Paris, Verdière, 1828, t. V, p. 168-185.

*MOLINET Jean, *Chroniques de...*, Georges DOUTREPONT et Omer JODOGNE (éd.), Bruxelles, Palais des Académies, 1935-1937, t. II (1935), p. 486-507.

*PADILLA Lorenzo de, « Crónica de Felipe I, llamado el Hermoso », Miguel SALVÀ et D. Pedro SAINZ DE BARANDA (éd.), *Colección de documentos inéditos para la historia de España*, t. VIII, Madrid, 1846, p. 5-267 (p. 160-164).

PÉROUSE DE MONTCLOS Jean-Marie, « Logis et appartements jumelés dans l'architecture française », dans Jean GUILLAUME (dir.), *Architecture et vie sociale. L'organisation intérieure des grandes demeures à la fin du Moyen Âge et à la Renaissance*, Paris, Picard, 1994, p. 235-243 (coll. De Architectura).

*PHILIPPE LE BEAU, Lettres des 10 et 14 décembre 1501, dans GACHARD 1876, t. I, Appendice C, p. 373-378.

PIZAN Christine de, *Le livre des faits et bonnes mœurs du roi Charles V le Sage*, Paris, Stock, 1997.

PFANDL Ludwig, *Jeanne la folle, sa vie et son temps*, trad. Raoul de Liedekerke, Bruxelles, Nouvelle société d'éditions, 1938.

QUILLIET Bernard, *Louis XII, père du peuple*, Paris, Fayard, 1986.

**Relation Dupuy-Godefroy* : Anonyme, « Réception de la part du roy Louys XII de Philippes archiduc d'Austriche, seigneur de Pays-Bas, fils de l'empereur Maximilian I et père des empereurs Charles V et Ferdinand I, passant par la France avec sa femme Jeanne de Castille pour aller en Espagne, ès mois de novembre et de décembre de l'année 1501. Et l'entreveue faite à Blois desdits roy et archiduc », GODEFROY (éd.), 1649, t. I, p. 713-735.

**Relation de Vienne* : Anonyme, « Reise des Erzherzogs Philipp nach Spanien, 1501 », éd. Joseph CHMEL, *Die Handschriften der k. k. Hofbibliothek in Wien im Interesse der Geschichte, besonders der öestereichischen*, Wien, 1841, t. II, p. 554-655.

*SANTA CRUZ Alonzo de, *Cronica de los Reyes Catolicos*, Juan de Mata CARRIAZO (éd.), t. I, Séville, 1951, p. 253-254.

SCHNEEBALG-PERELMAN Sophie, « Richesses du garde-meuble parisien de François Ier, inventaires inédits de 1542 et 1551 », *Gazette des Beaux-Arts*, 113e année, t. LXXVIII, n° 1234, nov. 1971, p. 253-304.

WIESFLECKER Hermann, *Kaiser Maximilian I. Das Reich, Österreich und Europa an der Wende zur Neuzeit*, Munich, R. Oldenbourg, 1971-1986, 5 vol.

*ZURITA Jerónimo, *Historia del Rey Don Hernando el Católico* [...], Angel Canellas LÓPEZ (éd.), t. II, 1991, p. 345-350.

# Index prosopographique de la relation Dupuy-Godefroy [1]

La foliotation renvoie au manuscrit Dupuy 325 (D.) et la pagination à l'édition Godefroy (G.).

*Aiguemont comte d'.* Voir EGMONT, comte d'.

AILLY Isabeau d' († ap. 1519), fille de Jean d'Ailly, vidame d'Amiens, et de Yolande, fille naturelle de Philippe le Bon, épouse de Jean IV baron de Mailly († 1505), chevalier de l'ordre du roi et chambellan de Louis XI et Charles VIII. Mentions : *mesdames de Mailly,* D., fol. 29v°, G., p. 724.

AILLY Jossine d', fille d'Antoine d'Ailly († 1509), seigneur de Varennes (Varennes-en-Croix, Somme) et de Charlotte de Bournonville († 1534). Mentions : *madamoiselle de Varennes,* D., fol. 23, G., p. 717.

ALBRET Charlotte d' (1480-1514), dame de Châlus, épouse en 1499 César Borgia (1475-1507). Le fils naturel de Rodrigue Borgia, pape sous le nom d'Alexandre VI, d'abord évêque de Pampelune (1492), archevêque de Valence (1493), puis cardinal, relevé de ses veux, fut fait comte puis duc de Valentinois par Louis XII en 1498. Mentions : *la duchesse de Vallentinois,* D., fol. 35v°, 38v°, G., p. 730, 733.

ALENÇON Anne d' (1492-1562), fille de René, duc d'Alençon, et de Marguerite de Lorraine-Vaudémont, dame de La Guerche, mariée à Blois en 1508 à Guillaume de Montferrat, inspiratrice de Clément Marot. Mentions : *madamoiselle Anne d'Alençon,* D., fol. 35v°, G., p. 730.

ALENÇON Charles d' (1489-1525), duc d'Alençon et comte du Perche (1492), comte d'Armagnac, de Fézensac et de Rodez (1497). Il était fils de René d'Alençon (1454-1492) et de Marguerite de Lorraine-Vaudémont (1463-1521), héritier de son grand-oncle Charles d'Armagnac (1425-1497). Il épousa en 1509 Marguerite d'Angoulême, fille de Charles d'Orléans, comte d'Angoulême et de Louise de Savoie, sœur aînée de François I^er^. Mentions : *messieurs les ducs d'Allençon,* D., fol. 33, G. p. 727.

*Alençon duchesse d'.* Voir LORRAINE, Marguerite de.

ALENÇON Françoise d' (1490-1550), fille de René, duc d'Alençon, et de Marguerite de

1. Les notices reposent sur la compilation de données recueillies dans le père Anselme, la *Gallia Regia,* les *Recherches sur le personnel du conseil du roi sous Charles VIII et Louis XII* de Michael Harsgor, les notes et les *indices* des éditions de Lalaing par Gachard et de Jean d'Auton par Maulde La Clavière, les biographies consultées, au premier rang desquelles CAUCHIES 2003. Parmi les nombreux sites Internet explorés, il convient de citer Généalogie de l'histoire de France (www.roi-france.com), Héraldique européenne (www.heraldique-europeenne.org), Medieval Lands (http://fmg.ac/Projects/MedLands), Racines et histoire (http://racineshistoire.free.fr) et surtout Cour de France (http://cour-de-france.fr), dont l'éditrice Caroline zum Kolk a notamment mis en ligne une précieuse base de données « La Maison des reines de France au XVI^e^ siècle. Nobles, officiers et domestiques (1494-1590) ».

Lorraine-Vaudémont, sœur aînée d'Anne d'Alençon, épouse en 1505 avec François II de Longueville (1470-1512) puis en 1513 Charles IV de Bourbon (1489-1537), duc de Bourbon et de Vendôme. Mentions : *madamoiselle d'Alençon,* D., fol. 34v°, 35v°, G., p. 729, 730.

ALIGRET (ou Allégret) Jean, lieutenant civil du prévôt de Paris entre 1497 et 1501 (*Gallia regia,* IV, p. 326, 329, n° 16540, 16559). Mentions : *des lieutenans tant civil que criminel,* D., fol. 26v°, G., p. 721.

AMBOISE Émeri d', grand-prieur des Hospitaliers de Saint-Jean de Jérusalem, qui résidait au Temple à Paris, élu grand-maître de l'Ordre en 1503, fils de Pierre d'Amboise, seigneur de Chaumont, et d'Anne de Bueil. Mentions : *monsieur le grand prieur de France,* D., fol. 26v°, G., p. 721.

AMBOISE Georges d' (1460-1510), évêque de Montauban (1484-1491), archevêque de Narbonne (1492-1494) puis de Rouen (1495), cardinal (1498), principal ministre de Louis XII. Il était fils de Pierre d'Amboise et d'Anne de Bueil, frère cadet de Charles I^er^ d'Amboise, oncle du cardinal Georges II d'Amboise qui lui succéda à Rouen et du maréchal Charles II de Chaumont d'Amboise. Mentions : *monsieur le légat,* D., fol. 34, G., p. 728.

*Angoulême, Angoulesme, monsieur d'.* Voir FRANÇOIS D'ANGOULÊME (FRANÇOIS I^er^).

*Angoulême, Angoulesme, madame la comtesse d'.* Voir LOUISE DE SAVOIE.

ANNE DE BRETAGNE (1477-1514), fille du François II (1435-1488), duc de Bretagne, et de sa seconde épouse Marguerite de Foix († 1486), princesse de Navarre. Héritière du duché à la mort de son père, elle fut mariée par procuration à Maximilien I^er^ d'Autriche avant d'épouser Charles VIII (1470-1498) en 1491, puis Louis XII (1462-1514) en 1499. Mentions : *la royne,* D., fol. 19, 21, 22, 31, 31v°, 32, 32v°, 33v°, 34, 34v°, 35, 35v°, 36, 36v°, 38, 39, 40, G., p. 713, 715, 715, 726, 727, 728, 729, 730, 731, 732, 733, 734, 725.

ANNE DE FRANCE (1461-1522), dite Anne de Beaujeu, fille aînée de Louis XI et de Charlotte de Savoie, épouse de Pierre II de Bourbon, sire de Beaujeu, puis duc de Bourbon. À la mort de Louis XI, Anne de Beaujeu exerce une régence de fait de 1483 à 1491. Mentions : *madame la duchesse de Bourbon,* D., fol. 34v°, 35, 35v°, 36, 37v°, 38v°, 39, 39v°, G., p. 729, 730, 732, 733, 734.

ARAGON Doña Ana (ou Anne) d', fille naturelle d'Alphonse d'Aragon (1470-1520), archevêque de Saragosse et de Valence (lui-même fils illégitime du roi Ferdinand le Catholique), et d'Anne de Guerrea, épouse (1518) d'Alonso de Guzmán († 1559), duc de Medina-Sidonia. Mentions : *donna Anna d'Arragon,* D., fol. 19v°, G., p. 713.

*Arras, le prévost d'.* Voir RANCHICOURT, Charles de.

ASTARAC Jacqueline d', fille de Jean III d'Astarac, épouse d'Antoine de Mailly († 1529), baron de Mailly, conseiller et chambellan de François I^er^, demoiselle d'honneur de la reine Anne dès 1496-1498, puis dame d'honneur présente à ses funérailles en 1514. Mentions : *mesdames de Mailly,* D., fol. 29v°, G., p. 724.

AVAUGOUR François d' (1462-1510), comte de Vertus (1485), gouverneur de Saint-Malo, fils bâtard du duc François II de Bretagne et d'Antoinette de Maignelais. Il renonce devant les États de Bretagne à tout droit éventuel sur le duché. Mentions : *monsieur d'Avaugour frère bastard de la royne,* D., fol. 31, 31v°, 32, 33, G., p. 726, 727.

BADE Bernard de, ou BADEN Bernhard IV von (1474-1536), margrave de Bade-Bade en 1515, fils de Christophe I^er^ de Bade (1453-1527), margrave de Bade-Hachberg et chevalier de la Toison d'Or en 1491. Désigné comme *Bernardt, filz aîné du marquis de Baude,* par Lalaing (p. 127). Mentions : *le filz du marquis de Baulde,* D., fol. 19v°, G., p. 713.

*Bagaume, de.* Voir GHISTELLES, Jeanne de.

BAILLET Thibaut (v. 1445-1525), chevalier, seigneur de Sceaux et de Silly, conseiller au Parlement de Paris (1461), maître des requêtes ordinaires (1472), président (1484). Fils de Jean Baillet, seigneur de Sceaux et de Colette de Fresnes, il épouse Jeanne d'Aunoy[1]. Mentions : *le Président Thibaut,* D., fol. 30, G., p. 724.

1. Voir Jean YVER, « Le président Thibault Baillet et la rédaction des coutumes (1496-1514) », *Revue historique de droit français et étranger,* t. 64, 1986, p. 19-42.

Charles III de Bourbon (1490-1527), comte de Montpensier, connétable de France. Mentions : *madamoiselle sa fille [de la duchesse de Bourbon]*, D., fol. 34v°, p. 729.

BOURBON-VENDÔME François de (1491-1545), comte de Saint-Pol et de Chaumont. Mentions : *deux des fils de ladite dame de Vendosme, c'est assavoir Françoiz monsieur et Louis monsieur*, D., fol. 23, G., p. 717.

BOURBON-VENDÔME Louis de (1473-1520), seigneur de Champigny-sur-Veude, prince de La Roche-sur-Yon, fils de Jean de Bourbon (1428-1477), comte de Vendôme, et d'Isabelle de Beauvau (1436-1474), dame de La Roche-sur-Yon. Il épousa en 1504 Louise de Bourbon, comtesse de Montpensier (1483-1561). Mentions : *monsieur de Vendosme sieur de Champigny*, D., fol. 33, G., p. 728.

BOURBON-VENDÔME Louis de (1493-1557), évêque de Laon (1510) puis cardinal (1517). Mentions : *deux des fils de ladite dame de Vendosme, c'est assavoir Françoiz monsieur et Louis monsieur* D., fol. 23, G., p. 717.

*Bourg madame de.* Voir COMPEYS DE GRUSSY Jeanne de et MURAT Jeanne de.

BOURGOGNE Baudouin, bâtard de (v. 1446-1508), seigneur de Zomerghem et Fallais, fils naturel de Philippe le Bon, négociateur du mariage espagnol de Philippe en 1488-1489, chef du conseil après la mort de François de Busleyden. Mentions : *monsieur Baudouyn*, D., fol. 19v°, G., p. 713.

BOURGOGNE Philippe, bâtard de (1465-1524), seigneur de Blaton, fils naturel de Philippe le Bon, amiral en 1498, chevalier de la Toison d'Or en 1501, premier maître de l'hôtel de Philippe le Beau, plus tard gouverneur de Gueldre et évêque d'Utrecht en 1517. Désigné comme *admiral et grand maistre* par Lalaing. Mentions : *Philippes bastard de Bourgongne*, D., fol. 19v°, 23v°, 30v°, 31, 37v°, G., p. 713, 718, 725, 732.

BOUSSARD Geoffroy (1439-1522), théologien manceau, professeur de philosophie et d'humanité au collège de Navarre, docteur en théologie en 1489, recteur de l'Université de Paris (1487 ), chancelier de l'Église de Paris (1511-1518) et confesseur d'Anne de Bretagne. Proche de Philippe de Luxembourg. Mentions : *le recteur de l'Université de Paris*, D., fol. 29v°, 724.

*Braine comte de.* Voir SAARBRÜCKEN, Robert II de.

BRETAGNE Marie de (1446-1511), fille du duc François Ier de Bretagne (1414-1450), et d'Isabelle d'Écosse (1426-v.1495), épouse (1462) de Jean II de Rohan. Mentions : *madame de Rohan*, D., fol. 34, G., p. 729.

BRIÇONNET Guillaume (1470-1534), fils de Guillaume Briçonnet, évêque de Saint-Malo, puis cardinal de Reims. Évêque de Lodève (1489-1516), aumônier d'Anne de Bretagne (1496), il participe avec son père au sacre de Louis XII en 1498. Mentions : *l'évesque de Lodève*, D., fol. 22, G., p. 716.

*Brienne, monsieur de.* Voir LUXEMBOURG Antoine de.

*Brutuze.* Voir LA GRUTHUSE.

BUSLEYDEN (ou BUSLEIDEN) François de (v. 1465-1502), dit le prévôt de Liège (en tant que doyen du chapitre cathédral Saint-Lambert), archevêque de Besançon (1499), puis cardinal (1502), chef des finances du conseil archiducal. Ecclésiastique pro-français d'origine luxembourgeoise. Mentions : *monsieur l'archevesque de Bezançon*, D., fol. 19v°, 23v°, 31, 37v°, G., p. 713, 718, 725, 732.

*Cambrai, Cambray monsieur l'évesque de.* Voir BERGHES Henri de.

*Candale, Candalle, madamoiselle de* : FOIX-CANDALE Anne de.

*Cany, Cauny, monsieur de.* Voir BARBANÇON Jean de.

CARRÉ Michel, apothicaire de la reine en 1492 et 1498-1499 (LEROUX DE LINCY 1860, t. IV p. 9 ; MINOIS 1999, p. 440). Mentions : *l'appotiquaire de la royne*, D., fol. 38v°, G., p. 733.

CHALON Jean IV de (1443-1502), prince d'Orange (1475), seigneur d'Arlay et de Nozeroy, pensionnaire du roi, gouverneur de Franche-Comté, capitaine du Louvre (*Gallia regia*, IV, p. 390, n° 17069). Fils de Guillaume de Chalon (1414-1475) et de Catherine de Bretagne, il épouse en 1467 Jeanne de Bourbon († 1493) puis en 1494 Philiberte de Luxembourg, comtesse de Charny († 1539). Mentions : *monsieur*

2. Voir Étienne Bouton, « Le logis de Pierre Couthardy », *L'Échotier*, novembre 1998, n° 38, [p. 6].

de Jacqueline de Luxembourg. Mentions : *monsieur de Chievres*, D., fol. 19v°, 23, 23v°, 25, 31, 37v°, G., p. 713, 717, 718, 719, 725, 732.

CROŸ Jean de (1436-1505), seigneur de Rœux, cité comme chambellan dans l'ordonnance de la maison de Philippe le Beau (GACHARD 1876, t. I, p. 348). Mentions : *monsieur de Roeulx, Roeux*, D., fol. 23v°, 30, G., p. 718, 725.

*Du Hangest Jacques*. Voir HANGEST Jacques de.

*Dunois, Dunoys madame la comtesse de*. Voir SAVOIE Agnès de.

*Dunois, Dunoys monsieur de*. Voir ORLÉANS-LONGUEVILLE François II d'.

EGMONT Jossine d', fille de Jean d'Egmont (1438-1516), seigneur de Baer, comte d'Egmont, stadholder de Hollande, chevalier de la Toison d'Or (1491), et de Magdalena von Werdenberg (1464-1538). Jossine épouse en 1511 Jean de Wassenaer (1483-1523). Mentions : *la fille au comte d'Aiguemont*, D., fol. 19v°, G., p. 713-714.

ESQUERDES d'. Voir CRÈVECŒUR Jean de.

ESTOUTEVILLE Jacqueline d', épouse de Jacques de Moÿ, capitaine de Saint-Quentin. Mentions : *madame de Moÿ*, D., fol. 25, G., p. 719.

ESTOUTEVILLE Jacques d' († 1509), prévôt de Paris (1479), conseiller et chambellan du roi, baron d'Ivry (1466) et de Saint-André, seigneur de Beynes et de Blainville (1479), épouse Gillette de Coëtivy († 1510). (AUTON, t. II, p. 223 ; *Gallia regia*, IV, p. 320, n° 16515). Mentions : *le prevost de Paris*, D., fol. 26v°, G., p. 721.

*Évêque de Paris*. Voir SIMON DE CHAMPIGNY Jean.

FOIX Gaston de (1489-1512), duc de Nemours, comte d'Étampes et vicomte de Narbonne, fils de Jean de Foix (1450-1500) et de Marie d'Orléans, sœur de Louis XII. Il fut tué à la bataille de Ravenne. Mentions : *monsieur de Foix, ledit seigneur de Foix*, D., fol. 31, 31v°, 32v°, G., p. 726, 727.

FOIX Germaine de (1490-1538), sœur de Gaston de Foix, fille de Jean de Foix (1445-1500), vicomte de Narbonne et comte d'Étampes, et de Marie d'Orléans (1457-1493), sœur de Louis XII. Elle devient la seconde épouse (1505) du roi Ferdinand d'Aragon (1452-1516). Mentions : *madamoiselle de Foix*, D., fol. 35, 38v°, G., p. 730, 733.

FOIX-CANDALE Anne de (1484-1506), fille de Gaston II de Foix († v.1500) captal de Buch et comte de Candale, et de Catherine de Foix, future épouse (octobre 1502) de Ladislas II Jagellon (1456-1516), roi de Pologne, de Bohême et de Hongrie. « Anne de Foix, dame de Candalle », est gagée à 300 l. t. parmi les dames et demoiselles de la reine en 1496-1498[3]. Mentions : *madamoiselle de Candalle*, D., fol. 34, G., p. 729.

FONSECA Juan Rodriguez de (1451-1524), ambassadeur d'Espagne, évêque de Badajoz (1495), de Cordoue (1499), de Palencia (1504), archevêque de Rossano au royaume de Naples (1511) puis évêque de Burgos (1514). Mentions : *évesques d'Espaigne, evesque de Cordue*, D., fol. 19v°, 27v°, 33, 34, G., p. 713, 722, 728, 729.

FOU Renée du († 1506), dame de Montbazon, fille de Jean du Fou († 1492), seigneur de Rostrenen, chambellan du roi, grand échanson et bailli de Touraine, et de Jeanne de La Rochefoucauld, dame de Montbazon, de Sainte-Maure et de Nouâtre. En 1501, elle était veuve de Louis III de Rohan († 1498), seigneur de Guéméné, qu'elle avait épousé en 1482 ; elle se remaria avant 1503 avec Guillaume de la Marck († 1516), seigneur d'Aigremont. Mention : *madamoiselle de Montbazon*, D., fol. 38v°, G., p. 733. Cf. aussi : MONTGASCON.

FRANÇOIS D'ANGOULÊME (FRANÇOIS I^er^). François d'Orléans (1494-1547), comte d'Angoulême (1496) duc de Valois (1498), roi de France (1515), fils de Charles d'Angoulême (1459-1496) et de Louise de Savoie (1476-1531). Louis XII n'ayant pas eu de fils, il est en 1501 l'héritier présomptif de la Couronne. Mentions : *monsieur d'Angoulesme*, D., fol. 34, 34v°, G., p. 728, 729.

---

3. Caroline ZUM KOLK, « La Maison des reines de France au XVI^e^ siècle. Nobles, officiers et domestiques (1494-1590) », base de données publiée en ligne sur Cour de France.fr le 19 décembre 2007 (http://cour-de-france.fr/article131.html).

4. C. ZUM KOLK, « La Maison des reines de France... » (http://cour-de-france.fr/article131.html).

5. C. zum Kolk, « La Maison des reines de France... » (http://cour-de-france.fr/article131.html).

Nassau Henri III de (1483-1538), comte de Nassau, seigneur de Breda et de Diest, futur grand chambellan de Charles Quint. Il est le neveu et héritier (mais non le fils) de Engelbert II de Nassau-Dillenbourg (1451-1504), comte de Nassau, chevalier de la Toison d'Or (1473), premier conseiller et chambellan de Maximilien Ier puis de Philippe le Beau dont il est le lieutenant général aux Pays-Bas durant le voyage de l'archiduc. Désigné comme *Henry filz aîné du comte de Nassou* par Lalaing (Lalaing, p. 127). Mentions : *le jeune comte de Nassau,* D., fol. 19v°, 31, G., p. 713, 725.

Nesle Jacqueline de, veuve de Louis de Contay tué à Nancy (1477). Mentions : *madame de Contay,* D., fol. 25, G., p. 719.

*Nevers, la dame de.* Voir : Bourbon-Vendôme Charlotte de.

*Nevers, monsieur de.* Voir Clèves Engilbert de.

Noyelles frère Jean de, jacobin, confesseur cité dans l'ordonnance de la maison de l'archiduc (Gachard 1876, t. I, p. 345). Mentions : *un Jacobin confesseur dudit archiduc,* D., fol. 30v°, G., p. 725.

*Orange, monsieur le prince d'.* Voir Chalon, Jean IV de.

Orléans-Longueville François II d', comte de Dunois et de Longueville, puis duc de Longueville (1478-1512), petit-fils de Jean, bâtard d'Orléans (1403-1468) et de Marie d'Harcourt, dame de Parthenay. Fils de François Ier d'Orléans-Longueville et d'Agnès de Savoie. Il épousa à Blois en 1505 Françoise d'Alençon et reçut à cette occasion le titre de duc de Longueville. Mentions : *monsieur de Dunoys,* D., fol. 29, G., p. 723.

Öttingen Élisabeth d', fille du comte Jean II d'Öttingen, noble originaire des pays autrichiens ou souabes de Maximilien qui apparaît en qualité de chambellan (*Oetinghen*) dans l'ordonnance de l'hôtel de Philippe le Beau de mars 1497. Épouse de Wilhelm von Rogendorf, militaire lui aussi au service de Maximilien, elle serait morte à Anvers en 1518 (communication Jean-Marie Cauchies). Mentions : *la fille au comte de Tingue,* D., fol. 19v°, G., p. 714.

*Palatin, Pallatin, l'ung des filz du comte.* Voir Bavière Frédéric de.

Paléologue Guillaume IX (1486-1518), marquis de Montferrat en 1494, fils de Boniface III Paléologue (1424-1494), il épouse en 1508 à Blois Anne d'Alençon (1492-1562), dame de La Guerche. Lalaing (p. 139) l'appelle le « jeune marquis de Montferare âgé de 15 ans ». Mentions : *le marquis de Montferrant,* D., fol. 33, G., p. 728.

Papillon Jean, lieutenant criminel du prévôt de Paris entre 1497 et 1501 (*Gallia regia,* IV, p. 326, 329, n° 16540, 16559). Mentions : *des lieutenans tant civil que criminel,* D., fol. 26v°, G., p. 721.

Philippe Ier de Habsbourg dit le Beau (1478-1506), archiduc d'Autriche, comte de Flandres, fils de l'empereur Maximilien Ier de Habsbourg et de Marie de Bourgogne. Héritier des ducs de Bourgogne, il est duc de Brabant, de Limbourg t gouverneur des Pays-Bas ? Il épouse en 1496 Jeanne de Castille, héritière des Rois catholiques. Mentions : *monsieur Philippes d'Autriche, filz du roy des Romains, archiduc d'Autriche, passim.*

*Philippes bastard de Bourgongne.* Voir Bourgogne Philippe, bâtard de.

*Piennes, de.* Voir Ghistelles Jeanne de.

Pierrepont Jean de († 1510), maître des requêtes, abbé de Sainte-Marie de Colombes, prieur de Saint-Fiacre, chanoine et archidiacre de Josas, élu évêque de Meaux en 1500. Mentions : *monsieur l'évesque de Meaux,* D., fol. 19, 21, 22, G., p. 713, 715, 716.

Poitiers Guillaume de († 1503), baron de Clérieu, seigneur d'Aramon, Valabrègue, marquis de Cotron, chevalier de l'ordre du roi. Capitaine de Montlhéry, gouverneur de Paris. Nommé en 1496 ambassadeur en Espagne et Écosse. Fils de Charles II de Poitiers, seigneur de Saint-Vallier, et d'Anne de Montlaur (Auton, t. I, p. 94, n. ; *Gallia regia,* IV, p. 299, n° 16452). Mentions : *monsieur de Clerieux, gouverneur de Paris,* D., fol. 26v°, 28v°, 29, G., p. 721, 723, 724.

Polignac Jeanne de (v. 1445-?), dame de Vervent, gouvernante de Claude de France, veuve en 1501 de Jacques de Tournon, seigneur de Tournon et de

6. C. ZUM KOLK, « La Maison des reines de France... » (http://cour-de-france.fr/article131.html).

*sieur le conte de Brayne et de Roussy*, D., fol. 19, 21, G., p. 713, 715.

*Saint Georges cardinal.* Voir SANSONI RIARIO Raffaele.

*Saint-Paul, Saint-Pol, comtesse de.* Voir LUXEMBOURG Marie de.

SALAZAR Tristan de (v. 1431-1518), évêque de Meaux (1473), puis archevêque de Sens (1474-1518), fils de Jean de Salazar et Marguerite de la Trémoïlle. Ambassadeur en Angleterre (1490) et en Suisse (1499), il est l'un des commissaires désignés pour l'annulation du mariage de Louis XII et de Jeanne de France avant d'être nommé au conseil du roi en 1502. Mentions : *l'archevesque de Sens*, D., fol. 33, G., p. 728.

*Sandricour, Sandricourt, madame de.* Voir ROUVROY DE SAINT-SIMON, Françoise de.

SANSONI RIARIO Raffaele (1460-1521), fils d'Antonio Sansoni et de Violante Riario, grand-neveu du pape Sixte IV, créé cardinal diacre du titre de San Giorgio in Velabro en décembre 1477. Mentions : le *cardinal Saint Georges*, D., fol. 33, G., p. 728.

SASTRE Isabeau de, dame de Montceaulx, gagée à 200 l.t. parmi les demoiselles de la reine en 1496-1498[7]. Mentions : *madamoiselle de Montlaur, Montraut, Monthuaux*, D., fol. 39, G., p. 734.

SAVOIE Agnès de (1445-1509), fille de Louis Ier (1413-1465), duc de Savoie, et d'Anne de Lusignan (1419-1462), veuve de François Ier d'Orléans-Longueville (1447-1491), comte de Dunois et de Longueville, mère de François II d'Orléans-Longueville. Mentions : *madame la comtesse de Dunoys*, D., fol. 35, G., p. 730.

SAVOIE Françoise Louise de (1485-1511), fille de Jacques de Savoie, comte de Romont et seigneur de Vaud, et de Marie de Luxembourg (future comtesse de Vendôme de notre récit) qu'il épousa en 1484. Mentions : *madamoiselle de Raymond, Romont*, D., fol. 34v°, G., p. 729.

*Savoie, Louise de.* Voir LOUISE DE SAVOIE

*Senlis, madame la baillifve de.* Voir ROUVROY DE SAINT-SIMON Jacqueline de.

*Sens, l'archevesque de.* Voir SALAZAR Tristan de.

SIMON DE CHAMPIGNY Jean († 1502), reçu au Parlement entre 1465 et 1469, archidiacre puis évêque de Paris (1492). Mentions : *l'évesque dudit lieu [de Paris]*, D., fol. 28v°, G., p. 723.

SOISSONS Jean de († 1503), prince de Poix, seigneur de Moreuil et de Quesnes, bailli de Vermandois de 1483 à 1503, chambellan du roi. Il épouse en 1441 Jeanne de Craon, puis Jeanne de Halluyn († 1492). En 1504, Louis XII confirme le titre de prince de Poix en sa faveur (*Gallia regia*, VI, p. 126, n° 22968). Mentions : *monsieur de Morel, bailly de Vermandois*, D., fol. 24, G., p. 718.

*Thibaut, le Président.* Voir BAILLET Thibaut.

*Tingue, Tingri, Thungues.* Voir ÖTTINGEN.

TOURNON Catherine de, dite Madamoiselle de Tournon, est gagée à 100 l.t. parmi les filles d'honneur de la reine en 1496-1498[8]. C'est donc elle plutôt que ses sœurs Jeanne ou Blanche, déjà mariées en 1501, qui est citée comme *la fille de madame de Tournon*, D., fol. 35v°, G., p. 730.

*Tournon, madame de.* Voir POLIGNAC Jeanne de.

*Valentinois, Vallentinois, la duchesse de.* Voir ALBRET Charlotte d'.

*Vandosme, Vendôme, comtesse de.* Voir LUXEMBOURG Marie de.

*Varennes, madamoiselle de.* Voir AILLY Jossine d'.

*Vendosme, monsieur de, sieur de Champigny.* Voir BOURBON-VENDÔME Louis de.

*Vermandois, bailli de.* Voir SOISSONS, Jean de.

VILLAESCUSA DE HARO Diego Ramirez de (1459-1537), évêque d'Astorga (1498), de Málaga (1500) puis de Cuenca (1518), également nommé président de la chancellerie royale de Valladolid (1514). Mentions : *évesques d'Espaigne*, D., fol. 19v°, G., p. 713.

*Ville, monsieur de.* Voir LUXEMBOURG Jean de, seigneur de Ville. Voir aussi LUXEMBOURG Jean de, bâtard de Saint-Pol, sieur de Belle.

7. C. ZUM KOLK, « La Maison des reines de France... » (http://cour-de-france.fr/article131.html).

8. C. ZUM KOLK, « La Maison des reines de France... » (http://cour-de-france.fr/article131.html).

# Table des matières

*Imprimé en France.* - JOUVE, 1, rue du Docteur Sauvé, 53100 MAYENNE
N° 563355H. - Dépôt légal : octobre 2010